本研究课题得到教育部人文社会科学研究规划基金项目"汉语新型构式的语义认知研究——基于网络论坛和新闻标题语料的分析"（项目批准号：14YJA740003）资助。

语言学博士论文文库

现代汉语新型构式的语义认知研究

陈文博 著

中国书籍出版社
China Book Press

序

新疆农业大学陈文博教授的专著《现代汉语新型构式的语义认知研究》即将正式出版。她嘱我为该书作序，作为她的博士生导师，我是十分高兴也是非常乐意的。

陈文博教授2009年以新疆少数民族地区骨干教师的身份，考入北京语言大学，攻读语言学及应用语言学专业博士学位。2012年她所提交的博士论文题为《现代汉语新型构式的语义整合研究——从修辞构式到语法构式》。博士毕业后，陈文博教授以博士论文为基础，申请到教育部社科规划项目，对博士论文进行延续性研究和修改。经过几年的努力，该项目也即将完成，其最终成果便是这部题为《现代汉语新型构式的语义认知研究》的专著。

当年陈文博教授准备选这个题目来撰写博士论文时，我便是非常赞成的。从学术的角度说，这个选题密切关注现实语言生活，针对当下十分流行且有愈加流行开之势的多种新型用法格式开展研究，这无疑是有胆识和有眼光的做法。随着现代社会语言生活（尤其是网络语言生活）日趋普遍化、流行化和丰富化的现象，语言研究者如果能够对此开展扎扎实实、富有学术含量的研究，从而厘清其生成脉络和形成、运用乃至最终消亡的机制，这也是我们对现实语言生活最好的关注和观照。作为语言研究者，也算是尽到了一份社会的责任。因而，我认为这一选题是很有价值的。

这一选题的另一重价值还表现在：语言研究的重要使命在于，语言作为一个富有生命的存在系统，其历史性的重大演变，也都是从一点点微小的变化开始集聚的。我们过去更习惯于从语法化的角度，研究语言几百年、几千年的变化，这当然是一个很好、很有价值的视角。但是，我们今天如果能够从我们自身切实使用着的现实语言生活入手，观察和洞悉它一点一滴的细微变化，从而把握语言变化的一些基本特点和规律，这是不是也是研究语言变化的另一个视角呢？如果能够把这种研究所触摸到的一些基本特点和规律推而广之，以今推古，以古视今，这是不是也是对语言演变研究的另一种补充呢？我想，这应当至少不失为一种尝试吧。

正是出于以上两方面的考量并以此为动力，陈文博教授在充分挖掘现实语言生活中方兴未艾的几种新型构式的大量语料基础上，运用概念整合理论和构式语法理论，先后对现代汉语中六种新构式展开了卓有成效的研究。概而言之，该书的学术价值我想主要体现在以下三个方面：

第一，语言现象是新颖的。该书重点选择现代汉语新近产生并大量在网络和媒体使用的几种新型构式，如"最+NP""被+X""有一种X叫Y""V的不是A是B""X向左，Y向右"和"且X且Y"等，围绕这些构式的语义问题开展认知研究，并对这些构式的语义都做出了很好的归纳和概括，从而做出了自己的学术贡献。

第二，理论运用是得当的。现代汉语新型构式都是近年来新出现的形式和意义匹配关系发生了变化的、句法和语义规则都含有修辞特性的结构体（包括新兴的词、短语、单句、复句）。该书成功运用概念整合理论和构式语法理论，对上述六种新型构式进行分析。研究结论表明，该书运用这些新理论、新方法，对于解释这些语言现象是有效的，因而也是富有解释力的。

第三，研究结论是有创新性的。通过对大规模网络论坛和新闻标题语料进行定量统计分析，并运用概念整合理论和构式语法理论为指导，该书对六种新型构式分别得出了对各自的构式语义的认识。更难能可贵的是，在此基础上，该书也得出了对现代汉语新型构式的共性特征和形成机制的一些新的理解和认识。这些理解和认识，在一定程度上观照到语言演变更大、更广的特点和规律。这一点应当充分加以肯定和鼓励。

陈文博教授长期在新疆地区从事语言学研究和汉语教学工作，有着良好的语言学理论基础和优秀的教师素质。她在即将晋升教授的时候，不辞辛劳，不远万里来到北京求学深造。在北京读书的三年中，她来回奔波，非常辛苦。从她身上我看到新疆等我国少数民族地区人才培养和人才成长的艰辛以及他们自己所付出的巨大努力。近年来，我也有一些机会到新疆、云南等少数民族地区访问、考察，在学校里也接触到不少来自新疆、云南等少数民族地区的学生，他们求知若渴、忘我读书的身影，深深地打动着我、感染着我。作为一名教师，我感到，能够为他们的成长成才贡献一份心力，也是十分值得的、令人欣慰的。

写上这些话，借以表达对陈文博教授专著出版的祝贺和敬意。

是为序。

张旺熹

二〇一六年九月十日

内容提要

现代汉语新型构式是指近年来新出现的，形式和意义的匹配关系发生了变化，句法和语义规则都含有修辞特性的结构体（包括新兴的词、短语、单句、复句）。本书以"现代汉语新型构式的语义认知研究"为题，重点选择"最+NP"、"被+X"、"有一种X叫Y"、"V的不是A，是B"、"X向左，Y向右"和"且X且Y"六类新型构式，围绕着构式语义结构的认知展开研究，旨在探讨现代汉语新型构式形式和语义匹配的认知机制，并为探求现代汉语语法结构系统演变的内在规律寻找途径。

本书主要以概念整合理论和构式语法理论为指导，将当代现实生活语言与汉语语法研究相结合，特别注重语法与修辞互动关系的考察，在大规模网络论坛和新闻标题语料的基础上进行定量统计分析，对现代汉语六个新型构式提出了新的认识：

新型"最+NP"构式表达了言者"主观认定某人或某物达到NP特定属性的极致"。由于副词"最"是由实词语法化而来，本身具有空间属性，从而使得"最+NP"这一构式产生的语法意义具有名词性的特征和句法功能。

新型"被+X"构式根据不同的语境有"遭受义"、"被强迫义"和"被主观认定义"三种语义理解，这是由"被"的语义特征和"X"所包含的有关信息经过概念合成和推理的结果。

新型"有一种X叫Y"构式的核心语义是"为了强调凸显X的某种特性，主观认定Y与X存有相关性或相似性"，其语义关系是依据X概念与Y概念之间的相关性及相似性经过人们心智空间的整合而构建的。

新型"V的不是A，是B"构式的核心在于用一个表面"否定—肯定"的形式去整合深层的肯定并表达实际上的递进义，以凸显抽象的概念、事物的本质以及主观化的情感和认识。

新型"X向左，Y向右"构式的核心语义为："在原点上强制性地将相关的两种现象X和Y放在相互对立的态势中观察它们各自的走向，以便获得它们作为一个整体的认知。"其语义的认知基础是"左、右"在构式中的语法化和空间隐喻作用。

新型"且X且Y"构式在继承传统"且……且……"语法格式的基础上，经由人们心理空间概念的整合，衍生出［+劝勉］、［+提醒］、［+建议］、［+告诫］等一系列语义特征，从而形成"在特定的语境中劝勉（提醒、建议或告诫）人们在做出X动作行为时一定要同时做出Y动作行为"的构式义。

本书对现代汉语新型构式的共性特征和形成机制也提出了新的理解：

（1）新型构式的形成体现了人类认识现实世界、命名现实世界的思维方式，人类思维的方式离不开整合，汉语新型构式形式和意义匹配的认知机制是人们心理空间概念的整合。（2）句法结构的承继性、语义认知的整合性、语用功能的修辞性是汉语新型构式的共性特征。（3）语义结构的整合是连接修辞构式与语法构式的桥梁。语言的继承和创新能力可以在语义结构的不断衍生中得到证明，同时语义结构的不断引申和演化也反映了人类的认知思维与类推逻辑。（4）新型构式是修辞动因与语法结构的完美整合。新型构式的演变证明，修辞构式变为语法构式是一种句式的语法化，对现代汉语语法系统的演变有着重要的影响。

目 录

第一章 绪 论 ·· 1
  第一节 本文关注对象与基本问题 ··· 1
  第二节 本文题旨与选题价值 ··· 3
  第三节 本文的理论基础 ··· 5
  第四节 研究思路与语料来源 ·· 15

第二章 汉语新型构式相关研究综述 ··· 18
  第一节 "最+NP"构式相关研究 ·· 18
  第二节 "被+X"构式相关研究 ·· 21
  第三节 "有一种X叫Y"构式相关研究 ·· 24
  第四节 "V的不是A，是B"构式相关研究 ··································· 29
  第五节 "X向左，Y向右"构式相关研究 ····································· 31
  第六节 "且X且Y"构式相关研究 ·· 34
  第七节 本章小结 ·· 36

第三章 汉语新型"最+NP"构式的语义认知 ···································· 38
  第一节 引 言 ··· 38
  第二节 "最+NP"的基本结构类型 ··· 40
  第三节 "最+NP"构式的语义特征 ··· 43
  第四节 "最+NP"构式的语义整合性 ·· 52
  第五节 "最+NP"构式的承继性与创新性 ···································· 58
  第六节 本章小结 ·· 66

i

第四章　汉语新型"被+X"构式的语义认知……73

第一节　引　言……73
第二节　"被+X"的基本结构类型……74
第三节　"被+X"构式的语义特征……76
第四节　"被+X"构式的整合机制……84
第五节　"被+X"构式的承继性与创新性……88
第六节　本章小结……98

第五章　汉语新型"有一种X叫Y"构式的语义认知……106

第一节　引　言……106
第二节　"有一种X叫Y"构式的结构类型……108
第三节　"有一种X叫Y"构式的语义特征……110
第四节　"有一种X叫Y"构式的认知基础和整合机制……116
第五节　"有一种X叫Y"构式的承继性与创新性……125
第六节　本章小结……131

第六章　汉语新型"V的不是A，是B"构式的语义认知……142

第一节　引　言……142
第二节　"V的不是A，是B"构式的结构类型……143
第三节　"V的不是A，是B"构式的语义特征……145
第四节　"V的不是A，是B"的构式义及其整合的修辞动因……151
第五节　"V的不是A，是B"构式的承继性与创新性……161
第六节　本章小结……165

第七章　汉语新型"X向左，Y向右"构式的语义认知……177

第一节　引　言……177
第二节　"X向左，Y向右"构式的结构类型……178

第三节　"X向左，Y向右"构式的语义特征 …………………… 181
　　第四节　"X向左，Y向右"构式的语义认知基础 ……………… 183
　　第五节　"X向左，Y向右"构式整合的修辞动因 ……………… 186
　　第六节　"X向左，Y向右"构式的语义形成机制 ……………… 190
　　第七节　本章小结 …………………………………………………… 193

第八章　汉语新型"且X且Y"构式的语义认知 ……………………… 201
　　第一节　引　言 ……………………………………………………… 201
　　第二节　"且X且Y"构式的基本结构类型 …………………………… 203
　　第三节　"且X且Y"构式的语义特征 ………………………………… 205
　　第四节　"且X且Y"构式的演变：从实体到框填 …………………… 209
　　第五节　"且X且Y"构式的语义认知机制 …………………………… 210
　　第六节　本章小结 …………………………………………………… 214

第九章　对汉语新型构式形成机制的理论思考 ……………………… 221
　　第一节　汉语新型构式形成的共性特征 …………………………… 221
　　第二节　汉语新型构式的形成机制 ………………………………… 236
　　第三节　本研究带给我们的几点启示 ……………………………… 243
　　第四节　本章小结 …………………………………………………… 245

第十章　结束语 ………………………………………………………… 246
　　第一节　本研究的基本结论 ………………………………………… 246
　　第二节　本研究的创新之处 ………………………………………… 248
　　第三节　本文不足之处及今后工作的展望 ………………………… 250

参考文献 ………………………………………………………………… 252

后　记 …………………………………………………………………… 269

第一章 绪 论

本章从近年来现代汉语中新出现的语法修辞现象入手，介绍本研究所关注的对象与基本问题、本文题旨与选题价值，并阐述本文的理论依据、研究思路和语料来源。

第一节 本文关注对象与基本问题

近年来，在人们的实际语言生活中出现了一些与现代汉语传统语法不同的、在句法和语义规则上都含有修辞特性的特殊语法现象，主要表现在有些语言结构的句法形式和语义内涵的匹配关系发生了新的变化，也就是说它们的语义结构有了新的用法。本文所关注的对象就是现代汉语中新兴的，在形式和意义的匹配关系上发生了变化的结构体（包括新兴的词、短语、单句、复句），我们将其统称为新型构式，主要选择了以下六类：

第一类 "最+NP"构式

（1）七大"最中国"主题乐园：竞现中国特色（网易，20091111）

（2）本报"全媒体"报道团为读者奉献两会"最新闻"（《上海证券报》，20100302）

（3）温家宝答问之"最语言"：为什么总拿中国做文章？（新闻中心－中国网，20100314）

第二类 "被+X"构式

（4）毕业生发帖"被就业"顿成网络流行语（《南方都市报》，20090717）

（5）质疑：广铁取消13对慢车　群众担心<u>被高速</u>（新浪广东，20091227）

（6）高三生"<u>被自愿</u>"捐钱补课　每周只休半日（《广州日报》，20100125）

第三类 "有一种X叫Y"构式

（7）<u>有一种爱叫坚守</u>——建始县农妇贴心照护瘫痪丈夫25年（中国新闻网，20110318）

（8）<u>有一种流感叫"用工荒"</u>（网易，20110219）

（9）<u>有一种涨价叫"满足身份需求"</u>（《中国日报》，20101214）

第四类 "V的不是A，是B"构式

（10）温总理<u>驾驶的不是拖拉机，是"民心"</u>（商都网，20100617）

（11）大超市菜价低过农批市场　<u>卖的不是菜，是人气</u>！（《中国日报》，20100810）

（12）带30多本证件应聘遭拒　哥<u>掉的不是证件是信心</u>（QQ，20100723）

第五类 "X向左，Y向右"构式

（13）<u>爱情向左　婚姻向右</u>（搜狐，20150731）

（14）全球货币政策：<u>美国向左　世界向右</u>（《中国日报》，20141115）

（15）<u>足球向左，道德向右</u>（《中国日报》，20140626）

第六类 "且X且Y"构式

（16）驾照自学直考，不妨"<u>且行且完善</u>"（《新华日报》，20151211）

（17）漫漫春运将启程　旅客<u>且行且小心</u>（川北在线，20151225）

（18）人生就是一场修行　<u>且走且享受</u>（《中国会计视野》，20141229）

我们选择上述六类新型构式进行研究，主要是基于它们自身具有的特殊性——新奇的句法结构、新颖的语义内涵、新鲜的语用功能。从结构形式上

看，这六种新型构式均与传统构式的句法结构有着相异之处；从语义内涵上看，这六种构式类型都带有不可推导的新构式义；从语用功能上看，这六种构式在使用过程中都不同程度地显示了独具的修辞特性。

上述汉语新型构式引起我们思考的问题是：（1）新出现的六类新型构式各自所表达的语义内涵是什么？这些意义是如何得来的？（2）新型构式与传统构式之间有无关联？二者相比，新型构式有哪些个性和共性特征？（3）近年来如此流行的新型构式是如何形成的？这些新型构式的形成，一定有其独特的认知机制，那么，是怎样的认知机制呢？（4）新型构式产生的途径有哪些？我们尤为关注的是这些新型构式的产生对现代汉语语法系统的演变有着怎样的影响？其形成机制对现代汉语语言结构系统内在规律的探寻有着怎样的作用？

第二节　本文题旨与选题价值

本文尝试在认知语言学框架内，以构式语法理论和概念整合理论为指导，结合现实语料（包含语境信息），解决上述问题。本文的主旨在于，探讨现代汉语新型构式形式和语义的匹配机制，挖掘汉语新型构式形成背后的认知理据和动因，从"语法—修辞—语法"的角度去揭示语法与修辞的互动关系，并进一步为探求现代汉语语法结构系统演变的内在规律寻找途径。

汉语新型构式是指近年来产生的，在形式和意义的匹配关系上发生了变化的结构体（包括新兴的词、短语、单句、复句），是现代汉语语法中新出现的一种句法和语义规则都含有修辞特性的特殊语法现象。我们认为，对新型构式进行探讨具有重要的研究价值，具体体现在以下几个方面：

第一，可以深化对汉语"新型构式"及其与"传统构式"关系的认识。目前汉语学界对"新型构式"的研究与对"传统构式"的研究相比显得十分薄弱。有些学者认为新兴的结构是"非常规"语言现象而忽略对其进行研究，更多的学者是从语言异常搭配的角度去看待某一新兴结构的。在以往的文献中，尚未见到对新型构式进行系统性研究的论著。但是透过前人的研究我们也发现,随着社会的飞速发展,新的结构层出不穷,新兴的语法现象已经开始引起越来越多学者的关注,如彭咏梅、甘于恩(2010)的《"被V双":一种新兴的被动格式》;卢英顺(2010)的《一种新的"不是A是B"构式》等等,他们都是在介绍新结构的同时与传统构式进行了对比。可见,现实语言生活中不断出现的新型结构也在促使人们开始不断地对其进行探索。通过对新型构式的研究可以深化人们对汉语"新型构式"及其与"传统构式"关系的认识。

第二,有助于深入挖掘汉语句法语义整合的机制,深化对汉语句法结构规律的认识。同其他语言表达形式一样,新型构式的出现是新兴的语言现象,同时也是一种认知现象,有其认知心理和认知基础。新型构式的产生,反映了人们认识客观世界的新视角。我们认为,认知语言学中的构式理论和概念整合理论对新型构式的产生和流传有很强的解释力。心理空间和概念整合理论的一个核心假设是,意义是在具有创造性和想象力的心理过程中被动态地建构起来的。新型构式所拥有的无法从构成成分和成分间结构关系推导出来的整体意义,是依靠一定的心理空间和概念整合机制产生的。因此,我们将新型"最+NP"、"被+X"、"有一种X叫Y"、"V的不是A,是B"、"X向左,Y向右"、"且X且Y"结构作为"构式"整体进行研究,考察构式内部的组合,并且考察这些构式可能产生的超出组构成分所能提供的更多的意义。运用构式理论和概念整合理论作为指导,针对汉语新型构式形式与意义的匹配机制进行研究,有助于深入挖掘汉语句法语义整合的机制,深化对汉语句法结构规律的认识。

第三,有利于从"语法—修辞—语法"的角度去揭示句法与修辞的互动关系,为探求现代汉语语法结构系统演变的内在规律寻找途径。新型构式是一种新兴的,具有一定修辞特性的、句法语义规则发生了变化的语法结构。对其进行研究,不仅要涉及对汉语句法语义的研究,还要涉及对其特定修辞特性的研究,因而这种研究既是语法的,又是修辞的,是对二者紧密结合互动关系的研究。从这个角度说,对汉语新型构式的研究,不仅有利于从"语法—修辞—语法"的角度去揭示句法与修辞的互动关系,也有助于人们深入探求汉语句法系统变化的内在规律。

第四，有助于深化人们对整个语言系统形成机制的认识。客观世界是无限的，而语言符号则是有限的，用有限的符号来表达人们对客观世界不断增长的认知，必然要突破常规的语言符号之间的搭配关系，创造新型构式以满足表达的需要。事实上，新型构式从某种程度上给整个语言系统带来了活力。这种变化了的语言结构反映了语言系统内部的变化，也是社会生活生机勃勃的表现，更是一个民族语言充满活力的表现。语言系统的发展变化与新型构式的产生密切相关。因而，对新型构式形成及其发展机制的研究，以一斑而见全豹，有助于人们加深对整个语言系统形成机制的认识。

综上所述，加强对现代汉语新型构式的研究是有必要、有价值的。

第三节 本文的理论基础

汉语的新型构式是在形式和意义的匹配关系上发生变化并带有特定修辞特性的结构体（包括新兴的词、短语、单句、复句），其意义不能从其构成成分或其他原先已有的构式中得到完全预测。构式语法理论和概念整合理论为汉语新型构式的研究提供了很好的观察视角和研究方法上的启示，为此我们将这类在形式和意义的匹配关系上发生变化的结构体连同它们的结构模式一同放在构式的视野中进行考察。为显示新型构式与原有构式之间的区别以及割舍不断的联系，我们的研究将区分语法构式与修辞构式的概念并以二者的关系为基础。下面我们简单介绍与本研究密切相关的几个重要理论。

3.1 构式语法理论

构式语法是认知语言学中很重要的理论。Goldberg是构式语法研究的领军人物。构式语法理论给语言研究提供了一种新的视野和新的方法，它使我们对语言结构有更深刻的认识，并可以用来解释一些先前不好解释或想不到去解释的语言现象。正如陆俭明（2004）所说："就汉语研究而言，按照句式语法理论，我们需要重视对一个个具体句式的研究，而且要从具体句式所表示的语法意义来考察分析句式内部词语之间的语法关系、语义关系。"①构式语法打破了词汇和句法之间的界限，区分了构式义和词义，指明了构式义与词义有互动的关系，并且强调对语言全部信息的解释。

Goldberg（1995）以英语中几个论元结构构式为例，着重阐述了构式语法理论的几个基本问题。

3.1.1 构式的概念和范围

Goldberg（1995）指出，"如果C是一个形式—意义的匹配体<Fi，Si>，它的形式或意义的某些方面不能从C的构成成分或其他原先已有的构式中得到完全预测，那么C就是一个构式。"Goldberg（2003）则将上述定义等同于"规约化的形式和功能的配对"。另外，Goldberg（2003）还补充，尽管一些格式的形式或功能可以得到完全预测，只要它们出现的频率足够，也以构式的形式被储存。后来Goldberg（2006）更为宽泛地定义了构式：构式是形式与语义或话语功能的匹配，每个构式中的某些形式特征与某种交际功能相匹配。也就是说，按照构式语法理论，构式义不能只根据组成句子的词语义、词语间的结构关系或另外的先前已有的句式义而推知，构式有其独立的语义。构式体现形式和功能的规约性组合（Conventionalized pairings）。

Goldberg（1995）认为，"构式"的范围涉及了语言的所有层面，短语、语素都应该是构式的实例。Goldberg（2003）提到了英语中的具体实例，包括语素、词、复杂词、部分填充的复杂词、习语、部分填充的习语、条件共变式、双及物式以及被动式等。Goldberg（2006）对Goldberg（2003）的上述观点进行了重申。

3.1.2 构式语义及构式与动词的整合

Goldberg（1995）认为，构式具有独立于动词的意义（也可理解为一些学者所说的"与句法有关的动词意义"），与短语、词等单位具有同等的语法地位。Goldberg认为，把意义归结为构式可以很好地解释动词的新奇用法。

---

① 详见陆俭明（2004）句式语法理论与汉语语法研究，《中国语文》第5期。

在论元结构构式中，构式实例的意义来源于构式意义和动词意义的整合。在整合的过程中，动词提供参与者角色，构式提供论元角色。构式具体实例的意义便是构式的"论元角色"与动词的"参与者角色"相互熔合的结果。所谓"熔合"，指的是两个"角色（论元角色和参与者角色）"同时受到语义限制。两者的熔合遵守两个原则：（1）语义一致原则，即其中一个角色是另一个角色的实例；（2）对应原则，即每一个词汇上侧重并表达的参与者角色必须与构式中被侧重的一个论元角色相熔合。

根据对应原则，动词与构式进行整合时，每一个被侧重的参与者角色都必须与构式中被侧重的论元角色——主语、直接宾语、间接宾语进行熔合。构式与动词整合时最典型的情况是：与动词相联的参与者角色和与构式相联的论元角色之间存在一一对应的关系。论元角色和参与者角色在数量上可以存在误配的情况，由于篇幅限制，这里不再赘述。

3.1.3 动词和构式之间可能存在的关系

一般来说，动词所表示的事件类型是构式所表示的更普遍的事件类型的一个实例（即子类型）。当动词不直接表示与构式相联的意义时，该动词可表示"执行动作的手段"。Goldberg（1995）通过调查发现，在这些可能存在的关系中，"手段"关系似乎与具体语言有关，其他关系如"前提条件"、"方式"或"结果"与具体构式有关。另外，动词表示的事件类型和构式表示的事件类型必须共有一个参与者。

3.1.4 构式的多义性

Goldberg（1995）将构式实例的不同意义归结为构式的多义性，许多密切联系的构式意义构成一个家族。

3.1.5 构式之间的关系

Goldberg（1995）从语言的理据性谈起，认为构式的理据性体现在构式之间的承继关系上。如果构式B承继了构式A的特征，那么构式A是构式B存在的理据，同时构式A统制构式B。在承继关系中，承继信息——两个具有承继关系的构式中统制节点和被统制节点共有的信息——是两个构式共有的相同信息。承继联接可用于描述两个构式在某些方面相同而在其他方面不同这一语言事实。

Goldberg（1995）介绍了承继联接的四种主要类型：多义联接、隐喻扩展联接、子部分联接和实例联接。其中，当一个构式是另一个构式固有的一个子部分并且独立存在时，该联接为子部分联接。

3.1.6　构式的部分能产性

从Goldberg（1995）的论述来看，她所说的"部分能产性"，应当指的是论元结构构式可以整合一些与构式义不完全相同的动词，但又不能整合所有语义相关的动词这种性质。文中还提到了"条目频率"和"类型频率"两个概念，"条目频率"指的是一个具体实例在一个具体构式中的使用次数，"类型频率"是指一个具体构式中出现的不同词的数量。类型频率越高，构式的能产性就越强；如果类型频率太低，构式便不具有能产性。不同的构式具有的能产性程度是不同的：动结构式即使在其严格定义的动词类型中也并非完全能产，而Way构式则接近完全能产。

3.2　语法构式与修辞构式

语法构式（Grammatical Construction）和修辞构式（Rhetoric Construction）这两个术语，是刘大为（2009）用以区分构式的不同性质以及它们之间的联系，概括语法学和修辞学不同的研究旨趣与它们的共性而设立的，他认为：构式的概念既然已经无所不包，单从语法的角度去限定和研究显然是不够的，修辞构式和语法构式是一个连续统的两端。

语法构式指的是任何一种可从构成成分推导其构式义的构式，以及虽有不可推导的构式义，但已经完全语法化了的构式。

修辞构式指的则是所有带有不可推导性的构式，只要这种不可推导性还没有完全在构式中语法化。

语法构式与修辞构式的对立在于是否可推导，联系点则在加于其上的不可推导的意义有没有彻底语法化。可是语法化往往只是一个程度上的问题，两种构式因而并不是可以严格区分的，它们之间有着开阔的过渡地带。由此可将语法构式和修辞构式描述为一个连续统：

构式连续统的一端是可推导的构式（最典型的语法构式），另一端则是临时产生的不可推导性的构式（最典型的修辞构式），随着不可推导的意义渐渐凝固在构式上，构式也就渐渐呈现出语法的性质。待到这种意义完全凝固成构式的一部分，修辞构式也就转化为语法构式。

如此看来，语法的性质并非为语法构式所独有，修辞的性质也并非为修辞构式独有，在过渡地带，它们并存于同一个构式之中。语法的变化往往起源于修辞，而修辞的归宿也有可能是语法。

王珏等（2008）在构式语法理论的基础上还提出了"辞格构式"的概念，认为辞格构式是通过对构式的常规规则的偏离生成的，语义等级或句法等级的降低都是辞格生成的重要途径。还指出，辞格构式属于有标记的构式，和语法构式之间具有特殊的承继关系。前者从后者中承继了较少的语法规定性，但承继了全部的命题语义内容。

车录彬（2010）受到汉语学界提出的"糅合造句"观念的影响，提出了"糅合"构式的概念，用来表示那些通过杂糅、拧合方式构造出来的惯用结构式，其基本特征是结构的糅合性和意义的完整性。其形成与人类认知的杂糅特性及言语表达时的语义凸显策略有关，并受到两个原始形式在相关程度、韵律上的和谐要求以及使用频率等因素的制约。这些都是在语言事实基础上对"构式"概念的细化，在一定程度上深化了人们对构式的认识。

实际上，修辞构式与语法构式是一个连续统的两端，当中只有模糊的过渡地带而没有截然的分界。我们十分赞同康志峰、邱东林（2009）所说：语法构式指的是那些满足了语言表达中最基本的功能要求的构式，例如Goldberg（1995）所研究的英语中及物、不及物、双及物、结果、使役运动等论元结构构式（Argument Structure Constructions）。它们之所以是语法构式，是因为这些构式所具有的意义如"X作用于Y"（及物构式）、"X使Y变得Z"（结果构式）、"X使Y得到Z"（双及物构式）等正是语言表达中最为基本的关系，也是抽象程度最高、适应面最广、使用频度最高的关系。

与之相比，修辞构式则是满足语言表达中较为具体、较为特殊，或者只有在一定表达情境中才为人们所关注的功能要求，它们是一定修辞动因对语法构式重加塑造的结果。例如Goldberg所研究的那些非典型的构式，其实都可以在修辞构式的名目下进行研究。相比之下，修辞构式应远比语法构式更加复杂，更加丰富。有了修辞构式的概念，不仅会促使我们去发现更多的修辞现象，同时也向我们提供了一种较为成熟的研究方法。

3.3 概念整合理论

概念整合理论是认知语义学中一种十分重要的理论（王寅，2005）。这一理论富有独创性地提出，言语意义的在线构建主要在于心理空间的合成，这是语言的普遍性规律。我们认为，近年来产生的新型构式形式与意义的匹配机制是整合，而研究"整合"关键就在于阐明"大于部分之和"的浮现意义究竟是如何产生的。这一理论为我们解决语法分析中面临的许多问题提供了全新的视角和思路，同时也为语法修辞研究提供一种新的角度。

3.3.1 概念整合理论的含义

概念整合理论是第二代认知语言学的发展成果，对许多不能解释的语言现象提供了科学的认知理据（王正元，2009）。概念整合理论从心智空间、概念整合网络、共有空间、输入空间、映射、关系、压缩、新创结构和新创意义的产生去阐释语言形式和意义的关系、概念整合的建构和运作机制、语言认知产品的产生、概念认知的相对性和可整合性。

概念整合在人类的思维中、行动中扮演着决定性的角色。概念整合是人类把来自不同空间的输入信息有选择地提取其部分意义整合起来，构建一个新概念结构的一系列认知活动。概念整合是指心理空间的合成。心理空间（Mental space）是指人们进行交谈和思考时为了达到局部理解与行动的目的而构建的概念集（Conceptual packet）。概念整合理论的宗旨就是揭示言语意义在线构建（On-line construction）背后的认知规律与原则。

3.3.2 概念整合网络的四个空间

Fauconnier & Turner（2002）认为概念整合理论是对心理空间的基本认知操作，运用在线的、动态的认知模式构建意义。它可以建立相互映现的心理空间网络，并以各种方式整合成新的空间网络。

第一章 绪 论

基本的概念整合网络包含四个心理空间（Mental spaces）：类属空间、输入空间Ⅰ、输入空间Ⅱ、整合空间。两个输入空间的共有结构和共有的信息被投射到类属空间里；同时，在这两个输入空间的基础上，通过跨空间的部分映射、匹配并有选择地投射到整合空间。整合空间是对输入空间里的概念进行整合操作的中介地带。整合空间从两个输入空间中提取部分结构，形成层创结构。这样，这四个空间通过投射链彼此连接起来，就构成了一个概念整合网络，在整合空间里形成两个输入空间所不具备的突生结构，且可以把这一结构映现回到其他空间。

Fauconnier & Turner将这四个空间的关系用下面图式（图1-3-1）加以描述：

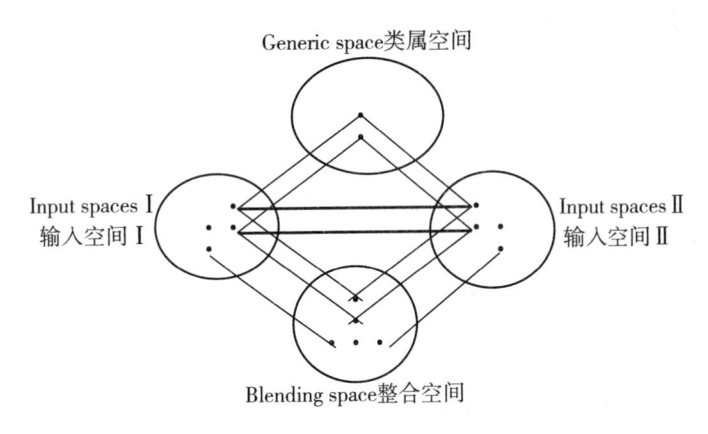

图1-3-1

在实际的思维活动中，很可能具有两个以上的输入空间。一个整合空间整合的结果很可能成为另一个新的整合网络的输入空间，这就构成了错综复杂的多个合成空间相互联系的概念整合网络。此外，概念整合网络并不是在建立之后就一成不变的，人们既可以建构复合空间也可以对其进行解构和重构，因此新的概念整合网络会不断出现，为不断创造新的意义打下基础。该理论的核心思想是将概念合成看作是人类的一种基本的、普遍的认知方式，涉及人们日常生活的方方面面。

3.3.3 概念整合操作方式

Fauconnier（1997）认为，整合过程是在两个输入空间提取部分结构

（Partial structure），并形成层创结构（Emergent structure）。认知运作主要在合成空间的层创结构中进行。层创结构是一个其他空间所没有的新结构，它是概念整合的核心部分，也是形成新概念的结构。整合空间中的新创结构通过组合/配置/融汇（Composition），完善/匹配（Completion）和扩展/发展（Elaboration）这三种相互关联的方式而产生。

组合/配置/融汇（Composition）：将两个或两个以上的输入空间的内容投射到整合空间，把这些内容组合起来，并在输入空间之间形成以前不存在的新关系。当然，整合空间中的事件关系并不一定是真实存在的，也许只是一种虚拟或是假想而已。

完善/匹配（Completion）：将输入空间的投射结构与长时记忆中的信息结构或者说是潜意识里的背景知识和结构相结合，使整合空间形成一个完善的整体。

扩展/发展（Elaboration）：是指整合空间中的结构可以根据它自身的层创逻辑在整合空间中进行认知运作、心理模拟，运用人们的想象力可以根据层创结构对细节进行无限的扩展，进一步完善复合空间。

概念整合正是通过这三步操作在复合空间里形成输入空间所不包含的突生结构，积极合理地构建话语意义。

3.3.4 概念整合理论的核心——基本概念整合网络模型

Fauconnier & Turner（2002）[①]根据输入空间和整合空间的组织框架把整合网络划分为四种类型：单一框架网络（Single framing networks）、镜像网络（Mirror networks）、单域网络（Single—scope networks）和双域网络（Double—scope networks）。

单一框架网络：是最基本的一种概念整合网络。在单一网络中，其中一个输入空间提供组织框架（Organizing frame），另一个输入空间提供价值元素（Elements as values），整合空间借用前者提供的框架来组织后者提供的元素。

---

① 《我们的思考方式——概念整合和人类心智的隐匿复杂性》（The Way We Think—Conceptual Blending and the Mind's Hidden Complexities）的第一部分论述了概念整合的网络模式。

镜像网络：在镜像网络中，所有空间（包括输入空间、通用空间、整合空间）都具有相同的组织框架。

单域网络：在单域网络中，输入空间具有不同的组织框架，而整合空间只是借用其中一个框架来组织自己的结构。当我们说"某公司老总将另一个公司老总击败了"，我们可能整合的两个输入空间分别是拳击空间和商业空间，而整合空间借用的是拳击空间的组织框架。单域网络因输入空间具有不同组织框架而存在冲突。通常，一个输入空间提供现成的框架，另一个输入空间因结构较为松散而成为理解的焦点。

双域网络：在双域网络中，不仅输入空间具有不同的组织框架，存在强烈的冲突，而且整合空间也有自己的组织框架。整合空间的框架既含有部分输入空间的框架，也有自己的创新结构。正是因为双域网络中输入空间的组织框架存在巨大差异，才给我们的想象力提出了挑战。因此，双域整合才更具有创造性。事实上，上述四种网络类型构成一个连续统，最复杂的一端是双域网络。双域整合是我们人类思维最突出的创造性特征。

3.3.5 概念整合优化原则/最佳原则

Fauconnier & Turner（1998）提出概念整合有效运作的五条优化原则（Optimality principles），在这些原则的限制下整合可以最有效地发挥作用。这些优化原则在合成中互相竞争，每个合成在不同程度上满足各项原则，它们实际上是对合成过程的制约。这五条优化原则是：

融合原则/整合/一体化/整合性（Integration）是指这个整合必须由通过严格整合得到的、能作为一个单位被运作的场景构成。

网系原则/网络/网状结构/组织性（Web）是指整合空间和输入空间应保持紧密联系，这样某个输入空间中的事件就能在整合空间中找到自己的对应成分。各个空间中的元素都有着照应关系，并不是任意取舍的。

易解原则/解包/拆解性（Unpacking）是指理解了整合空间，应该就能拆解合成，理解者能解包或者说是重建这个整合，重构输入空间、跨空间映射、类属空间和在所有这些空间之间的连接网络。

拓扑原则/布局/拓扑结构性（Topology）是指投射到复合空间里的成分要

与输入空间里的相对应成分相匹配,即输入空间中的元素所参与的各种关系,整合空间中的各个对应元素也应该同样适用。

意义原则/理据/好的原因/适恰性(Good reason)是指整合空间所出现的各个元素都应该有存在的充分理由,即与其他空间要有相关的连接并在运行复合空间时有相关的功能。

这五条优化原则是处理自然语言、建立有效概念结构和构建积极话语意义的有力机制。这种机制使得许多框架结构跨越心理空间进行合理组合。根据这些原则,我们就可以对概念进行整合,建立合理的概念整合网络。

3.3.6 概念整合理论的映射机制

认知域之间的映射是概念整合理论的重要内容。Lakoff & Johnson(1980)提出了比喻理解的过程就是建立投射的过程,即,把源域中的内容成分向目标域投射的过程,这种投射实际就是一种映射关系,概念映射是隐喻意义得以产生的基本条件。

Fauconnier的复合空间理论与Lakoff的单向映射关系不同。Lakoff的理想认知模型只是图式映射中的一种形式,是心理空间不断建立角色的默认模式;而Fauconnier的语用功能映射则体现了两个范畴对应体的两个相关领域的彼此映射,揭示了映射与基础知识的关系,他的映射是在思维和语言的认识中给概念整合映射以恰当的地位。他的图式映射是发生在一般图式、框架或模型用于结构待定语境中情势的映射。Fauconnier(1997)提出了多维空间相关成分映射和多维方向动态映射:投射映射、语用功能映射、图式映射。这三种空间映射方法都属于人们的心智空间的映射。

投射映射(Projection mappings)指的是将某种心理空间的部分结构投射到另一个心理空间中去。在谈论和思考某些心理空间时,人们使用其他心理空间的结构和相应的词汇。投射映射相当于相似性联想,它是根据事物之间的相似性而使一个心智空间中的概念与另一个心智空间中的概念发生联系。投射映射是两个输入空间的成分从一个输入空间到另一个输入空间的"一对一的映射"。

语用功能映射(Pragmatic function mappings)是指局域相关的两个心理空间,通过语用函数,在两类事物间建立映射关系。语用函数映射相当于邻接性联想。是什么使人们能够用一个概念去激活、去间接地指称另一个概念呢？Fauconnier的语用函数映射理论是依据概念程序的扩散激活原理而建立起来的。各种概念由于文化等诸多因素的影响而相互作用，形成了理想的认知模式，于是只要讲话人提到其中的一个概念，听话人的概念程序就会发生扩散激活，就有可能启动同一认知模式中的另一个或另一些概念。

图式映射（Schema mappings）是"将某一常规图式、框架用于语境中某一情景的建构"，"用抽象的图式、框架或模式来理解话语，是认知图式的自上而下的投射"。在框架中，角色（Role）是构成一个框架（Frame）的槽孔（Slots），值（Value）是角色这一个槽孔中的填充物（Fillers）。图式映射可发生在语法空间——输入空间I与概念空间——输入空间II之间，也可发生在抽象框架——输入空间I与特定情景——输入空间II之间。图式映射是"一一对应"的映射：输入空间I中的句法构式与输入空间II中的概念结构或者输入空间I中的框架角色与输入空间II中的特定实体形成一一匹配的关系。

以上的心智空间映射论可以解释大部分日常言语交际中常规性的言语推理机制。

3.3.7 小结

Fauconnier & Turner（2002）提出的概念整合理论为意义成因机理的探索做出了里程碑性的贡献，对语言、文字符号、形式和意义、概念的映射与整合、新创结构和新创意义等重大理论问题提出了理据性的阐释，概念整合思维模式引导人们从一个新的视角去认识世界，认识心智空间、概念空间、意义生成、表现与内涵，认识外部世界与人的心智世界。

第四节 研究思路与语料来源

4.1 本文的研究思路和方法

本文是将构式语法理论和概念整合理论与现代汉语实际相结合的一个尝试。在研究过程中，主要注重以下研究思路：

第一，将当代现实生活语言与汉语语法研究相结合。

本文的研究对象是现代汉语中的新型构式，目前尚无现成的语料库为我们提供语料来源，因此本文的研究首先要将当代现实生活中的语言作为语料来源，通过对近年来报纸杂志和网络媒体的文章标题的细致考察，采用定量和定性研究相结合的方法来为汉语新型构式分类并进行相关研究。

我们认为，当代生活中的语言已经有了日新月异的变化，报纸杂志和网络媒体中的语料能够真实地反映语言形式的基本面貌，具体例句的来源也可在一定程度上反映出该类语料的社会背景和特殊语境及其语体特征，并且能够为相关的问题提供频率方面的数据支持。

第二，将汉语语言事实的描写与认知语言学的解释相结合。

本文的研究基于对汉语语言事实的挖掘，因此在对所选择的汉语新型构式的特征进行细致描写时，注重与认知语言学的解释相结合。

第三，将修辞结构的研究与语法结构的研究相结合。

修辞结构与语法结构之间存在着密切的互动关系，两者在抽象层次上构成连续统。我们所研究的汉语新型构式，既是修辞的，又是语法的。因此将修辞结构的研究与语法结构的研究相结合，是我们贯彻始终的研究思路。另一方面，对语法结构作深入、细致的考察也有助于我们对修辞结构中所观察到的现象做出更好的解释。

概括而言，本文对六类新型构式的研究主要遵循"语法—修辞—语法"这一基本的线索来进行。具体方法如下：

其一，本研究选择新型的"最+NP"、"被+X"、"有一种X叫Y"、"V的不是A，是B"、"X向左，Y向右"和"且X且Y"结构作为六种构式类型的代表，对汉语六类新型构式的语料进行筛选甄别，并对其进行基本的分类和数据统计；分别描述各新型构式的结构类型，探讨归纳不同语境中六类新型构式各自所表达的意义（包括深层语义）及这些意义的来源；分析各类新型构式中各成分的语义特征，以及语义结构的功能；探究各新型构式的核心语义并阐述其实现过程。

其二，结合现实语料（包含语境信息）分析各类新型构式在形式和意义上的匹配机制，探究其表层形式超常组合的理据和语义整合特征。

其三，与传统构式进行对比，探讨各类新型构式与传统构式在句法、语义、语用方面的承继性关系。

其四，归纳汉语六类新型构式所形成的共性特征，阐述整合性和修辞性对新型构式产生的特殊意义；探讨汉语新型构式的形成机制给我们认识汉语语法系统的演变带来的影响，从而进一步探求语言系统变化的一些基本规律。

最后，客观地评价本文的不足及有待于进一步研究的问题。

4.2 本文的语料说明

本文语料主要来自人民网报刊检索资料库及互联网，从《人民日报》、《京华时报》、《环球时报》、《广州日报》、《新京报》、《生活新报》、《中国日报》、《重庆晨报》、《羊城晚报》、《北京娱乐信报》、《上海证券报》等报纸杂志和互联网中提取了所有含"最"、"被"、"有一种……叫……"、"不是……是……"、"向左……向右……"、"且……且……"字的例句，然后进行人工分析挑选，我们从中挑选出新型"最+NP"、"被+X"、"有一种X叫Y"、"V的不是A，是B"、"X向左，Y向右"、"且X且Y"构式。截至目前我们已经考察得到了1500多条汉语新型构式的例句（各类新型构式的数量参见下表）。

表1-4-1

新型构式	数量
最+NP	226条
被+X	218条
有一种X叫Y	319条
V的不是A，是B	321条
X向左，Y向右	216条
且X且Y	205条

第二章 汉语新型构式相关研究综述

本文的研究对象为现代汉语中新兴的"最+NP"、"被+X"、"有一种X叫Y"、"V的不是A,是B"、"X向左,Y向右"、"且X且Y"六种构式。目前学界以上述六类结构为对象的研究主要是针对其中某类新型构式的具体的个案研究。从研究角度和内容来看,对某类新型构式的介绍、产生的社会背景、流行动因及其语用功能的阐述较多,有些文章将新型构式与传统的构式进行了比较分析。针对与本文个别研究对象的相关构式(如"被+X")的研究已相对比较成熟。

我们主要根据文章研究视角的不同,对涉及本文六类研究对象的相关成果进行梳理。

第一节 "最+NP"构式相关研究

1.1 关于传统"最"字结构的研究

"最"字的使用在人们日常生活中很常见。《现代汉语词典》对"最"字的解释是:"'最'是副词,表示某种属性超过所有同类事物。"语言学家们对"最"的研究已有不少成果,其中包括"最"的词类归属、语法特征、语义指向和蕴含,"最"字的连说,"最"与"很"、"顶"等的区别等。我们结合文章主旨从"最"的语法和语义结构研究的角度进行梳理。

1.1.1 有关"最"的语法特征的研究

有关"最"的语法特征的研究主要有柴世森(1979,1980)、邓根芹(2008)等的专门论述。柴世森(1980)认为从语法功能上来说,"最"后面能接的词有以下几类:"最"+形容词;"最"+动词(包括一些能愿动词、使令性动词、表示存在的动词"有"以及否定存在的动词"没、没有、无"等);"最"+名词(包括方位名词、表示抽象事物的名词、前含方位词素的复合式合成词)。

邓根芹(2008)运用三个平面理论,分别从句法、语义、语用的层面对"最"作细致的描写分析。作者认为"最"是现代汉语中使用频率非常高的一个相对程度副词。"最"在句中常和三类词搭配使用,分别是形容词、动词性词语和方位名词。首先,作者认为"最+形容词"有两点特征:一是后面的形容词一般不能是状态形容词。二是"最"只能前置于形容词的前面,不能像"很"、"极"等副词那样既可以置于形容词之前作状语,也可以置于形容词之后作补语。其次,"最+动词",动词性词语分类很复杂,具体有"最+心理动词"和"最+非心理动词"的情况。再次,"最+方位名词"时又有单纯方位名词和合成方位名词之分。最后,"最+成语",认为"最"只能和表示态度、情绪、评价的成语搭配。作者认为从"最"的语义分析看,"最"是"极端"、"第一"的意思,意味着在三个以上的人或物中占绝对优势,但是"最"又是相对程度副词,它的最高量级只在一定范围内成立,若超出这一范围,"最"的量级便可能被超越。从语用分析看,在句类的选择方面,由于"最"是程度副词,因此多用于表示情绪、评价、态度的陈述句和疑问句中。"最"还具有加强语气的作用,常常表示极致的程度。

此外,王宗联(1993)从语义、语用、语法功能上将"很"和"最"作了对比。赵军(2004)探讨了极高量程度副词"最"和"顶"的共时差异,雷冬平(2011)还做了与"最"结合的极度构式"最/再+X+不过"的构成及语法化研究。

1.1.2 有关"最"的语义研究

关于"最"的语义,不同的学者从不同的角度和侧面进行了研究。刘宁生(1987,1993)对"最"的语义指向和蕴含进行了研究。指出"最"字句的蕴含在句义分析中用语义指向来表示。

邢福义(2000)在解释"最"的"多个体涵量"时认为词语的含义往往比词汇角度的解释要丰富得多,因此除了静态的词汇角度,应从特定的语法环境、语言的动态应用来理解"最"的语法意义。

林艳（2001）分析了句义结构中"最"的语义指向的单向性和多向性，进而分析包含"最"字句的语言理解中对"最"的指向起制约作用的语义、句法、语用因素。认为句义结构中动词的性质及其直接相关的名词性成分的数目是决定因素。"最"的语义所指是句义结构中的名词性成分。语义制约事实上与句法有密切联系，语义制约在一定程度上也表现为句法制约。

马春华（2008）做了"最"的语义类型及其语义分析，认为"最"的传统意义是表示量度上的"第一"和"唯一"，现在却出现了"最……之一"格式，既不表示"第一"，又不表示"唯一"。"最"的新用法是由传统用法衍变而来的，是在规范用法的基础上产生的变异形式，新用法表示虚比，传统用法表示实比。

蒲容（2009）分析了"最"的语义与说话人的情感、比较范围的关系。此外，武荣强、赵军（2006）还对相对程度副词"最"的语法化过程进行了考察。匡艳（2007）对"最"的极量表达进行了分析。王晖（2008）做了"最"的多角度比较研究，探讨了"最最"的语义、语法、语用功能，并与新兴程度副词"超"、"巨"、"N"进行了比较。赵军（2009）分析了"最"类极性程度副词的形成和发展。

以上传统"最"字结构的语法语义的探讨为本文的研究奠定了基础，具有十分重要的参考价值。

1.2 新型"最+NP"构式相关研究

目前针对新型"最+NP"构式的相关研究尚未见有论文或专著发表，因而我们认为这一研究具有创新意义。

从我们搜集的文献资料看，以上关于"最"字结构的研究尚未涉及新型"最+NP"构式的深入探讨，根据现代汉语（黄伯荣、廖序东，2002）教材中关于"程度副词一般不能与名词直接组合"的观点[①]，新型"最+NP"就是一

---

① 黄伯荣、廖序东（2002）《现代汉语》增订三版（下）在叙述名词的语法特征时谈到，"名词前面……一般不能加副词"。

种不合语法的语言表达现象。但事实上新型"最+NP"构式不但没有影响到听话者或读者的理解，它所具有的独特的表义功能和语用特点，反而为越来越多的人所接受，并在言语交际中广泛使用，取得了特殊的表达效果。这一新兴的语法现象，有违传统的语法观念。因此，我们将其放在汉语新型构式的系统研究中，运用概念整合理论分析汉语新型"最+NP"构式，先对它们进行细致的描写，并在此基础上做出合理的解释，然后概括其语法意义并揭示其意义形成的认知动因。

第二节 "被+X"构式相关研究

2.1 关于传统"被"字结构的研究

"被"字结构作为一种特殊句式一直是语言学界研究的热点之一，对它的研究已有近一个世纪的历史，研究成果蔚为可观。前人的研究成果主要涉及以下几个方面："被"字词性的确定、"被"字的作用、被动句的表义色彩、被动句与其他句式的转换、被动句中的动词、被动句的功能、被动句的句法成分等方面。近年来随着一些新理论的产生和日臻完善，"被"字结构的研究也步入了一个新的历史时期。格语法、功能语法、配价理论、题元理论、三个平面语法、认知语法、词汇—功能语法等理论的引进和运用为"被"字结构的研究开辟了新的思路，运用新的理论对"被"字结构进行静态与动态相结合的描写和解释，已经成为我们对"被"字结构研究的必然之势。前人对"被"字结构的研究均为"被"字的正常搭配结构，为我们研究新型"被+X"构式奠定了基础。

2.2 新型"被+X"构式的相关研究

新型"被+X"构式一出现，就引起了广大学者的关注，通过搜索《中国知网》的文献资料，我们发现，仅2009—2010年一年间就有13篇相关研究论文发表。下面我们根据研究视角的不同加以梳理。

2.2.1 社会语言学的研究视角

最早从社会语言学的角度对新型"被"字进行研究的主要有王灿龙（2009a，2009b）；李雪、邵平和（2009）；汤玫英（2009）；程豪杰、宋杉珊（2009）等，他们首先关注到了"被"字构词的新颖性和流行性。

王灿龙（2009a）首先介绍了"被自杀"一词产生或使用的事件背景，认为"被自杀"是个突破常规的另类搭配，用法新颖，简洁利落，主要是凸显"非自愿性"、"被迫性"等意义。接着王灿龙（2009b）指出，从语言的角度来看，"被就业"也是一个超常规的句法搭配，它跟"被自杀"属同一类现象。

还有学者从社会流行动因上加以分析，李雪、邵平和（2009）认为"被+X"迅速流行，既有语言环境的因素，也有语言使用者的因素。汤玫英（2009）认为"被+X"流行的原因主要有以下两个方面：形式上新颖独特，符合当今社会求新求奇的时代心理；内容上用于表现人们主体意识与权利意识的集体觉醒和对失衡的公共权力的不满情绪，入木三分，再加上互联网技术的进步，为公众提供了广阔自由的公共舆论空间。程豪杰、宋杉珊（2009）也持相同观点。

2.2.2 语用修辞学的研究视角

关于新型"被"字的用法，也有学者从语用修辞学的角度加以研究，周卫华、蔡忠玲（2009）揭示了"被+X"结构作为新词语的表达功用和语用效果。认为从历时角度看，"被"字结构在形成之初就主要是用来表示消极意义的，而且这种表义的消极倾向一直延续至今。"被+X"结构中的消极语义更为强烈。

王韦皓（2009）认为，"被"字句的传统认知已无法涵盖语言变化的新用法，"被"字式的叫法相对"被"字句拓展兼容，"被"字式的语义性质具有很大的包容性，新用法也都隐含"遭受"的语义基础，但较之以往更突出因"受控"而被迫屈从——非意愿，或表面如此——非本真的语义，同时强调所"被"之事的"异常性"或荒谬可笑，传达出无奈、无辜、无助的不满，带有反讽或自嘲般的黑色幽默感，从修辞的角度看是反语，所有被操控的不情愿和不真实背后都深藏着言者强烈的自我意识的觉醒。

刘斐、赵国军（2009）首先考察了"被组合"产生的原因，认为在语法变异背后的实质是社会关系的变异。其次分析"被组合"的共同特征并对"被组合"予以分类，认为语言使用者通过不同类型的"被组合"，依次表达出事件中受动者被压制、被欺骗、被愚弄的意义。最后从正反两个角度分析了"被时代"，指出"及物化"折射的是个体权利的无奈追求，而"被组合"的流行又反映了公众政治参与意识的主动态。

2.2.3 语法语义关系的研究视角

随着新型"被+X"语言现象的流行范围逐渐拓展，出现频率逐渐增多，学界对"被+X"的考察和研究也逐步深入，有不少学者从语法语义关系的角度进行了研究。如：付开平、彭吉军（2009）从组合关系、变换关系、语义关系、语义色彩、信息含量五个方面考察了"被+X"与"被+VP"的差异，认为"被+X"具有［+矛盾］语义特征，是现实世界对语言的隐喻，体现的是对现实世界的主观化。作者概括了"被+X"具有以下五个鲜明的语用特征：（1）适用的事件背景：不情愿/不知情/不真实；（2）尽量回避"被+VP"格式；（3）贬义的语义色彩；（4）与"X"构成对比；（5）简洁怪诞的表达。

曹大为（2009）认为"被"的新用法在结构、语义、色彩等方面均有显著特点：其一，"被"多与双音节词语搭配，形成三字结构。其二，出现在"被"后，与"被"组合构成"被"字新格式的成分较为丰富，既有词，也有短语，词以不及物动词为主，但也有及物动词。其三，尽管"被"的后位成分从类别来看较为丰富，但有着共同的语义特征，即具有鲜明的自主性。它使本应由主语所表示的个人或群体自主决定的事情变成了由外来因素操控和支配的事情，从而使主语陷入被支配状态，失去了原有的自由选择或诉求的权利，"被"字体现了无奈和幽怨，带有调侃和戏谑的意味，折射出了冷幽默的独特色彩。

也有学者将"被+X"作为一种新兴的格式加以研究，并探讨其语法意义。彭咏梅、甘于恩（2010）认为"被$V_{双}$"是汉语中近年来出现的一种新兴的"被"加双音节动词格式，其准确含义是："在不知情或非自愿、不真实的情况下，非自主地遭遇某种境况"，"被$V_{双}$"在修辞上多带调侃意味。

刘杰、邵敬敏（2010）认为"被+X"是一种新兴的贬义流行格式，表示"主观认定并强加于人"的语法意义，同时也包含了"否定、讽刺、无奈、诙谐"等丰富的语用价值。在句法上，"被+X"与典型"被"字句正好形成互补与对立的关系，特殊的语义和独特的语用价值是该格式产生并流行的内部动因，此外还依赖于极为重要的社会和心理认知基础。

张明辉（2010），张建理、朱俊伟（2010）分别研究了汉语中新兴的"被+X"构式，张明辉认为，该构式具有评判义，表示"否认"，既包括对事实的否认，也包括对能愿性的否认；张建理和朱俊伟则认为，该构式表示两种语义："相关主体被谎称实施了X行为"和"相关主体被迫实施了X行为"，两种语义的形成源于对先前的"被"字句构式的仿拟和引申。

应该说，以上学者有关汉语新型"被+X"构式的研究成果已经较为丰富，也相对比较成熟，为本文进行的研究奠定了基础，具有十分重要的参考价值。人们对汉语新兴的"被+X"现象从各个侧面予以了不同的关注，然而我们尚未见到从概念整合的角度对汉语新型"被+X"构式进行研究的论文，而且我们也未见到将"被+X"构式作为新型构式中的一类进行的系统研究，因此我们有必要将其与其他几类构式放在一起作为现代汉语的新型构式系统地进行研究，以考察汉语语言系统变化形成的内在机制。

第三节 "有一种X叫Y"构式相关研究

3.1 关于传统"有"字结构的研究

在现代汉语中，"有"字结构是一种形式多样、表义丰富、使用频率很高的句法结构。在一个多世纪的时间里，学者对"有"字结构的研究各有不同的侧重点。语法学者最初的研究集中在"有"字的词性和词义及"有"字句的范围。语法学界对"有"字句范围有两种理解：即狭义的"有"字句和广义的"有"字句。狭义的"有"字句是谓语或谓语中心词为"有"和"没有"或"没"的句子，黎锦熙（1924，1957）、吕叔湘（1942）、刘世儒（1957）

等都持这种观点。范晓（1987）认为，"有"字句是"有"和"有字结构"用做谓语的句子。易正中（1994）认为，"有"字句是"有字用做动词并在句中充当谓语的句子"。而广义"有"字句是指"有"作谓语或谓语中心词的句子，而且包括"有"不作谓语或谓语中心词的句子，持有这种观点的有吕叔湘（1942）、范方莲（1963）、詹开第（1981）、陈建民（1986）等。

由于"有"字句包含的范围很广，在此限于篇幅，本文只选择与本文主旨密切相关的"有"字句句法结构的研究进行综述。

早在1898年，马建忠在《马氏文通》中就已描写了"有"字句的结构。吕叔湘（1942）在《中国文法要略》一书中正式提出"有"字句，首次把它作为一种句式进行研究，并对"有"字句进行了详细的分类。马建忠（1898）认为"有人来了。"这类句子是"有止词、无起词"格式。大部分研究者把这种句式看成"无主有字句"。

黎锦熙（1924）认为，在"有人在说话。"这一句子中，"有"表示"泛指"，与"某"的作用相近。同时他认为"NP_1+有+NP_2+VP"句子中，"VP"都作"NP_2"的补语。刘世儒（1957）也持相同的观点。

王力（1957）认为，在"古代有位名医叫扁鹊。"这类句子中，"有"表"存在"义，这类句子是"递系式"。张志公（1959）认为"（NP_1）+有+NP_2+VP"这类句式属于复杂谓语。他说"'有'和动词或者形容词连用属于复杂谓语。"

吕叔湘（1979）等把"NP_1+有+NP_2+VP"句子中的"VP"段认为是后置定语，认为"VP"段有些是名词的附加语，作者们为了使句子更畅通，于是就不把"VP"放在"NP_2"前面，而把"VP"放在"NP_2"后面，即附加语或后置的定语。同时，吕先生在文中也谈到了该类句子中，"NP_2"与"VP"的语义关系有施事、受事、工具、时间、处所、理由等。

詹开第（1981）比较详细、全面地探讨了"有"字句结构，把"有"字句分成四种句式，然后把这四种句式细分成十三个小类，并且对每小类的语义和语用的特征都做了简要的分析。尤其值得我们注意的是詹文中分出的第三类，即"（NP_1）+有+NP_2+VP"，作者认为如果NP_1为动词的施事、受事，或者"NP_2"与动词无关,那么该句式是连动句;如果"NP_2"为第二个动词或者动词短语的施事、受事,那么该句式是兼语句。

朱德熙(1982)把"(NP_1)+有+NP_2+VP"句子都称为"有"组成的连谓结构。他认为"NP_2"与"VP"的关系是可能、受事、假设、因果。

林泰安(1986)认为,在"NP_1+有+NP_2+VP"这类句子中,当"NP_1"为处所词或者时间词时,"有"表示"存在意义",这类句子是表示"存在意义"的兼语式。而高慎贵(1990)则认为,在这类句子中,句首的方位词或者时间词已经是不必要的了,它们可以省略,且"NP_1+有+NP_2+VP"这类句子和"有+NP+VP"可以相互转换。

陈建民(1986)认为,当"NP_2"与动词的语义关系是理由、存在、受事、因果或假设时,这类句子都为连动句,但当"NP_2"为动词的施事时,这类句子为兼语句。

杨伯峻、何乐士(1992)认为"有"是兼语句的第一动词,是存在句的一种。

易正中(1994)对"有"字句的类型进行归纳,并探讨"有"字在各种句式中反映的语义关系。他将"有"字句分为简单形式"有"字句、复杂形式"有"字句、介于简单形式与复杂形式之间的"有"字句。

游汝杰(2002)从句法、语义方面谈了现代汉语里面的兼语句,指出兼语句的动词的共同意义是"致使"义,并对历代前贤总结的十一类兼语句进行一一分析,指出文中第(11)类即所谓的"有、无"类兼语句并非兼语句,他分析的是"有+NP+VP"这一格式,指出这类句子不是兼语句,理由是动词"有"没有致使义。"VP"的出现,并不是"NP"导致的结果,此类动词不宜看作兼语动词。并且也从兼语句的论元结构、题元空位方面指出"有+NP+VP"类句式不是兼语句。

张豫峰(2002)把"(NP_1)+有+NP_2+VP"类句子称为"有"字句,全面分析了"有"字句的句法、语义和语用问题,并在后续成分的研究方面有所创新,作者认为"A+有+B+X"句子中"有+B"和后续成分X有述补和状心两种结构关系。

张斌（2003）认为，在"NP$_1$+有+NP$_2$+VP"这类句子中，当"NP$_1$"为指人的名词或者名词短语时，这类句子是"有无"类兼语句。邢福义（2002）也认为此类句子是"有无"式兼语式，兼语后头的成分陈述有关事物的情况。

由上可见，学者们把"（NP$_1$）+有+NP$_2$+VP"称为兼语句，归为兼语句的原因是"NP$_2$"可以为"VP"的主语。如果"NP$_2$"不是"VP"的主语，那句子则属于连动句，可见学者们大都是从形式上把"（NP$_1$）+有+NP$_2$+VP"这类句子归为兼语句的。

另外，也有一些学者主张取消汉语的"兼语句"，代表人物是张静。张静（1977）认为"连动式和兼语式应该取消"，并且把它们依次归入不同的句式中。

语法学界还有学者对此类句式进行了语法化的研究，有代表性的是石毓智（2000，2002）对"有"的语法化所做的一系列考察。比如他认为在"有人来了"中，"有"是一个语法标记，因为典型的数量短语自身的语义特征是无定的，不能在句子开头出现，但是加上一个专门的表无定的语法标记"有"就可以，石毓智认为，无定的施事和受事主语前都要加"有"以使其有定，因此这类句子中"有"为句首不定指的语法标记。

董秀芳（2002）认为，"有"的弱动作性使它成为动词中的非典型成员。"有"后的名词具有不定性，具体性低，因此对它的语义提取比对具体名词的语义提取更多依赖于与其相连的动词，于是慢慢形成了一个贮存单位，不再分立。非典型动词与非典型名词相结合，得到的是非典型动宾结构，及物性低，所以具有融合为一体的倾向。

吕吉宁（2004）从语法化角度研究了表示比较的"有"字句和句首无主语的"有"字句，讨论了现代汉语中句首"有"的隐现规律，认为现代汉语中的无定NP主语句是由明清时期"只见"类句子发展而来的，有强烈的现场性。而句首"有"引导的句子往往具有非现场性。在"有"字比较句中"有"虚化为一个引进比较对象的介词。

薛宏武（2006）运用认知语言学、语法化及形式学派等相关理论，对现代汉语"有"类语法现象作了系统描述、揭示与解释。

李慧媛（2007）运用语法化的理论，梳理了"V+有+数量短语+N"；"V+有+数量短语+A"中的"有"以及句首不定指标记的"有"的虚化路径。从共时的角度，用语用学方面的理论，论证了"有"在现代汉语中的焦点标记功能，同时从历时的角度，用语法化理论阐释了"有"的标记功能的语法化过程。

还有一些语法学家从横向和纵向两个不同的角度研究"有"字句，比如：郑懿德（1985）、施其生（1996）分别讨论了福州方言和汕头方言中"有"字句的语法结构；张文国、张文强（1996）研究了先秦汉语中的"有"字结构；王建军（2003）从历时的角度描写了汉语"存在句"，其中也谈到了"有"字存在句；朱霞（2008）探究该类构式中"有"字由表领有到表存在的虚化轨迹；孟艳丽（2009）认为无主"有"字句中"有"的语法意义是标记一个不定指话题；李霞（2010）将"有"字在古代汉语和现代汉语中所体现的词性进行比较分析，对"有"的词性做了全面的阐释。

以上研究成果深化了我们对"有"字结构的认识，为本文的研究奠定了基础。

3.2　新型"有一种X叫Y"构式的相关研究

通过搜索《中国知网》的文献资料，我们搜索到的有关"有一种X叫Y"构式的研究成果只有吉益民（2011）和高再兰（2007）发表的两篇论文。吉益民（2011）将"有一种X叫Y"看作是一种新兴流行话语模。他根据模槽X与Y的语义关系特点，将构式大致分为"X同Y异"、"X异Y同"、"X异Y异"三种类型。认为构式整体语义功能出现非范畴化变异，有修辞化演变趋势。文本标题是其主要分布场域，模因论、认知驱动和网络语境是其主要生成动因；高再兰（2007）则从修辞的角度进行了考察，称这种格式为"有一种A叫B"，他认为连谓式"有一种A叫B"在语言的演变过程中辞格化了，成了表达暗喻手法的一种修辞格式。他还将该格式与其他表现暗喻手法的句法形式相比较，指出了这一格式在修辞效果上的不同特点。

这两篇研究成果对于我们理解"有一种X叫Y"构式的句法语义特征很有

启发。但我们认为前人对造成这种句法结构的深层次机制解释得还不够透彻，因此，我们希望通过对前人研究成果的吸收和整理，结合我们对此问题的观察，将其放入汉语新型构式系统中，尝试运用概念整合理论深入探究"有一种X叫Y"构式的认知机制。

第四节　"V的不是A，是B"构式相关研究

4.1　关于传统"不是……是……"句式的研究

就我们所见，传统的"不是……是……"句式的专题研究文献并不多，我们在中国期刊网上搜索自1991—2010年期间以"不是……是……"或者包含"不是……就是……"为篇名的研究论文，总共只有15篇。

在传统的句式中，"不是"是真值否定。涉及此问题的研究论文或专著基本上可以分三类：第一类探讨"不是……是……"格式，主要有柳传瑾（1996），万一（1986），余晓环（2004）。第二类是探讨"不是……就是……"格式，主要有朱林清、吴晓露（1982）；王弘宇（1995，1996）；刘颂浩（1996）；李月彬（1997）；刘乃仲（1998）；周有斌（2002）；肖元珍（2006）；席嘉（2006）；周静、钟莹（2007，2008）。第三类探讨的是"不是……也是……"格式，主要有李国庆（2002）；胡爱东（2003）。

以上关于传统的"不是……是……"句式研究中的"不是"表达的是真值否定，与新兴的"V的不是A，是B"构式中"不是"的深层含义截然不同。

4.2　新型"V的不是A，是B"构式相关研究

新型"V的不是A，是B"构式与传统的"不是……是……"格式不同，新型构式中的"不是"是假性否定。

汉语"V的不是A，是B"这一新构式刚一出现，就有学者注意并进行了研究，郇昌鹏（2009）、韩蕾（2009）将"我发的不是帖子，是寂寞"类句式概括为"寂寞"构式并从句法、语义、语用及心理方面分析了"寂寞"构式

的流行原因。他们率先指出在网络背景下新构式层出不穷,"寂寞"构式是新流行的构式之一。

学术界真正将"不是A,是B"作为构式进行研究的有卢英顺(2010)和邵敬敏、王宜广(2010),武艳超(2011),周丽(2011)。卢英顺(2010)探讨了"不是A,是B"新构式的特点,这对我们认识这一句法结构的语法意义至关重要。作者认为其主要特点是:"不"不表示真正的否定;成分B是要凸显的对象;整个构式的意义是"主体NP通过某种方式(即VA所表示的行为)获得或者消除B所表示的状态",是"获得"还是"消除",取决于成分B的性质。

邵敬敏、王宜广(2010)重点考察"不是A,而是B"句式假性否定的功能价值,分析了它的六大类型:递进性、提升性;本质性、关系性;比喻性、象征性。指出该句式具有强烈的主观性色彩,关键是推出深层肯定,指出这是一种以追求特殊语用、修辞效果为目的的策略性否定。作者认为运用该句式也可以凸显"结构焦点"、"语义焦点"、"话语焦点",达到凸显性效果。就整体句式而言,可以看作是一种带有主观性的话语策略性手段。

武艳超(2011)探讨"V的不是A,是B"这类构式,在论述了传统构式和新构式的区别之后,尝试性地从修辞(拈连和隐喻)、认知(原型范畴理论、惯性压制)、语用视角观察这一语言现象。认为"V的不是A,是B"的广泛使用,既是修辞、语用,也是认知的原因。周丽(2011)认为该句式体现了语言使用者的情感宣泄心理、层次追求心理、现实揭露心理和求新求异心理,是客观世界通过人的隐喻思维在语言中投射的结果。

以上研究成果对于我们理解"V的不是A,是B"结构的句法语义特征很有启发。但同时我们也感到,由于各人所选取的角度和方面不同,对造成这种句法特征的深层次原因还缺乏探讨和解释,因此,我们希望通过对前人研究成果的吸收和整理,结合我们对此问题的观察,将其放入汉语新型构式系统中并尝试运用概念整合理论来探究"V的不是A,是B"构式所产生的认知机制。

第五节 "X向左，Y向右"构式相关研究

5.1 关于传统"左"、"右"及"左右"语义的研究

关于传统"左右"语义的研究，不同的学者从不同的角度进行了考察。比如郭焰坤（1996）、周锦国（2007）从汉字结构开始研究"左"、"右"和"左右"，谭学纯（1994）、唐海萍（2001）、毛元晶（2003）、朱安义（2003）、王希杰（2004）从语言和文化的视角考察"左右"这个词。从所搜集的研究资料看，前人对"左右"的研究取得了一定成果。多数学者明显对于"左右"表示的约数义表现出浓厚兴趣，并惯于将表达约数义的"左右"和同样是方位词的"前后"、"上下"相比较研究。根据学界对"左右"语义的研究情况，我们将其分为以下几类：

第一，关于"左右"方位意义的研究，主要有方经民（1987）和邱斌（2008）。方经民（1987）从主客观的角度对"左"、"右"进行了考察。他认为"左右"所表达的空间观念是相对的。"左"、"右"用于方位参照时，如果以观察者自身的左与右确定参照点的左与右，则为主视；如果将观察者之外的参照物人格化，赋予它本身一个左与右，则为客视。而左右定域取主视还是客视，不同民族、不同语言有所不同。邱斌（2008）以《左传》为例，分别从单用和合用两个角度讨论了"左"、"右"和"左右"在古汉语中的方位类义。单用情况下，表示空间义的"左"、"右"出现的次数都很少，表示等级的"左"和"右"出现的次数较多。而这些等级语义是从它们的空间语义引申出来的，有些句子中"左"和"右"既有等级义，也有空间义。合用情况下，作者统计到《左传》中表示空间方向义的"左右"比用于转指"左右随从"的"左右"多出两例，而后者有词汇化的倾向。作者特别指出，表示空间方向义的"左右"中"左"、"右"是两个独立的词，两者构成并列短语来充当句子成分。

第二，关于"左右"约数意义的研究。对于"左右"约数义的考察，学

者们多倾向于做对比研究，即将同为方位词而表约数义的"前后"、"上下"和"左右"对比分析。

张豫峰（2004）以考察结构中的动词为参照，对表约量义的"前后、上下、左右"进行研究，他的研究包括三个方面，"X+前后/左右/上下"中的"X"，与"X+前后/左右/上下"相关联的主要动词的不同特征和"前后、左右、上下"的认知意义。指出留学生使用"X+前后/左右/上下"结构时产生偏误的原因，即"前后"、"上下"与"左右"相比方向性更强，而"左右"所表示的估量是一种只表大小不表方向的标量。

牛顺心（2004）从认知域、逻辑关系、时点、时段等角度分析和对比了"前后、左右、上下"这三个对举方位复合词的用法，最后以历时的语料为证，指出这三个词的分布之所以呈现出这样的格局是因为它们从空间域投射到时间域和数量域的认知规律在起作用。

与前两位研究者不同，马喆、邵敬敏（2009）对"前后、左右、上下"三个表约量的词在时间意义表达上的异同进行了详细的对比分析，认为它们可被分为"年龄约量"、"时间约量"、"非时间约量"三类。它们在历时发展上存在不一致性，且时间约量先于非时间约量。它们语义功能的不一致性与其任职难度有密切联系。其中，"左右"的认知难度最大，在人们的认知中最为模糊。

时雯雯（2007）系统地对"前后"、"左右"、"上下"这三个词的空间义、时间义和概数义进行了较为系统的考察。她将"前后"、"左右"、"上下"表示的空间义分为方位意义和范围意义。作者认为"左右"的使用频率远远高于"上下"，"左右"多用于表示事物数量，"上下"则多用于表示人的年龄，而"前后"没有进一步虚化为表概数的用法。

与以上的对比研究不同，王红厂（2008）从语序的角度讨论了"数词+量词+左右"和"数词+左右+量词"的区别，虽然在使用频率上，前者远高于后者，但后者的估量范围要比前者大，也不可忽视。

张辉（2009）对"左右"在古代及现代汉语中的义场进行了归纳，为"左右"的各种意义划分了小类并考察了其语法化轨迹。作者认为句法位置上的变化是"左右"虚化的句法动因,隐喻是其词义虚化的重要的驱动力。

第三,关于"左右"语气意义研究。雷冬平(2008)讨论了反义并列语素双音副词的语法化,他认为"长短"、"左右"、"好歹"、"横竖"、"死活"、"反正"这六个词最初都不是语气副词,而是通过极性对立的词义引申而来的。

张谊生(2004)从语义类别、功能差异、方言分布和形成历史四个方面对反义对立式语气副词进行了描写和解释。关于"左右",他认为从语义类别上讲,属于空间义场类;从表达功能上讲,从表概念为主演变为表情态为主;从方言分布上看,分布在官话区的"左右"较少;从历史形成上看,"左右"形成于宋元时期。他认为,真正导致"左右"类反义对立式短语虚化的诱因是句法环境,成对的形容词在特定的语境,尤其是否定性紧邻语境中,由于语用的需要而逐步语法化了。

第四,从认知角度对"左右"进行的研究,主要代表有王开文、覃修桂(2007);宋红梅(2009)和张玉苹(2009)。王开文、覃修桂(2007)从认知的角度分析了"上下"和"左右"意义上的交叉现象,认为是它们表示不同的空间方位概念以及各自包含的不同概念隐喻结构造成的。作者从这两个词的基本意义着手,指出它们各自的隐喻意义及其经验基础,从而揭示两者语义上的相同和相悖的原因。

宋红梅(2009)指出"前后、上下、左右"在空间上呈现出离心——向心状态。离心和向心的相互作用使得它们游离在参照物周围,始终不能到达参照物,但也不能远离参照物,这就是约数义来源的直接原因。而且作者认为"前"和"后"、"上"和"下"之间处于不均衡的状态中,而"左"和"右"相对处于均衡的对称分布状态,因此由其构成的复合词语义作用范围最广,使用频率最高。

张玉苹(2009)从认知的角度对"上下"、"左右"、"前后"三个方位词进行了较为全面的比较,并从空间隐喻角度解释它们之间的异同。作者认为,"上下、左右、前后"从空间域投射到时间域、数量域,隐喻的产生基于方向的模糊性倾向。"左右"与"前后"、"上下"相比,方向性比较模糊。所以,

"左右"的意义泛化，使用范围最广，使用频率最高，可以比较自由地由空间域隐喻到数量域、时间域。

以上对传统"左"、"右"及"左右"语义的探讨为本文进行的研究奠定了基础，具有十分重要的参考价值。

5.2 新型"X向左，Y向右"构式相关研究

通过搜索文献资料，目前只发现1篇有关新型"X向左，Y向右"构式的研究论文。朱永辉（2006）在《咬文嚼字》中指出"天堂向左，xx向右"是汉语一个新的表达式的诞生。作者分析了这一新的表达式的来源，认为天堂是跟"地狱"相对而言的。这一语文格式具有明确的价值判断，可以鲜明地宣泄出一种强烈的失望、不满与贬斥情绪。作者还指出这一新格式的发展变化，出现了新的变异形式即"X向左，Y向右"格式，但却未对这一新的句式进行分析。

仅有的这篇论文对于我们理解"X向左、Y向右"构式的句法语义特征很有启发，但遗憾的是作者并未对造成这种句法结构的深层次机制进行解释。我们希望通过对前人研究成果的吸收和整理，结合我们对此问题的观察，将其放入汉语新型构式系统中，尝试运用概念整合理论深入探究"X向左、Y向右"构式的认知机制。

第六节 "且X且Y"构式相关研究

6.1 关于传统"且……且……"句式的研究

"且"是汉语中常用的一个文言虚词，可作副词，表示行为或情况在不久以后发生，译为"将"、"要"、"将要"；也可作连词，表示并列或同时。我们查阅《古汉语虚词手册》和《古汉语常用字字典》可知，"且……且……"连用不是一个新造的结构，"且……且……"格式用以连接两个动词，这种格式比"且"字单用的格式更为普遍，可译为"又……又……"或"一边（方

面)……—边(方面)……"。我们查阅大量文献资料却未见有对此格式的研究,仅有的几篇都是关于"且"字释义的探讨,例如:凯善、牛元英(2003)探讨了"且"和"祖"的渊源暨"且"在古汉语中的用法;王琪(2005)对兼义造字"且"的认知进行了研究;覃觅(2008)对"且"字本义进行了补释。

6.2 新型"且X且Y"构式相关研究

学术界对新型"且X且Y"构式的相关研究要远比对传统"且……且……"语法格式的研究多。我们通过搜索《中国知网》发现,从2014年至今,针对新构式的研究已有10篇论文发表。根据具体的研究内容,我们将这些研究分为三类:

第一类,是对"且行且珍惜"流行原因的分析和对"且行体"的解读。主要代表有汤玫英(2014)、祁从舵(2016)、徐永清(2015)、郭燕霞(2015)、杨姣、岳好平(2015)及鲁小龙(2015)。汤玫英(2014)首先从微观的角度分析了"且行且珍惜"流行的原因。这些原因包括网络事件的触发、网民仿拟的推动、出处挖掘的影响、心灵共鸣的激发和诗意表达的扩散等。

祁从舵(2016)则从历时角度探讨了句式"且行且珍惜"的特点、来源及其演变机制。作者认为该句式行使祈使句功能,表示言者希望听者珍惜在某段经历中得之不易的事物,这一句式来源于近代汉语中的"且……且……"结构祈使句,是在主观化动因下经类推机制产生的。

徐永清(2015)从"且"的字义看"且行且珍惜",首先追溯它的起源,其次从文字学的角度辨析"且"的本义及转义,最后对"且行且珍惜"这一短语的含义进行分析。

郭燕霞(2015),杨姣、岳好平(2015)都从模因论的视角分析了流行语"XX虽易,XX不易,且X且珍惜"的复制和传播过程,并阐释了该流行语成为强势模因的原因,揭示了这种语言现象背后反映的当代社会群体的某些普遍心理状态。

鲁小龙（2015）则对网络流行语"且行体"进行个案考察，从格式分类、意义以及频率分布出发，运用句法象似性原则对格式结构和泛化原因进行分析，归结为认知顺序、时间顺序和数量象似三个动因，并说明该结构流行背后的认知心理机制。

第二类，是对"且X且珍惜"作为框式结构的分析。顾礼姝（2015）从结构和语用两个方面对网络中的框式结构"且X且珍惜"进行了分析，作者认为这种短小精悍的框式结构在网络上流行的原因，一方面是由于其新颖的句式，一方面是由于对其劝诫式语义的认同。

第三类，是将"且……且……"格式作为构式进行语法探讨，代表人物是胡晓梅（2015）、高慧芳（2015）、祝婕（2015）。胡晓梅（2015）通过对网络上"且且体"使用情况进行归类分析，结合CCL语料库中"且……且……"格式的使用情况，从构式语法视角考察这一格式的句法和语义特征，并对"且且体"流行的原因进行分析。高慧芳（2015）从认知语言学及构式语法角度，提出BC模型（Blending&Coercion），并以此详尽分析"且X且Y"构式的句法、语义、语用特征，进一步揭示该表达背后的生成机制及其语义变化规律。祝婕（2015）则运用构式语法理论研究"且A且B"的语法特征、构式义，并指出其构式压制的方式和机制。

以上研究论文对于我们理解"且X且Y"构式的句法语义特征有一定的启发性和借鉴价值。但上述成果对造成这种句法结构的深层次机制解释得还不够透彻，因此，我们希望通过对前人研究成果的吸收和整理，结合我们对此问题的观察，将其放入汉语新型构式系统中，尝试运用概念整合理论深入探究"且X且Y"构式的认知机制。

第七节 本章小结

从以上对六类新型构式相关研究的梳理可以看出，学界针对汉语新型构式的专门研究还显得比较薄弱。目前我们尚未见到对现代汉语新兴的结构做系统研究的论著，也未见到以概念整合理论为视角的针对汉语新型构式进行研究的成果，更未见有学者指出其间的一些共性特征。由此我们认为，从概念整合角度对现代汉语中若干新型构式进行系统的研究，把对新型构式形成动因的考察，当作是汉语语法结构系统演进的一种实例，则可以看到语言演进的内在规律性。

第三章 汉语新型"最+NP"构式的语义认知[①]

本章根据报纸杂志和网络媒体新出现的语言现象，尝试对新出现的汉语"最+NP"构式的结构类型、语义特征及句法功能进行描写，并从概念整合的角度分析其形成的认知机制，然后探讨新型"最+NP"构式与传统构式的承继关系。

第一节 引 言

1.1 问题的提出

现代汉语中的"最"是一个比较常用的程度副词，它最常见的用法是用在形容词或心理动词前表示程度高，"最"能修饰形容词和某些动词结构，已是人们的共识。但是，近年来在报纸杂志及网络媒体上出现了一种"最"的新用法——"最"之后直接加名词或名词短语，我们将这种"最"的新用法称为汉语新型"最+NP"构式，文中的NP代表名词性成分（包括名词和名词性短语）。请看例句：

（19）一条乌托邦胡同里的"最北京"（《新京报》，20100423）

（20）最世博展馆：中国航空馆（《羊城晚报》，20100430）

（21）本报"全媒体"报道团为读者奉献两会"最新闻"（《上海证券

[①] 本章简写稿论文以"汉语'最+NP'结构的名词性及其整合应用"为名发表于《中国语文法研究》2012年6月创刊号。

报》，20100302）

（22）图文：金牌总监杨羽携"80金牌"打造国内"最音乐"（人民网天津视窗，20100318）

（23）温家宝答问之"最语言"：为什么总拿中国做文章？（新闻中心－中国网，20100314）

（24）游艺《最三国》：黄金短缺？取之于民！（网页游戏门户，20100326）

（25）最女生：饶雪漫抢郭敬明生意（图）（北京娱乐信报，20090316）

（26）"最财经的猜想"：央行二总部导演金融一体化？（网易，20060113）

（27）盘点"最委员"：有人言辞犀利 有人引发追星 有人雷倒众生（人民网天津视窗，20100315）

在这些例句中，"最"作为一个程度副词，直接与典型的名词"北京"、"世博"、"新闻"、"音乐"、"语言"、"三国"、"女生"、"财经"、"委员"等组合构成"最+NP"构式。如果按照传统语法分析，这种用法是不合语法的（参见黄伯荣、廖序东，2002）。但事实上这种用法目前已大量存在。副词"最"不仅用在了名词前面，而且其与名词的结合产生了新的语法意义。因而我们的问题是："最+NP"构式所产生的新的语法意义是什么？"最"具有怎样的特殊性？其与"NP"组合的内在机制是什么？"最+NP"构式与传统构式相比有怎样的特征？

1.2 语料来源

本章的语料来自人民网报刊检索资料库及互联网，我们从《新京报》、《羊城晚报》、《北京娱乐信报》、《上海证券报》等报纸杂志和互联网中提取了所有含"最"字的例句，从中人工挑选出新型"最+NP"构式226例。（搜索时间2010年10月5日——2010年12月15日）

第二节 "最+NP"的基本结构类型

2.1 "最+NP"的基本结构类型

我们将搜集到的226例"最+NP"的基本结构进行分析，可以看出"NP"有以下两类六种情况（"最"与方位名词的直接组合本文暂不讨论）：

第一类　最+专有名词

专有名词又有四种：

1. 最+NP_1〔国名〕 例如：

（28）雷佳用"<u>最中国</u>的声音"唱响"<u>最俄罗斯</u>"剧院（合肥在线，20100915）

（29）第七届<u>最法国</u>电影节　即日《从文化开始》（中国广播网，20100423）

2. 最+NP_2〔地名〕 例如：

（30）这里"<u>最浙江</u>"　世博浙江馆亮点细细数（杭州日报网，20100417）

（31）"<u>最青岛</u>"的演出"蓝色畅想"5·1重装上阵（山东新闻网，20100428）

3. 最+NP_3〔人名〕 例如：

（32）申花小将冯仁亮一战成名　山寨巴萨他"<u>最梅西</u>"（新民网，20100410）

（33）一本<u>最"法拉奇"</u>的书《好莱坞的七宗罪》（东北网，20100928）

4. 最+NP_4〔物名〕 例如：

（34）郭敬明《<u>最小说</u>》为啥那么火　赵长天：这只是一种消遣（网易，20100402）

（35）《最体育》杂志专访满文军　谈高尔夫谈老虎伍兹（华体网，20100407）

上述（28）、（29）例句中的"中国、俄罗斯、法国"是国家的名称；（30）、（31）中的"浙江、青岛"和例（19）中的"北京"是地名；例（32）、（33）中"梅西"、"法拉奇"是人名；例（34）、（35）中"小说"、"体育"是物名。以上专有名词本不能受程度副词"最"修饰，但在上述例句中却与"最"组合成"最中国、最法国、最俄罗斯、最浙江、最青岛、最梅西、最法拉奇、最小说、最体育"，像这类"最+专有名词"结构的还有：最巴黎、最丹麦、最上海、最大连、最成都、最重庆、最申花、最童话、最音乐、最卡梅隆、最漫画等。

第二类　最+普通名词

"最+普通名词"中NP的结构各不相同，主要有以下两种情况：

5. 最+NP_5〔偏正型〕

（36）五一一起体验迷你家居阿凡达　打造最蜗居世界（新浪，20100430）
（37）最人气：赵薇、最另类：李宗盛、最高潮：蔡依林（新京报，20100923）
（38）自由舰搜寻天下"最车主"活动召集（易车网，20110320）
（39）最"门外汉"的老板——胡晓燕（图）（网易，20100515）

例（36）—（39）中的"蜗居、人气、高潮、车主、门外汉"均为偏正型的NP_5，其中有的NP_5是抽象名词，有的NP_5是具体名词，本不能受程度副词"最"修饰，但在上述例句中却与"最"组合成"最蜗居、最人气、最另类、最高潮、最电脑、最门外汉"，像这类"最+NP_5〔偏正型〕"形式的还有最核心、最房价、最高楼、最悲剧、最个性、最主流、最绿色、最车迷、最焦点、最旺角、最立体、最牛气、最高速等等。

6. 最+NP_6〔联合型〕

（40）《最江湖》今日火暴上线，最IN江湖等你驰骋！（eNet硅谷动力，

20100928）

（41）最地带音乐版权你「持股」了吗？（《数字商业时代》，20100318）

（42）最生活：新阳光（图）（网易，20110622）

（43）A股市场策略周报：时间窗口有利博弈最价值和最成长（QQ，20100322）

例（40）—（43）中的"江湖、地带、生活、价值"均为联合型的NP_6，NP_6大多为抽象名词，本不能受程度副词"最"修饰，但在上述例句中与"最"组合成"最江湖、最地带、最生活、最价值"，像这类"最+NP_6〔联合型〕"形式的还有最财经、最时光、最语言、最朋友等。

上述"最+NP"例句中与"最"组合的"NP"均为双音节。此外，还有单音节和多音节的情况，例如：

（44）佳能EOS 500D成为最"家"的选择（驱动之家，20100505）

（45）就要争最帅 勇当最MAN潮人（半岛网，20100505）

（46）邯郸发布对接世博旅游线路及"最成语榜"（邯郸之窗，20100515）

（47）最大国风范：中国穷时"铮铮铁骨"，发达时永不称霸（新闻中心-中国网——温家宝答问之"最语言"，20100314）

2.2 "最+NP"构式中NP结构类型统计

表3-2-1

结构归类	结构关系	语 例	占所搜集语料比例（226条）
最+专有名词	最+NP_1〔国名〕	最法国	20%
	最+NP_2〔地名〕	最青岛	
	最+NP_3〔人名〕	最卡梅隆	
最+普通名词	最+NP_5〔偏正型〕	最蜗居	73.5%
	最+NP_6〔联合型〕	最朋友	6.5%

第三章　汉语新型"最+NP"构式的语义认知

从收集到的语料中，我们发现：（1）能进入"最+NP"构式的NP主要是双音节，也有单音节和多音节的词和短语。（2）"最+NP"中NP的构成成分较为复杂，既有专有名词，也有普通名词。专有名词占所搜集语料的20%，偏正型的普通名词占所搜集语料的73.5%，联合型的普通名词占所搜集语料的6.5%。

第三节　"最+NP"构式的语义特征

3.1　"最"的语义特征分析

3.1.1　副词"最"的语义基础

众所周知，现代汉语的虚词绝大多数是由古代汉语实词中的动词演变过来的，很多实词的虚化都跟其使用的语境有关，但是虚化的先决条件是实词自身的语义，而语境等因素只有在这个语义基础之上才能发挥作用。实词在其虚化的过程中，往往遵循着语义相宜性原则，即以一定的词汇语义为基础并沿着一定的路径方向发展。简单地说，有什么样的原始意义，它就会朝着什么样的方向去语法化（张旺熹，2006）。基于这一认识，我们先来考察一下副词"最"的语义基础。

《说文解字》将"最"释为"犯而取也，从冃从取"（参见许慎《说文解字》）。本义就是"取敌首级（人头）"，后来由最初表示"犯而取也——用于战事，进犯敌阵，取敌首级"的"最"逐渐引申用来表示"军功第一（即达到军功的极点）"。先秦时期，由表示"军功第一"的动词"最"又扩展成为表示各种事物在各类维度（Dimension）上的"第一"，即可以理解为"达到……的极致"。因此，我们认为，副词"最"的语义基础是表示"达到极点、顶点"的意思。这个"极点、顶点"就是指空间中的某一点，"最"含有[+空间]特征。

3.1.2　"最"从动词到名词再到副词的语法化

武荣强、赵军（2006）认为先秦时期，表示"军功第一"的动词"最"

由于词义的泛化，从而扩展成为表示各类事物顺序的"第一"。同时，句法功能也发生了变化，由对事物的陈述转向对事物的指称，转变为名词。在这一语法化过程中，"泛化"（Generalization）机制是最重要的因素，促使了"最"由表示"军功第一"逐渐演化为可以表示"事物所具有的区别于其他事物的特性"——［+序列］、［+时空］、［+级次中的端］、［+极点］。我们十分认同这样的观点，"最"在语法化的过程中由一个动词表示"军功第一"演化为表示"［+序列］、［+时空］、［+级次中的端］、［+极点］"的名词，最终虚化为一个相对程度副词。在这一过程中，"隐喻"机制是最关键的，同时也离不开"泛化"机制。但是，"最"的虚化并没有因此停滞，在主观化的推动下，相对程度副词"最"也可以用来表示绝对程度。与之同步进行的还有"最"的语素化。"最"的语法化过程可以表示为（按时间顺序）：语法化→主观化→强化。在此过程中，已经形成了一个"连续统"（Continuum），即有相对程度副词"最"和绝对程度副词"最"。

3.1.3 名词"最"的语义特征对副词功能的影响

由于"最"在语法化的过程中由一个动词，后演化为表示"［+序列］、［+时空］、［+级次中的端］、［+极点］"的名词，又虚化为一个相对程度副词，最终虚化为绝对程度副词。这其中，作为名词"最"的语义特征制约了后起副词语义功能的演变方向，使得程度副词"最"不仅可以用来修饰形容词及形容词短语、动词及动词短语，还可以置于某些名词前，从而凸显该名词的指称功能和属性特征。随着用频的逐步提高，"最"的组合能力也随之得到了扩展，表现为"最"可以和三大类实词较自由地搭配。当然，其中的选择限制还是存在的。下面我们讨论"最+NP"结构中"最"对名词和名词短语"NP"的限制。

3.2 "NP"的语义特征分析

从对所搜集语料的统计情况来看，"最+NP"中"NP"的成分是名词或名词性的词组，除了少部分是联合型的NP外，大部分为专有名词和偏正型的NP。我们把"NP"具有的两类六种情况的语义概括为［+特指］、［+程度］和

［+空间］三个语义类别。

3.2.1 ［+特指］的语义特征

我们把专有名词类的NP和普通名词类的NP概括为［+特指］的语义特征，就是说，进入"最+NP"构式中的NP，其语义在具体语境中指向NP所代表的那个特定对象，进一步说，它激活的是特定对象所具有的特定属性。让我们来看具体的例子：

（48）骑行踏春7条<u>最北京</u>街巷慢逛手记（新华网，20100402）

（49）世界杯日记：<u>最热</u>世界杯明珠　德班承办<u>最死亡</u>之战（体坛网，20100528）

（50）沪"<u>最囧楼</u>"蹿红网络　满墙画窗可见"蓝天白云"（亿房网，20100925）

例（48）"最北京"特指的是"最具有北京特色的街巷"，它激活的是人们对北京街巷特定属性的联想义；例（49）"最死亡"特指的是"世界杯"的热战达到了"死亡"的激烈程度，它激活的是"死亡"一词的内涵义；例（50）"最囧楼"特指的是"满墙画窗"的"囧楼"，激活的是"囧楼"一词的性质义。所有这些，都是在"最+NP"中对以NP所具有的某种属性特征的激活为基础的。人们在运用语言进行交际的时候，在具体语境的作用下，可能会对名词所指人或事物的某些特点产生联想，这里"最北京、最死亡、最囧楼"就是人们在"最+NP"这一框架下对"北京、死亡、囧楼"的词义所具有的某种［+属性］特征的联想。

3.2.2 ［+程度］的语义特征

我们把专有名词类的NP和普通名词类的NP概括为［+程度］的语义特征。但［+程度］不是名词的主要语义特征，而是隐藏在词义结构中或由名词所指而产生的附加语义特征。例如：

（51）"史上<u>最丑鞋</u>"UGG何以变成摇钱树？（慧聪网，20100312）

（52）重庆"<u>最舒居</u>"的风格楼盘展（华龙网，20101028）

（53）"电波"吕行是"内鬼" 邹涵虹最"特务"（猫扑网，20100908）

（54）陈建斌郭德纲曹操造型PK 明星骂战谁最毒舌？（中国山东网，20100314）

（55）星座出游盘点 最孩子气五大星座旅游目的地（人民网天津视窗，20100927）

"丑鞋、舒居、特务、毒舌、孩子气"都是偏正型的物质名词或词组，其偏的成分正好就表明了这一名词的性质特征，如例（51）名词"丑鞋"是丑的，例（52）名词"舒居"的居室是舒服的，例（53）名词"特务"的任务是特殊的，例（54）名词"毒舌"的含义是"言语歹毒"，这些名词的词义结构本身就含某种［+程度］的语义特征，例（55）"气"指人的作风习气，也具有明显的性质特征，附在名词后使名词的程度性特征得到进一步凸显。从人们的认知心理来看，这种名词所具有的性状的［+程度］极易于与表极限的程度副词"最"结合，以便凸显这些偏正型的名词性状达到的极致。

3.2.3 ［+空间］语义特征

我们再看"最+NP_5［偏正型］"中NP的［+空间］语义特征。陈平（1988）指出："就最典型的事物而言，它们一般都占据一定的空间，随具体事物类型的不同而表现出大小、多少、高低、厚薄、聚散、离合等等特征。"名词的空间性不是对客观事物空间性的简单摹写，还有作为认知主体的人的作用。例如：

（56）二手车博览会将于24日举行 记者揭秘"最看点"（东北新闻网，20100419）

（57）五一荧屏攻略：新三国最抢眼 世博最焦点（时光网，20100501）

（58）最大连 最旺角——悦泰·街里售楼处专访（购房者网站，20100416）

（59）博：生态用水最湿地面积减少污染（环保加盟资讯频道-28商机网，20100312）

例（56）–（59）句中"看点、焦点、旺角、湿地"为偏正型的具体名词，之所以能与"最"搭配且具有名词性的语法意义，一方面是由于"最"的表义特点，另一方面由于这些名词都是表空间位置的、固定的地点，这个固定点不是一个孤立的点，而是处于一系列的固定点之中，在这个固定点系列中处于极端位置，而且"看点、焦点、旺角、湿地"这些名词所表示的位置及性状程度在人们心理上是固定的，所以能与"最"组合，而这些表示方位性状义的词与表极限的程度副词组合后，除了自身表示的单纯的空间义和性状外，还强调了空间点和性状所达到的极致。

刘顺（2003）指出，事物的空间性是名词空间性的基础，并给我们排列出了一个名词空间性强弱的等级序列：（从左至右空间性由强至弱）

个体名词/专有名词/群量名词＞物质名词＞事件名词/抽象名词＞无量名词

可见，专有名词的空间性较强，这一点也可以从出现较多"最+专有名词"中得到证明。

我们从统计中发现，偏正型的NP进入"最＋NP"框架最多，也最容易。我们认为原因有二：一是偏正型的名词［+程度］的语义特征较为明显；二是偏正型的名词本身就带有一定性状的空间性。"最+NP"构式的出现与名词NP空间性的强弱有着密切的关系。偏正型的名词NP表性状的空间性比联合型的名词空间性强，因而偏正型的NP进入"最＋NP"框架最多。

以上分析表明，进入"最+NP"构式中的NP，所具有的语义特征主要有三种：［+特指］、［+程度］、［+空间］。我们认为，无论是［+特指］、［+程度］还是［+空间］，都可以进一步抽象为［+属性］特征。因此，我们可以作如下概括："最+NP"构式中的NP，具有［+属性］特征，"最+NP"构式凸显的是NP的某种属性特征达到极致。

3.3 名词性："最+NP"构式的结构特征

通过对226个用例的分析，我们发现"最+NP"构式整体上具有名词性特征，其句法功能相当于名词。表现在：

3.3.1 "最+NP"构式的指称功能和属性说明功能

事物在思维领域中对应于一个概念，表现在语法范畴上就是一个名词，名词具有指称功能和属性说明功能。例如：

（60）拳击宝贝潘若瑶登陆《最体育》 暴力狂野香艳逼人（商都网，20100401）

（61）游艺《最三国》 哑泉水引发的血案（多玩游戏，20100402）

（62）四川快女人气满棚 曾轶可《最天使》全场合唱（金鹰网，20091101）

例（60）"最体育"是指一体育杂志名称；（61）"最三国"指一游戏名称；例（62）"最天使"是一歌曲名。此外，还有"最地带"指一音乐网站名，"最时光"指一网站留言板的名称，"最僵尸"是指一小说阅读网站的名称，"最地产"指报纸开辟的栏目等等。以上"最+NP"构式均被用于给歌曲、网站、杂志、小说、游戏等命名，仍具有名词的指称功能，因而具有名词性。

以上例句中的"NP"是专有名词，与副词"最"组合后却又表示指称另一事物的专有名词，即"最NP"等于"另一个新的专有名词"，具有名词性特征。那么"最+NP（普通名词）"，是否也具有名词性呢？回答是肯定的。我们来看"最+NP_5（偏正型）"的例子：

（63）波兰战后最悲剧：总统专机俄坠毁88政要全遇难（文新传媒，20100411）

（64）最乡土最原味的萧山党山庙会昨开幕（杭州日报网，20101103）

（65）木星合月陶醉追星人 最圆月约会最亮星（人民网青岛视窗，20100924）

例（63）"最悲剧"是指"悲剧之最"，"最"激活了"悲剧"这一名词的属性特征，特指"剧悲的程度达到了极致"；例（64）"最乡土"是指"乡土之最"，"最"激活了"乡土"这一名词的属性特征；例（65）"最圆月"、"最

第三章 汉语新型"最+NP"构式的语义认知

亮星"指称的也是名词,特指的是那个"最圆的月亮"和"最亮的星星",并且都说明了NP属性达到了极致,仍具有名词性特征。再看"最+NP$_6$(联合型)"的例子:

(66)什么是<u>最朋友</u>(QQ,20090713)

(67)<u>最江湖</u>——新手入门攻略(966网页游戏,20100927)

例(66)"最朋友"是指"朋友之最",特指"朋友的属性特征达到了极致";例(67)"最江湖"是指"江湖之最",特指"具有江湖特色的游戏",同样具有属性说明功能,因而也是名词性的。

3.3.2 "最+NP"构式的句法功能

句法分布是确定语法单位性质的依据。从句法分布上看,"最+NP"构式作为一个相对完整、独立的句法单位,常常出现在宾语、主语和定语的位置上,有时也出现在谓语的位置上,其功能相当于名词的句法功能。例如:

3.3.2.1 "最+NP"构式常出现在主语位置上

(68)<u>最天使</u>,最美丽(搜房网,20091126)

(69)《<u>最地产</u>》重建楼市新闻样本(地产中国网,20100107)

名词的主要句法功能之一是充当主语,例(68)、(69)中"最天使、最地产"充当的便是主语。

3.3.2.2 "最+NP"构式常出现在宾语位置上

(70)东上航合并正式启动 上海本地股重组"<u>最新闻</u>"(证券之星,20100112)

(71)"寻找<u>最车迷</u> 车手面对面"活动名单揭晓(ESPNSTAR中文网,20100413)

(72)体验<u>最厦门</u>,一"网"打尽(TOM,20100927)

宾语是与述语相对的句法概念,主要由名词性成分充当。以上例句中

49

"最新闻、最车迷、最厦门"做宾语。

3.3.2.3 "最+NP"构式出现在定语位置上

（73）最"夏季"的饮食（中国食品科技网，20100528）

（74）上海10家最人气的"鲜肉月饼"（新华网上海频道，20100914）

（75）最"卡梅隆"的手机 后阿凡达时代手机（PCHOME，20100511）

充当定语也是名词主要的句法功能之一，以上例句中"最夏季、最人气、最'卡梅隆'"就做定语，修饰限制后面的中心语。

3.3.2.4 "最+NP"构式出现在谓语位置上

（76）娱乐圈"品学兼优"十大美女明星 范冰冰家照最韵味（搜房网，20100514）

（77）城市最精彩街区最生活（搜房网，20100419）

充任谓语是名词次要的语法功能，以上例句中"最韵味、最生活"做谓语，表示的是主语名词具有的某种性质，但在所搜集的例句中这种"最+NP"做谓语的比例只占2.3%。

可见，在句法分布上，"最+NP"构式主要出现在主语、宾语和定语的位置上，个别情况下还出现在谓语的位置上，与名词的分布范围大致相同，显然具有名词的性质。

3.3.3 "最+NP"与"很+NP"的区别

很多学者认为"副词+名词"这一结构中的名词的功能和意义发生了改变，词性变为或活用为形容词。我们以"很+NP"为例：

（78）拥有中国名爱写毛笔字 南京老外生活"很中国"（中国新闻网，20091211）

（79）语文试题很生活 理化合卷很基础（中国网，20100628）

例（78）的"很中国"指"老外的生活方式很像中国人的"。例（79）

"很生活"指"贴近生活,富有生活气息"。这里"中国"、"生活"等名词受"很"这一程度副词修饰后具有了形容词的框架义。

而新型"最+NP"的直接组合不但没有改变名词的性质和功能,而且还强化、凸显了NP的某种属性。由于"最"所具有的空间属性,从而激活了与之搭配的NP的属性特征,因而"最+NP"仍具有名词性。试比较:

(80)直击最新最潮最中国的"一站式"家居盛宴(焦点装修家居网,20100326)

(81)京地铁4号线"减碳最生活"公益活动引领乘客绿色出行(网易,20100520)

例(80)的"最中国"是指"一站式家居盛宴是最具有中国特色的",特指"中国"的某一属性特征达到极致;(81)的"最生活"是指减少碳的产生是最具有生活的特色的,适宜生存。这里"中国"、"生活"等名词受"最"这一程度副词修饰后性质仍未改变,其结构产生的语法意义仍具有名词的性质。

作为程度副词的"最"与"NP"组成的新型"最+NP"构式与同样为程度副词的"很"与"NP"的组合是不同的,二者比较如下:

最+NP→NP	很+NP→AP
X最中国=X是最具有中国特色的	X很中国=X很像中国的人或物(但X≠中国的人或物)
X最生活=X是最具有生活特色的	X很生活=X很像生活=X简单、平凡
X最女生=X是最具有女生特点的	X很女生=X很像女生=X娇柔、可爱
X最北京=X是最具有北京特点的	X很北京=X很像北京的人或物(但X≠北京的人或物)

可见,新型"最+NP"中的"NP"与"最"组合,其结构仍具有名词的性质和功能,而"很"加"NP"的组合则具有属性化,其结构产生的语法意义具有形容词性。

"最"和"很"同样是表示程度的副词,为什么"最+NP"是名词性的而

"很+NP"是形容词性的？我们认为这与虚词"最"的语义基础和"最"所具有的空间属性有关，"最"与"NP"组合，即其结构产生的语法意义仍具有名词性；而"很"是高量级绝对程度副词，没有特殊的表义要求，只是一般地表示对某一程度的确认（张谊生，2004），因而与"NP"组合时具有属性化，其结构产生的语法意义具有形容词性。

作为一个整体，"最+NP"构式凸显了个人主观感知程度的"极致"，具有一定的主观评价性。从搜集到的226个例句中可以得知，"最+NP"构式多见于报刊网络文章的标题，包含的主观化成分较多，再加上"最"的使用本身就带有主观性，我们认为"最+NP"构式就是为了表达言者的主观性而采用的结构形式。

综上所述，"最+NP"构式表达的意义是"主观认定某人或某物达到了NP特有属性的极点或顶点"。在"最+NP"构式中，由于表程度的副词"最"是由实词语法化而来，其语义基础是"达到……极致"之意，其本身具有空间属性，因而其与"NP"组成的"最+NP"构式与一般的"副词+名词"不同，具有名词性特征，主要充当主语、宾语和定语，具有指称和属性说明的名词性句法功能。

可见，"最+NP"构式被赋予了新的意义并形成了一个新型的句法框架，那么，这个句法框架如何重构成为新的概念的？其形成的内在机制是什么？

第四节 "最+NP"构式的语义整合性

张旺熹（2006）指出：句法结构的语义基础来自人们把握外部世界时心理上的某种认知方式，这种认知方式制约着句法的认知结构。我们认为"最+NP"构式本质就不是组合性的，而是来源于人们心理空间概念的整合性。"最+NP"这种新型构式形成的内部动因和机制，就是整合。沈家煊（2006）也指出"作为一个整体，它的意义不能完全靠组成成分推导出来。为突出这种整体性，这样的复合最好称之为整合。""概念整合"的要旨可以概括为"整体大于部分之和"，由整合产生的整体意义就是"浮现意义"（Emergent meaning)。"主观认定某人或某物达到了NP特定属性的极致或顶点"便是"最+NP"构式的整体"浮现意义"。

概念整合理论（Fauconnier 1994、Fauconnier & Turner 1998）认为，语言成分的整合效应依赖于两个因素：一个是整合的"框架"；另一个是输入的"元素"，即被选择、提取出来参与整合的语言成分。在"框架"的作用下"元素"产生整合效应，浮现新的意义。从前面的分析中，我们得知汉语新型"最+NP"构式的意义是不能简单地从其组成成分"最"和"NP"的词汇意义中推知出来的。"最+NP"构式的整体意义大于部分意义之和，其意义的产生是由"最"的语义特征和"NP"所包含的属性特征经过概念合成和推理的结果。

通过观察，我们可以发现人们对某一概念的获得并不是"一步到位"的，而是经历了这样的整合过程：首先是对事物的初步印象，将其外观、表象的东西"组合"在一起，这是初步的、大概的、笼统的；然后将获得的材料进行文化的、认知的处理，在知识框架中使初步获得的东西"完善"，这是"组合"的继续；然后把完善了的概念进行精致加工整合，所以概念整合过程是人类对客观世界认识获得概念产品的连续过程（王正元，2009）。当我们看到"最+NP"时，首先我们需要调动自己的心理认知空间（也就是通常意义上说的意义潜式）进行理解分析。从我们掌握的材料看，在"最+NP"构式整合中，与"最"整合的"NP"体现的并不只是其理性意义，有些体现的是内涵义，有些体现的是联想义，有些体现的是附加义，有些体现的是比喻义。

下面，我们对在汉语"最+NP"结构的框架作用下与"最"整合的"NP"的四种意义所形成的整合机制进行分析。

4.1 "最"和"NP"内涵义的融合

任何表达式的意义都是发话者或受话者心中概念的激活。根据不同的语境，被激活的概念所包含的意义也不同。

"最"和"NP"内涵义的整合具有隐喻特征。就拿例（49）中的"最死亡"来说，当"最"和"死亡"进入"最+NP"的整合框架时，程度副词

"最"作为输入空间Ⅰ，进入人们心理时就激活了关于"最"的概念图式，其中［+序列］、［+时空］、［+级次中的端］、［+极点］的特征被激活，名词"死亡"作为输入空间Ⅱ，"死亡"的概念图式在人们心理空间中所包含的特征及其内涵义"失去生命、不顾生命、拼死、不可调和、固定、不能动、死板……"等等也被激活，这两个图式首先通过概念组合、完善，即通过两个图式域中的"极端和失去生命"整合关系加以完善整合，最后使输入空间Ⅱ具有［-生命］特征的"死亡"在"最"［+空间属性］的这一表征载体中形成了各个输入空间以前均不存在的新关系——"达到了不顾生命的极致"，这种整合过程也正是一种新范畴或新意义构建的过程。可见"最+死亡"结构的语义的理解就是人们将"最"字句概念中含有［+时空］、［+达到……极点］的特征元素提取出来再与"死亡"概念中的［+失去生命］内涵义项通过组合融合而成。

由此"最死亡"的整合图式（见图3-4-1）如下：

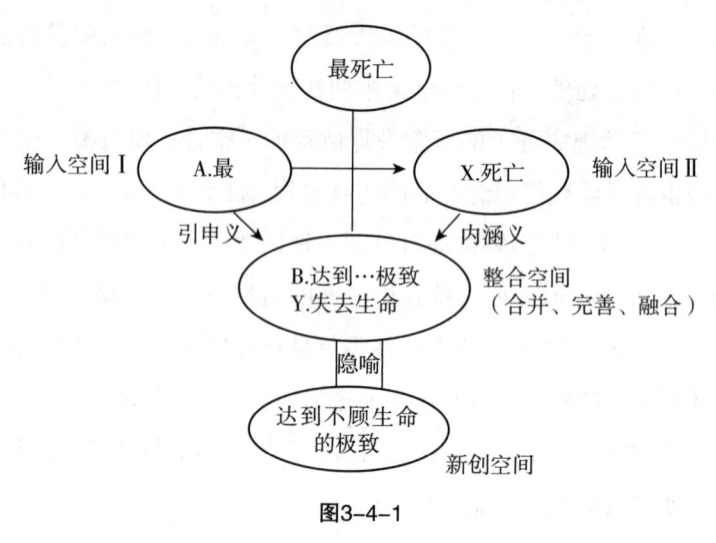

图3-4-1

"最死亡"信息的整合过程如下：

比赛有胜负，战斗中会有死亡→世界杯（死亡之组）比赛就像激烈的战斗→达到激烈战斗（死亡之组的比赛）的极点→达到死亡的极点→<u>最死亡</u>

上图3-4-1是从概念AB中抽取一部分A，从概念XY中抽取一部分X，二者是相关概念的整合，是"截搭"型构句①。这里"最"与"死亡"的整合是两个概念在其引申、隐喻基础上的整合，因而是一种相对高级的整合（参见张云秋、王馥芳，2003）。由此，当人们表达"达到不顾生命的极点"的含义时，就可用"最死亡"来表达。

4.2 "最"和"NP"联想义的扩展融合

联想意义是词所表达的由它所指对象产生的理性意义以外的意义。联想意义不包含在词义结构中，它是词的所指对象使人们所联想到的"真实世界"中的经验，是一种附加意义。

"最"和"NP"联想义的整合具有转喻特征。从认知经验来讲，人们对一些事件信息了解掌握之后，就会形成关于这一事件信息的概念（在语言中用词语来表达）。当人们再遇到此类信息概念时，潜藏在人们心理空间的概念和相关信息就会被激活。当这些词与"最"字相结合构成了"最+NP"后，就产生了新创结构。"新创结构的产生过程就是新意义的推演和产生过程。这种心理空间的整合和映射其实就是一种新的概念化过程，即一个由旧有知识、旧有经验描述新经验，形成和理解新概念的过程"。（余渭深，2004）比如例（2）中"最新闻"的整合，当"最"和"新闻"进入"最+NP"构式以后，旧有知识和旧有经验告诉我们，"最新闻"的含义不能简单地认为是"最新的新闻"，而是分别作为两个输入空间进入"最+NP"框架，"最"的意义潜式"达到极点、相对、绝对、极端、顶点"等被激活，潜藏在人们心理空间的概念"新闻"即"新闻（消息）的性质以及新闻（消息）传播的方式（报纸、广播、电视、网络、手机报）等"意义潜式也被激活，通过两个词各自激起的心理空间，对两个输入空间投射到合成空间所构成概念部分元素的组合，在新创结构中就形成了各个输入空间以前均不存在的新关系——达到了新闻（消息）传播方式的极致，这种组合过程也正是一种新范畴或新意义构建的过程。这个类属空间继续扩展，由消息的传播方式，进而转喻为信息的搜集，在"最+NP"构式中合成"最及时、最权威、最全面的信息"的类属

---

① 关于"截搭"型构句和后面要提到的"糅合"型构句的解释详见沈家煊（2006）。

空间,从而浮现出"最新闻"的更深层含义"传递热点、提炼信息的方式与众不同、出类拔萃"。

"最新闻"的整合机制(见图3-4-2)如下:

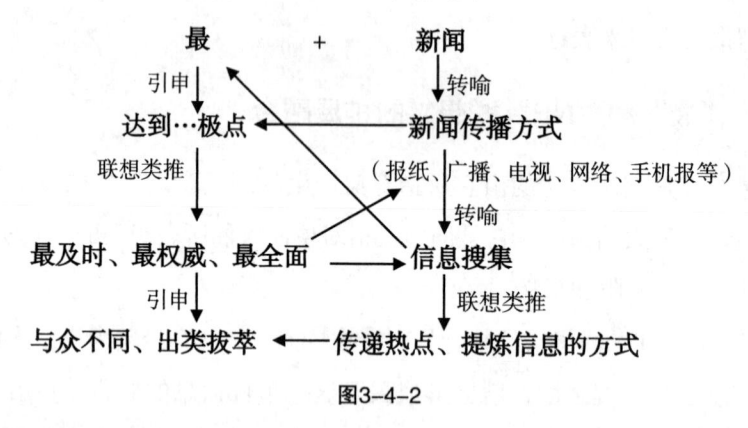

```
        最         +         新闻
        ↓引申      ↗          ↓转喻
     达到…极点 ←——— 新闻传播方式
        ↓联想类推   ↗    (报纸、广播、电视、网络、手机报等)
                              ↓转喻
   最及时、最权威、最全面 ——→ 信息搜集
        ↓引申                ↓联想类推
   与众不同、出类拔萃 ←——— 传递热点、提炼信息的方式
```

图3-4-2

"最新闻"的信息整合过程为:

传递热点、提炼信息的方式与众不同、出类拔萃→信息搜集最及时、最权威、最全面→达到新闻传播方式的极点→<u>最新闻</u>

"最"与"新闻"的整合经过了一系列的引申、联想推理和转喻的过程,是较为复杂的组合扩展融合,因而也是一种相对高级的整合,其中既有相似概念的整合,也有相关概念的整合,是"糅合"加"截搭"型构句(参见沈家煊,2006)。

4.3 "最"和"NP"附加义的完善扩展融合

"最"和"NP"附加义的整合也具有转喻特征。在概念整合过程中,情景是整合的基础,但整合也是对情景的重新认知(王正元,2009)。我们可以把任何一个词语都看成是概念图式,"最"和"NP"可分别作为两个概念图式,二者的整合也就是两种概念图式的相互映射。"NP"的附加义就是在情景再现的基础上激活的。比如例(19)中"最北京"可以是"最"的概念图式与"北京"的概念图式(地理位置、气候、该区域人的外观形象、该地区的吃、穿、住、行的特色……)的整合,而在组合、完善、扩展过程中,"北京"概念图式中的"北京特色"的情景被激活,联想到"北京的吃、穿、住、行的特色",进而根据具体语境推理至"北京胡同",因而"最北京"的整合机制(见图3-4-3)如下:

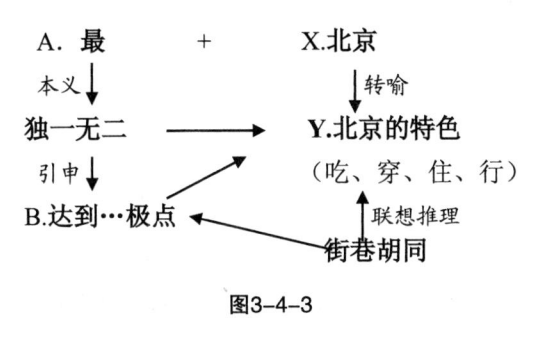

```
        A. 最              +        X.北京
         本义↓                        ↓转喻
        独一无二  ———————→  Y.北京的特色
         引申↓                    (吃、穿、住、行)
        B.达到…极点  ←————
                              ↑联想推理
                            街巷胡同
```

图3-4-3

"最北京"的信息整合过程为:

北京街巷的特点是有胡同→胡同能代表北京街巷特色→只有胡同具有北京街巷特色→(胡同)达到最能代表北京特色的极点→(胡同)<u>最北京</u>

上图是从概念AB中抽取一部分A,从概念XY中抽取一部分X,二者是相关概念的整合,是"截搭"构句(参见沈家煊,2006)。这里"最"与"北京"的整合是两个概念在其引申、转喻和联想推理基础上的整合,因而是一种相对高级的整合(参见张云秋、王馥芳,2003)。由此,当人们表达"(某物)达到北京特色的极致"的含义时,就可用"(某物)最北京"来表达。

4.4 "最"和"NP"比喻义的融合

"最"和"NP"比喻义的组合融合实际上是可接受度比较高的整合,因为NP的比喻义就是根据其特征的象似性产生的,是象似性图式特征的激活,而有特征就有程度的差别,所以很容易与表示最高程度的"最"融合,如"最天使"就是"最"和"天使"的比喻义——"天真可爱的人"的整合。当"最天使"分别作为两个输入空间而进行组合、完善、扩展时,实际上人们已经加入了对这两个词语所蕴含的所有意义的推理,其中也包括比喻义的推理输入。

"最天使"的信息整合过程为：

神的使者→天使→天真可爱的人→达到天真可爱的极致的人→<u>最天使</u>

"最天使"的整合图式（见图3-4-4）：

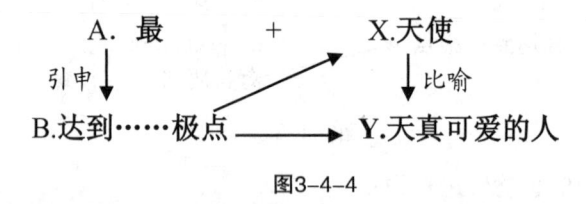

```
        A.最           +        X.天使
          引申↓                    ↓比喻
        B.达到……极点    →      Y.天真可爱的人
```

图3-4-4

综上可见，上述"最+NP"构式的本质都不是组合性的，而是概念整合性的。"最+NP"构式的认知机制是整合。自然语言中的结构的表征都不是单纯的结构表征，而是要两个概念（"最"和"NP"）通过心智整合才能产生概念意义。

第五节 "最+NP"构式的承继性与创新性

语言单位在使用中出现突破常规的新用法，这是语言发展的一般规律，是形式的有限性与表义的无限性这一对矛盾制约的结果。汉语新型"最+NP"构式也不是从天而降的，它从形式结构、意义关系到语用功能都有对传统"最"字结构的选择性继承，并在继承的基础上进行了一定的创新。实际上在现实的语言材料和言语交际中，"副词+NP"的组合并不少见，由于这一结构的使用日渐频繁，这一结构所表达的语义内涵也日渐丰富，陆续有很多学者对"副词+NP"现象作过研究，他们从不同角度用不同的方法证明了副名组合是一种新现象，有存在的价值，也有发展成一种语法规律的可能。在研究视角上，已从前期局限于对副词能否修饰名词这一问题争论不休，发展到后期把研究焦点转向透过这种现象的表层去挖掘产生这种现象的深层原因；在研究方法上，已从单纯的静态描写发展到把静态描写和动态分析相结合，研究的理论深度也在不断加强，吸收了国内外众多先进的语言理论成果；在研究领域方面，也从单一的语言学领域，逐步拓展到文化、社会、心理等多门学科。"副词+NP"结构的研究成果为我们探讨"最+NP"构式奠定了基础。

5.1 形式上的承继与创新

"最"的新用法是由传统用法衍变而来的，是在规范用法的基础上产生的变异形式。汉语新型"最+NP"构式作为一种新的表达形式与传统"最"字句有密切的关系，是在对传统"最"字句选择性继承的基础上加以创新而形成的。

传统用法中的"最"在句中常和三类词搭配使用，分别是形容词、动词和方位名词。形式上，新型"最+NP"构式与传统的"最+形容词（AP）"、"最+动词（VP）"、"最+方位名词（NP）"均有着承继关系。

首先，"最+形容词"是"最"的传统用法。所谓形容词，表示事物的形状、性质和状态等。如"大、高、认真、生动、美丽、精明、可爱、冰凉"等。它们与"最"结合后表达的一般是实实在在的最高级含义，具有唯一性和排他性。

新型"最+NP"构式从传统"最+AP"结构的基础上发展而来，同时又有变异。前面我们讨论过"最+NP"占比例较多的是"最+NP（偏正型）"，偏正型的NP较多的是由形容词性的语素（A）加名词性语素（N）构成，如：

（82）屈指最佳景，纵论最成都。（成都日报，20101213）

（83）最电脑的手机　诺基亚N900开箱+系统小试（凤凰网，20100516）

（84）出行早高峰遇入冬最大雾　上班上学迟到的打堆堆（网易，20101120）

例（82）-（84）中的"佳景、电脑、大雾"就是由"形容词性的语素A+

名词性语素N"构成，但新型"最+NP"构式和传统"最+AP"结构构成方式不同，传统"最+AP"的结构层次为"（最+A）+N"而"最+NP"的结构层次是"最+（A+N）"，如：

（85）a.<u>最新</u>新闻：Intel明年推Ivy Bridge-E（中关村在线，20111124）
　　　b.今日<u>最新闻</u>：两会专题报道（天津广播网，20120110）
　　　a.传统"最+AP"结构层次　　b.新型"最+NP"结构层次

```
   最  新  新闻              最  新  闻
       └──┘                      └──┘
        偏正                       偏正
   └────────┘              └──────────┘
      偏正                      
```

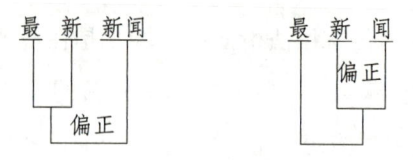

图3-5-1

（86）a.京沪高铁明年开通运营　<u>最高</u>速度将达380公里/时（新民网，20101207）
　　　b.株洲产电机装备沪杭高铁　牵引<u>最高速</u>列车（新华网，20101010）
　　　a.传统"最+AP"结构层次　　b.新型"最+NP"结构层次

```
   最  高  速度              最  高  速
       └──┘                      └──┘
        偏正                       偏正
   └────────┘              
      偏正
```

图3-5-2

例（85）a、（86）a的"最新新闻、最高速度"的结构层次是"（最+新）+新闻、（最+高）+速度"的组合，而（85）b、（86）b的"最新闻、最高速"是以上结构的变异形式，是通过对"最+（新闻）、最+（高速）"的整合而产生的新型"最+NP"构式。

其二，"最+方位名词"有两种情况："最+单纯方位名词"和"最+合成方位名词"，有些"最+NP"构式直接承继了"最+合成方位名词"的形式结构，并在用法上有所创新，如：

（87）存款准备金率上调0.5个百分点　达历史<u>最高点</u>（荆楚网，20101120）

(88)韩媒：李昌镐遇出道后最低谷　LG杯孔杰最具威胁（搜狐，20101106）

例（87）、（88）中的"最高点、最低谷"并不是合成方位名词，而是"形容词性语素+名词性语素"，可以看作是合成方位名词的比喻性用法。又如：

(89) a.电梯最底层只上行　按钮只见"↓"（萧山网，20110809）
　　　b.医院保洁员成假药利益链最底层　1个药盒卖300元（搜狐，20111120）

例（89）a"最底层"是"最+合成方位名词"，是传统用法。（89）b是对方位名词"最底层"的比喻性用法，是新型用法。

其三，"最"与动词及动词性短语的组合较常见的是"最+心理动词"，在"最+心理动词"结构中也有名词性用法，如：

(90) 人民网——我的最爱（搜狐，20111219）
(91) 乒乓球世界冠军江嘉良：高尔夫现在是我的最爱（搜狐，20111217）

以上例句中的"最爱"就具有名词性的句法功能。可见"最+NP"构式的名词性特征也不是没有源头的，它是对"最+心理动词"（如：X的最爱）名词性用法的承继。

此外，传统"最"字句结构中还有"最+成语"、"最"的叠用等的情况。

从以上"最"的后接成分来看，在传统最字结构中与"最"字连接的语言要素具有组合性和多变性，而在新型"最+NP"构式中，"最"和"NP"整合的词语则具有构式性和稳定性，这是在传统最字结构承继基础上的创新。"最+NP"构式，并不是"最"字和"NP"的简单组合，而是属于概念整合性的语言表达形式，具有自己的新创结构，蕴含有丰富的语境信息和新的意义。

(92) 全国最房价排行榜　郑州房价涨了还是降了（图）（搜房网，20100829）

(93) 哥本哈根的浪漫气质 <u>最丹麦</u>的清新童话（青岛新闻网，20101005）
(94) 长沙"<u>最婚礼</u>" 票子、点子一个都不能少（星辰在线，20100508）
(95) 重庆打造"<u>最民生</u>"中秋节 广泛开展心连心慰问活动（图）（华龙网，20100914）

以上"最房价、最丹麦、最婚礼、最民生"都是由于构式完形效果的压制，产生了独特的新创结构意义。比如"最婚礼"结合上下文语境即可转喻指称"达到置办婚礼的极致"。

5.2 意义上的承继与创新

新型"最+NP"构式的语义特征与"最"的语义特征及与之相匹配的"名词"的语义特征有着深远的承继关系。"最+NP"的最终成功匹配，是"最"和"NP"在语义上具有吻合点，是"最"和名词在语义上相互选择的结果，这也就是为什么只有一部分的名词可以进入"最+NP"结构的原因所在。

首先，由于"最"的语义基础是表示"达到极点、顶点"，"最"具有［+空间］义，可与具有［+空间］义的名词整合。从"最"的语法化和主观化情况来看，"最"由一个动词，后演化为名词，最终虚化为一个相对程度副词。在主观化的推动下，相对程度副词"最"又用来表示绝对程度，成为表程度最深、级别最高的程度副词，"最"又具有了［+程度］义，因此"最"可与具有［+程度］义的名词整合。

其次，名词除了理性意义外，还含有丰富的形象意义和褒贬的感情色彩义，这为名词进入该结构提供了可能，"最"含有的［+程度］义与名词形象意义和褒贬感情色彩义含有的［+属性］义相选择、相吻合。所以，归根结底，"最"和名词的成功组合是两个词语义特征之间相互选择、相互匹配的结果。

比如，一些名词中包含［+程度］义的形容词性语素，像"高潮"、"热门"、"优势"、"美味"等等，这种名词所具有的表性状的［+程度］义极易于与表极限的程度副词"最"结合，以便凸显这些偏正型名词的性状所达到的极致。也就是说当这些［+程度］义的形容词性的语素与其他语素组合构成名词时，形容词性语素［+程度］义的特征就固化在名词的语义中，可以通过程度副词"最"来衡量其所达程度的极致。例如：

（96）第三届科技新浙商投票明天截止　活动掀起<u>最高潮</u>（浙江在线，20111212）

（97）冬季出游"飞"向温暖的地方　热带海南冬游<u>最热门</u>（人民网，20111213）

有的名词中包含［+量度］义的方位语素，准确地说属于方位名词，如"前沿"、"后面"、"底部"、"中心"、"底层"、"上端"等等。由于方位可以通过计量来衡量，因此方位名词就有了［+量度］义，可以在它们前面加上表程度最深、级别最高的程度副词"最"，构成"最+名词"结构，如：

（98）高新区正成为重庆最生态、<u>最前沿</u>、最宜居的新城（焦点房地产，20111216）

（99）<u>最上端</u>4层烧焦玻璃已被拆除（新浪，20100712）

（100）争夺价值链<u>最上端</u>　从迅雷事件看网络资源保护（搜狐，20060608）

一些名词如"根源"、"基础"、"本质"等等，基本义含有程度"最深"之义，如"根源"是使事物产生的最根本原因，"基础"是事物的基点和最初的起点，"本质"是事物最根本的属性。它们可以接受表最高级别的程度副词"最"的修饰。如：

（101）寻找<u>最根源</u>的徽州美食（合肥在线，20110525）

（102）"金领"进村：回归<u>最本质</u>生活的人们（新民网，20120113）

还有一些名词，虽然不含形容词性语素或方位语素，但由于它们的词义本身就蕴含一定的量度义，因此也可以与程度副词组合，构成"程度副词+

名词"结构。具体地说，又可以分为两种情况：基本义蕴含量度义与引申义、比喻义蕴含量度义。

另一些名词的引申义或比喻义蕴含有［+量度］义，可以受"最"的修饰，表示事物在某一特定语义范畴中的程度达到极致的情况。如"兽性"的引申义是"极端野蛮、极端残忍的性情"，"要害"的比喻义是"最为致命、最为重要的部分"：

（103）NBA五大情人杀手之"最兽性的情人"便士（QQ，20070213）

（104）消极腐败是最根本、最关键、最要害、最致命的危险（南方报网，20110722）

综上可见，新型"最+NP"构式的语义特征与"最"及与之相匹配的"NP"的语义特征有着密切的承继关系，是在承继基础上的创新。

5.3 语用上的承继与创新

5.3.1 语义特征的凸显性

"最+NP"构式所具有的修辞功能及其表达效果，首先最重要的一个语用条件是离不开这一特定的句法框架——"最+NP"。进入"最+NP"构式中的NP，所具有的语义特征主要有三种：［+特指］、［+程度］、［+空间］，我们将其概括为具有［+属性］义，在该构式中，"最"一般表示程度加深和程度过头，是表示绝对或相对的程度副词，具有强化某一性状特征的语义趋势，如果没有程度副词"最"，也就无法激活名词的［+属性］义。"最+NP"是一个典型的名词性句法框架，通常作主语、宾语、定语，这一句法分布特征正是名词的语法特征。由于"最"所特有的语义特征，往往能够激活名词所具有的语义特征，因而能够凸显特定对象所具有的特定属性。从某种意义上可以认为，专有名词是在名词性句法框架的强势作用和影响下，通过自身的自我调节来激活［+属性］义，以便适应特定的语境。

名词与程度副词"最"的直接组合使名词的语义特征得到了强化、凸显。

因为"最"是"达到……极致"之意,具有突出强调的功能,当它与名词直接组合时这种功能依然存在。因此,可以说"最+NP"结构形式中的"最"起到了强化、凸显NP的语义特征的作用。

5.3.2 语言表达的经济性、新异性

众所周知,语言的产生是为了满足交流的需要,立新、求简是语言表达的一条基本规律。言语交际讲究经济节省,言简意赅,多把承载主要信息的主干词放在非常重要的位置上,"最+NP"这种语言结构,以一种非常简约的语言形式开辟出更为广阔的语义空间,符合语言发展和社会发展的要求。语言是信息的载体,语言的经济性主要指用较少的语言文字传递较多的信息。言语形式与其运载并传递信息的功能是一对矛盾的统一体。一方面,言语形式等于运载的信息;另一方面,言语形式小于运载的信息。一般地,人们趋向于用简洁的言语形式传递较多的信息,这样就产生了言语形式与其功能间的冲突,这种冲突往往会促使人们打破种种常规、突破传统语法规范,在语言形式上创造出超常规组合。例如:

(105)青岛打造大型海景实景演出 "山海城帆"呈现<u>最青岛</u>(新浪,20100502)

(106)<u>最"童话"</u>的解释:开发商"拆错了"(《生活新报》,20100515)

(107)裸婚时代"<u>最婚房</u>" 刚需族高性价比婚房推荐(益房网,20110622)

(108)点火方式"<u>最中国</u>" 广州亚运惊艳开幕(中国时刻,20101114)

上述例句中的"最青岛"、"最童话"、"最婚房"、"最中国"几个超常搭配的词语,蕴含着丰富的语义内涵。结合具体的语言环境,我们不难理解这几个词语的丰富意蕴。"最青岛"是指:达到了青岛海洋文化特色(阳光海滩、海底世界、崂山道士、碧海扬帆、啤酒狂欢)的极致。"最童话"是指:最像"童话"的,也就是说达到了"面向儿童,具有浓厚幻想色彩的虚构故事作品"的极致。但言者并没有如此这般地娓娓道来,而是选用了几个概括性极强的短语结构,就极其简洁、经济地传递了信息,且收到了以简驭繁、

以少胜多的语用效果，体现了语言表达的经济性。

由于有时候"最+NP"构式可以带给人强烈的幽默感，带有强调和夸张的语义特点，还由于它刚出现的时候是一种偏离语法常规的语言现象，在表达上又超越了原结构所涵盖的概念内涵，所以总能给人耳目一新的感觉。如：

（109）白岩松谈广州：坚守与开放混搭　<u>最中国</u>的地方（搜狐，20100908）

总之，随着社会的发展以及人们的开放心态、包容精神和现代意识的不断增强，人们对语言的运用也就更加追求新格调，从而不断促进语言发生变化，使之不断适应社会要求。

综上所述，"最+NP"构式有源可考，它是在"最+形容词"和"最+方位名词"规范用法的基础上产生的变异形式，这种变异是语言发展过程中出现的一种自然现象。新型"最+NP"构式的语义特征与"最"的语义特征和与之相匹配的"NP"的语义特征有着深远的承继关系，是"最"和"NP"在语义上相互选择的结果，"最+NP"构式所具有的修辞功能及其表达效果，离不开这一特定的句法框架——"最+NP"。这一构式体现了语义特征的凸显性及语言表达的经济性和新异性。

第六节　本章小结

本章尝试对汉语新型"最+NP"构式的内部构成、"最"和"NP"的语义特征、"最+NP"的结构特征及其关系进行描写，并从概念整合的角度分析这一构式形成的认知机制。本章认为：由于表程度的副词"最"是由实词语法化而来，其语义基础是"达到……极致"之意，其本身具有空间属性，在"最+NP"构式中激活了NP的某种属性特征，从而使得"最+NP"这一构式产生的语法意义与一般的"副词+名词"不同，具有名词性特征，主要充当主语、宾语和定语，具有指称和属性说明的名词性句法功能。汉语新型"最

第三章 汉语新型"最+NP"构式的语义认知

+NP"构式表达了言者"主观认定某人或某物达到NP特定属性的极致"。我们认为新型"最+NP"构式的本质不是组合性的,而是来源于人们心理空间概念的整合性。"最+NP"构式的整体意义大于部分意义之和,其意义的产生是由"最"的语义特征和"NP"所包含的属性特征经过概念合成和推理的结果。其整合机制有联想类推、隐喻和转喻。新型"最+NP"构式在句法结构、语义特征和语用修辞上都与传统"最"字结构及与之相匹配的"名词"的语义特征有着深远的承继关系。

附录 典型的"最+NP"构式用例(不包括文中已经例举的)

(一)最+专有名词

(1)"最天津"系列奖项揭晓(天津网,20101101)

(2)观众眼中的"最世博"——世博创意创新启示(新华网上海频道,20101019)

(3)外国友人眼中的上海世博会:"最中国"也"最跨国界"(新民网,20100731)

(4)精彩阵营战 纷争最三国(eNet硅谷动力,20100402)

(5)哪些元素最成都?麻辣火锅不可少(新浪,20100522)

(6)于涛186场纪录最申花 铁后腰成沪军定海神针(QQ,20100508)

(7)十个"最巴黎"的瞬间(瑞丽女性网,20100510)

(8)"最中国"项目龙舟增城开赛 梁子宇领桨争金(腾讯网,20101119)

(9)浙江馆寻找4个最"浙江"的家庭 入选者成世博"居民"(新民网,20100423)

(10)总导演细数开幕式之最:高科技最中国 音乐最山东(新浪,20091017)

(二)最+普通名词

(1)《花火·最文摘》招聘文字编辑1名(沃华传媒网,20101214)

(2)周迅陈坤传绯闻 盘点体坛十大"最情侣"(四川新闻网,20100927)

（3）视频：《最晴天》片花　贺军翔张钧宁演绎童话（QQ，20100925）

（4）文化强省，用最低碳的方式转型（红网，20100829）

（5）《最女生》PK《最小说》（中国新闻网，20090317）

（6）全国最房价排行榜　郑州房价涨了还是降了（图）（搜房网，20100829）

（7）第一财经各档整点　最新闻推出世博服务板块（文广传媒，20100408）

（8）燕郊"最牛气"楼盘出炉　七千套房收2亿排号费（地产中国网，20100908）

（9）最品质照片诞生　2010生活品质视觉点评揭晓（图）（杭州网，20101010）

（10）陆天明体验重庆"最民间"　鱼价水果价书价都关心（中国新闻网，20100402）

（11）体坛巨星招牌动作　博尔特有创意费德勒最绅士（新民网，20100409）

（12）知性甜美：男人眼中最女人搭配（人民网，20100519）

（13）一批"最老师"转化临界生的秘诀（《扬州时报》，20090915）

（14）情迷"最东方"：亚洲7处最美丽的世界遗产（妆点网，20100429）

（15）巴西拟办一届最绿色的世界杯　工程都要获环保部许可（新浪，20100430）

（16）《温情橄榄球》：2009年好莱坞最黑马的影片（《中国日报》，20100312）

（17）搞笑QQ签名　2010年最贫嘴的40句QQ签名（中原硅谷网，20100802）

（18）组图：王治郅热身最"大牌"　王磊或复出参赛？（搜狐，20100314）

（19）原味修真 正统《梦幻蜀山》打造最蜀山网游（天极网，20100402）

（20）曼联1500万必购英超最红星　击败皇马巴萨预定巴西天才（经网，20100315）

（21）世博主题演绎顾问：场馆主题是世博<u>最亮点</u>（QQ，20100502）

（22）<u>最大国风范</u>：中国穷时"铮铮铁骨"发达时永不称霸（新闻中心-中国网，20100314）

（23）亚冠外援群星谱：儒尼尼奥超巨星　里瓦尔多<u>最核心</u>（华体网，20100401）

（24）武汉<u>最特色</u>的鸭脖一条街将面临拆迁（亿房网，20100829）

（25）巴萨称伊布走人省6千万　史上<u>最败笔</u>转会已注定（网易，20100829）

（26）新京报：姚明<u>最男人</u>的一场比赛（中华全国体育总会，20040824）

（27）夏雨软硬兼施获赞硬汉中<u>最爷们</u>也<u>最柔情</u>（搜狐，20101104）

（28）盘点全球<u>最极品</u>男富豪：高品质生活有钱又有闲（四川电视台，20101019）

（29）50万用户信赖　自由舰寻天下"<u>最车主</u>"（汽车之家，20110320）

（30）NCAA战报：惊天大冷门　上届亚军演史上<u>最戏剧</u>8秒（网易，20110320）

（31）盘点2010中国地产界的十大"<u>最事件</u>"（搜房网，20101214）

（32）2010东原"星光大道"<u>最人物</u>评选活动落幕（焦点房地产，20101214）

（33）绿城错失巩固探花席位<u>最良机</u>　8轮1胜如何力拼亚冠（TOM，20100924）

（34）"坎坷路""<u>最牛路</u>"爆出公路失修窘境（人民网，20100919）

（35）<u>最光芒</u>：奔驰e260l（图）（网易，20110622）

（36）八卦情场：盘点国内外娱乐圈<u>最个性</u>辣妈（人民网天津视窗，20100419）

（37）市售<u>最高频</u>　三年保智能GTS250到货799（泡泡网，20100315）

（38）西游记题材网页游戏《<u>最</u>游记》今日15时封测（多玩游戏，20100409）

（39）图文-娇子X世界杯<u>最女郎</u>模特谢楠　顽皮造型显可爱（新浪，20100401）

（40）最肌肉：科迈罗（图）（网易，20110622）

（41）专访光线总裁王长田 我的光线是中国最娱乐公司（和讯网，20100315）

（42）国内最低碳吸污车淮安造（新华报业网，20101019）

（43）大冶市长现场办公"最破路"拟25日实施改造（东楚网，20101010）

（44）匈牙利馆营造"最立体"声场（新浪，20100327）

（45）细数完美时空Chinajoy七大"最"女孩（QQ，20100731）

（46）看看留学新加坡之"最专业"（533出国留学网，20101030）

（47）性价比神话299元最强机震撼出击（PCHOME，20101031）

（48）易建联《时尚最体育》型男写真（人民网，20110622）

（49）"快男"澳洲启动一周 报名选手"最国际"（QQ，20100407）

（50）高歌奇：山东是整个中超最球队 比赛证明他们是冠军（新浪，20100918）

（51）书市惊现仿冒"最新版"《辞海》极易混淆（文新传媒，20101005）

（52）消逝的月色美人 寻访中国最低点艾丁湖（人民网天津视窗，20101010）

（53）《关云长》力求"最人性" 麦庄打造"古装黑帮"（中国电影网，20110320）

（54）日系甜辣派的田园风穿搭 今夏最主流（葫芦女人，20100430）

（55）［北京国际车展］各有各看法 摩托自行车最个性（中国网络电视台，20100430）

（56）图文-最女郎唐嫣助威阿根廷 酷似西部女牛仔（新浪，20100430）

（57）众明星捧场某品牌开幕 巩俐最国际范冰冰最怀旧（新浪，20100430）

（58）皇马打造"最皇马"决赛（中原网，20100430）

（59）最口水：新帕萨特（人民网，20110622）

（60）视频：赛季火爆百大扣篮 皇帝勇猛韦德最暴力（QQ，20100413）

（61）盘点明星炒房 王菲携夫成都看豪宅周星驰最豪气（搜狐，20100413）

（62）上海世博会印度馆成最"绿色"展馆 完全零排放（中国广播网，

第三章 汉语新型"最+NP"构式的语义认知

20100413）

（63）最八卦：大S周渝民分手原因是因为任贤齐？（中国网滨海高新，20100731）

（64）亚运场馆广州棋院："最诗意"场馆（人民网海南视窗，20101102）

（65）北京节前"最堵日"目击：时速不足20公里（图）（搜狐，20100919）

（66）燕郊"最牛气"楼盘出炉 七千套房收2亿排号费（地产中国网，20100908）

（67）《刀客外传》被誉"最网络" 流行语多红人扎堆（新浪，20101109）

（68）京城赏秋最佳时 9地赏彩叶3地踏银杏（图）（乐途旅游网，20101023）

（69）最童真的展馆：俄罗斯馆（新民网，20100501）

（70）节日火宫殿最"民俗" 现代京剧传统湘菜一起品（中新社湖南新闻网，20100502）

（71）[最潮流]平常休闲装也能穿得时尚感十足（挖贝网，20101104）

（72）皇马将成史上最悲剧球队 破五大联赛纪录仍是亚军（体坛网，20100509）

（73）熬过最黑夜：一类新能源+重组飚股不容错过（中金在线，20100507）

（74）"史上最高龄捐款"22位捐款老人平均年龄超80岁（星辰在线，20101104）

（75）多图：《天龙八部2》最武侠十大胜景（eNet硅谷动力，20100506）

（76）《仙魔》最效率的刷本法和攻略（PCHOME，20100507）

（77）摩登配饰 千娇百媚的30个"最瞬间"（YOKA时尚网，20100507）

（78）最女人的谷歌机 韩版LG GT540售1260元（IT168，20101019）

（79）做个"最男人"不是梦："最男人"标准出炉！（新华网江西频道，20101018）

（80）陈宝存 年底是出手买房最佳期（北方网，20101109）

（81）武侠喜剧"刀客外传" 最草根最社会最网络最江湖（粉丝网，20101104）

（82）最人性的高速路：41公里设8个互通（《重庆晨报》，20100908）

（83）最狗仔的飞机（第一视频，20101106）

（84）杨禹：韩寒新锐表达主流价值观 当之无愧"最影响"（中国广播网，20100407）

（85）自由舰搜寻天下"最车主"活动召集（易车网，20110320）

（86）燕郊"最牛气"楼盘出炉 七千套房收2亿排号费（地产中国网，20100908）

（87）地产最政策（图）（天津网，20110103）

（88）成都现"最悲情"别墅 在两届业主手里都要被拆（新浪四川，20100725）

（89）寻找最"本土"的日本（MSN中国，20101124）

（90）微兴高清-最魔力的动圈FXC80（泡泡网，20100927）

（100）3.22最娱乐最暴力的竞技场：刀扇流5贼队（17173，20100828）

（101）马天宇杨幂曝恋情纯忽悠 赏明星十"最豪宅"（上海热线，20101112）

（102）用最文学的方式报告最真实的故事（《深圳晚报》，20160806）

第四章 汉语新型"被+X"构式的语义认知①

本章从近年来新兴的在句法形式与意义匹配关系上发生变化的特殊语言现象入手,讨论汉语新型"被+X"构式的语义结构类型、语义特征,并探讨其语义的整合机制及与传统"被"字句的承继性关系。

第一节 引 言

1.1 问题的提出

近几年来,随着语言的不断发展,在报纸杂志和网络媒体上出现了与传统"被"字句不同的突破常规的"被"字结构,并有流行开的趋势,我们将这种含有"被"字的特殊结构称为新型"被+X"构式。以下例子来自互联网及部分报纸的标题(搜索时间2009年12月15日至2010年2月5日):

(110)标题:哥不要"被寂寞"!(QQ,20091231)

(111)有人想自杀 有楼"被自杀"(《羊城晚报》,20100127)

(112)每人每天18元 寒假上课学生"被自愿"?(新华网,20100205)

(113)中国"被强大"了吗?(《新华日报》,20090825)

(114)河北教师"被捐款"事件:82名教师"捐款"全部退还(长城网,20091029)

(115)考生大吐苦水 "被火锅"成为考研族流行语(《长江商报》,

---

① 本章简写稿论文以"汉语新型'被+X'结构的语义认知解读"为名发表于《当代修辞学》2010年第4期。

20100111）

（116）最率直女星"被商业" 赵薇以沉默面对敏感问题（凤凰网，20100120）

（117）中国人"被阿凡达"是一次中国影视文化颠覆性的重生（华龙网，20100101）

按照语法规则，"被"在现代汉语里作为一个被动标记，通常是不能与不及物动词搭配构成被动句的，跟它搭配的只能是及物动词（参见范晓，2006）。而在上例中，不及物动词的"捐款"、"自杀"、"自愿"却与"被"字结合形成了"被+X"（被捐款、被自杀、被自愿）的被动表达，而且有些"被"字之后还直接跟名词，如"被火锅"、"被商业"、"被阿凡达"，有些"被"字之后还直接跟形容词，如"被寂寞"、"被强大"。那么，新型"被+X"构式的含义是什么呢？如何理解其语义产生的机制呢？

本章尝试对新型"被+X"构式的语义进行合理的解读并从概念整合的角度分析其产生的机制。

1.2 语料来源

本章的语料来自人民网报刊检索资料库及互联网，从《人民日报》、《京华时报》、《新华日报》、《广州日报》等九种报纸中提取了所有含"被"字的例句，我们从中人工挑选出新型"被+X"构式218例。

第二节 "被+X"的基本结构类型

我们将搜集到的218例新型"被+X"构式进行分类，主要有以下三种类型：

第一种："被+X"中的"X"是VP，即"被+VP"形式。例如：

（118）黄奕手戴钻戒不想"被结婚"（《广州日报》，20100114）

（119）奥巴马"被代言" 白宫要求撤广告（人民网，20100112）

第四章　汉语新型"被+X"构式的语义认知

（120）孩子幼儿园"被跳级"家长竟不知（《广州日报》，20091215）

（121）高房价的中国 "被消失"的中产（凤凰网，20100113）

与典型"被"字句语法格式对照，"结婚、代言、跳级、消失"都是不及物动词，原本不会与"被"组合进入"被"字句式，而在例（118）-（121）中这些词却进入了"被+X"构式。像此类"被+VP"的表达式还有很多：被打工、被投票、被自首、被离开、被休息、被按揭、被过节、被送礼、被道歉、被支持、被起床、被留学、被出国、被休假、被贷款、被吃喝、被辍学、被收获、被创业、被流浪、被贡献、被表示、被跳楼、被自动等。

第二种："被+X"中的"X"是NP，即"被+NP"形式。例如：

（122）伤者活着拉到殡仪馆"被死亡" 死后遗体遭特警抢尸（中国精神健康网，20100111）

（123）姚明，还能"被核心"吗？（新民网，20100120）

（124）普通住宅"被豪宅" 改善型购房成本增加知多少？（百度和讯全财经网，20100114）

（125）莲花河畔倒覆楼房贷记录未消 "楼倒倒"业主再购房"被二套"（新民晚报，20100112）

以上例句中"死亡"、"核心"、"豪宅"等均为名词，本不与"被"组合，但在（122）-（125）例中却进入了"被+X"构式，像此类"被+NP"的表达式也有很多，如：被春运、被小三、被新闻、被圣母、被网瘾、被"阿凡达"、被"灰太狼"、被吊针等。

第三种："被+X"中的"X"可以是AP，即"被+AP"形式。

（126）广州一小区业主"被规划"后"被安全"（中新网广东频道，20100101）

（127）网友质疑成人用品"被低俗"（新华网重庆频道，20100112）

（128）导航市场"被和谐"了？浅析GPS发展趋势（泡泡网，20100107）

（129）古天乐拍《花田》"被可爱" 牺牲皆为喜剧狂（新浪，20100101）

以上例句中"安全"、"低俗"、"和谐"、"可爱"等均为形容词，原本不会与"被"组合进入"被"字句式，而在例（126）-（129）中也进入了"被+X"构式，像此类"被+AP"的表达式也有很多，如：被寂寞、被开心、被幸福、被满意、被繁荣、被富裕、被贫困等。

从"被+X"结构的组合关系的考察中，我们观察到"X"大多为双音节词，同时，我们还发现这一新型"被+X"中的"X"除了不及物动词、形容词和名词的双音节形式之外，还有多音节词的形式。如：

（130）太阳能企业，你被"灰太狼"了吗？（中国新能源网，20100201）

（131）"稀里糊涂'被涨工资'"，"做蚁族还是蜗居？"（《人民日报·海外版》，20100112）

（132）娱乐圈炒作四大利器 女星纷纷成"被怀孕专业户"（东方网，20100120）

（133）公务员考试查分尘埃落定 被"考试焦虑症"何去何从（中国精神健康网，20100112）

可见，这种新型"被+X"构式已经形成了一个句法框架，其中"X"的位置已经成为一个相对自由的句法位置，这是"被+X"构式形式新颖的重要表现。这一句法结构的特点是："被"字之后省略了施事者，能进入"被+X"构式中的"X"可以是不及物动词、名词、形容词的双音节或多音节形式。

第三节 "被+X"构式的语义特征

3.1 语境对新型"被+X"构式识解的重要作用

人的认知与语境之间是相互作用的。语境并非完全是客观存在的东西，而是与人的概念系统具有互动关系。语义的确定是在语境中完成的。如：

第四章 汉语新型"被+X"构式的语义认知

"被高速"的语义就是要根据具体的语言环境才能确定并得到完全的识解。请看：

（134）质疑：广铁取消13对慢车 群众担心<u>被高速</u>（新浪广东，20091227）

有了具体语境，"被高速"的含义就不难理解了，此句的意思是：慢车取消了，群众就只能坐"高铁"，因而就会担心"被迫（不得不）承受高铁的高票价"。有些句子，由于所处的语境不同，虽然字面没有改变，但是语义已有所改变。如：

（135）贵州警察枪杀村民案，我担心涉事警察张磊自杀或"<u>被自杀</u>"（南方报网，20100119）

（136）又一个"<u>被自杀</u>"？ 河南官员刘云峰之死（黑龙江新闻网，20100124）

同样是"被自杀"，语境不同，语义也不同。前者的含义为"被迫自杀"，后者则为"被认定自杀"。对汉语这样一种在很大程度上依赖于"意合"的语言来说，其语法形式的语义蕴含与语境的关系尤为密切（张旺熹，1999）。"被+X"的语义必须要在具体的语境中才能最后得以确定。又如：

（137）高三生"<u>被自愿</u>"捐钱补课 每周只休半日（《广州日报》，20100125）

（138）"<u>被自愿</u>"的募捐疑似权力勒索（《南方都市报》，20090703）

这里的"被自愿"也有两种含义，既有"被认为自愿"的意思，也有"被迫自愿"的意思，这两类意义的区分也并不是绝对的，究竟是哪种含义，必须依赖于语境。

新兴"被+X"构式在语用上的基本规律是："被"字一般出现于某一特定事件的语境中，这些事件都发生在事件的主要承受者被迫、非自愿、不知情的语境中。而这种语言环境对"被+X"构式的认知解读起着非常重要的作用。

（139）2009年的7月，我毕业了，我也"被就业"了。(《京华时报》，20090712)

（140）毕业生发帖"被就业" 顿成网络流行语(《南方都市报》，20090717)

"被就业"来源于一名大学毕业生声称在他不知情的情况下被校方和公司签订了就业协议书的事件，没就业而"被认定为就业"了。而此前"被就业"的含义是大家都已经熟悉的"被要求就业"，即学校要求没就业的毕业生自己随便找个章盖在协议书上证明自己就业。究竟是"被认定为就业"还是"被要求就业"则需根据具体事件来判定。

因此，只有根据具体事件所发生的环境我们才能更加深刻地理解新型"被+X"构式的语义内涵。下面我们根据"被+X"构式所处的具体语境来观察其所包含的语义。

3.2 新型"被+X"构式的语义分析

通过在具体语境中对新型"被+X"构式语义内涵的分析，我们将其语义概括为以下三种。

3.2.1 遭受义

我们把搜集整理到的218条新型"被+X"例句逐条进行分析，发现有23%的"被+X"例句含有"遭受义"。例如：

（141）在校园中"被贫富" 因"财"施教伤害了谁？(人民网天津视窗，20100115)

（142）和车有关 在路上或要上路都"被春运"着(慧聪网，20100201)

（143）评：2009年中国车市"被井喷"(凤凰网汽车，20100115)

例（141）"被贫富"可理解为"遭致贫富分化（的待遇）"；例（142）"被春运"可理解为"遭受了春运高峰般的拥挤"；例（143）"被井喷"可理解为"遭受了井喷式的发展"。那么这种"遭受义"是从何而来呢？

《古汉语常用词通释》中的解释是："被"在古汉语中原为名词，《说文》曰："被，寝衣也"，本义是被子。被子是盖在人身上的，因此引申为覆盖。覆盖就是把一种东西加在另一种东西之上，故由覆盖引申为"加于……之上"。有施加就必有承受，所以又引申为"蒙受、遭受"之义（周绪全、王澄愚，1988）。王力也指出："'被'字用为动词，还有另一种意义，就是'蒙受'、'遭受'的意义。"（王力，1980）"被"的这种用法，在先秦及后世文言中比比皆是。例如：

（144）秦王复击轲，<u>被八创</u>。（《战国策·燕策》）
（145）闻妻言，如<u>被冰雪</u>。（《促织》）

以上两例中，"被"置于名词词组前，构成"被+NP"的格式，"被"充当谓语中心，与"八创"、"冰雪"构成动宾结构，分别译作"遭受了八处创伤"、"遭受了一场冰雪"。

因此，我们认为汉语新型"被+X"构式所含的"遭受义"是从古汉语发展而来。从历时角度看，"被"曾是一个表"遭受"义的动词，只是后来这个动词语义模糊，不再独立使用。如今，"被"字所蕴含的"遭受义"重新被提取出来，用于汉语新型"被+X"构式中。"遭受"必定有外力的作用，这在古今汉语中都有所体现，表达出一种并非本人意愿的由外力所控制的"强加义"。

3.2.2 被强迫义

除"遭受义"外，新型"被+X"构式还可理解为"被强迫X"，有一种并非发自内心的不得不的含义，此种"被强迫义"占所搜集例句的35%。例如：

（146）研究生考试昨结束"被考研"完毕接着"考公"（南方报业网，20100111）

（147）"被丁克"80后正递增　80后为何惧怕当"孩奴"？（新华网，20100111）

（148）雷克萨斯"被出局"的危机（品牌中国，20100111）

（149）千名学生遭遇"被信用卡"　到手已欠50元年费（QQ，20100115）

例（146）"被考研"即可理解为"被迫（不得不）考研"；例（147）"被丁克"即可理解为"被迫成为丁克（家庭）"；例（148）"被出局"即可理解为"被强迫出局"；例（149）"被信用卡"即可理解为"被迫办信用卡，被迫交年费"。

"被"的本义是"被子"或"覆盖"义，由"覆盖"义发展出"遭受"义是"被"的词义发展演变的重要一步，后来"被"经重新分析，成为用来引出施事成分的介词，表示被动意义。因而，汉语"被"字句句式的语用意义最概括的表述就是表示"被动"（或"受动"）态，就是强调客体事物的"被动性"（或"受动性"）（范晓，2006），如现代汉语传统被字句：

（150）杯子被（弟弟）打破了。

（151）他被（老板）辞退了。

例（150）、（151）中的"被"就是用来引出施事成分的介词，表示被动意义，"被打、被辞退"的施事者是"弟弟、老板"，是具体的人或物，是个体，其外力是可见的；而新型"被+X"构式在形式上可以扩展为"被+（施事者）+强迫+动词（或名词、形容词）"。其中，"被"含有"被强迫义"，"被强迫"就是受外界迫使，比如"被考研"、"被出局"就有受外界（或外力）迫使，不得不做之义，其间的施事者被隐去了，但根据语境我们可知其施事者是一个集体，无需说出，是抽象的，这种隐省的施事者（集体）所产生的力量强于个体（典型的被字句中施事者也可隐省，如：被打、被辞退）。与典型被字句相比,二者虽都有"受外力的作用"之义,但在新型"被+X"构式中受动者所受的外力更强,强制性更强。

3.2.3 被认定义

新型"被+X"构式语义还可理解为"被认定为X",此种"被认定义"占所搜集例句的42%。例如:

(152)网评:人活着却"<u>被死亡</u>"?(人民网,20100111)

(153)赵薇再度"<u>被怀孕</u>",这回谁是"孩他爹"?(东北新闻网,20100111)

(154)房地产业,这些年其实一直"<u>被支柱</u>"。(南方报网,20100120)

(155)<u>被中奖</u>,被采访(新浪,20091110)

例(152)的"被死亡"可理解为"被认定为死亡";例(153)的"被怀孕"可理解为"被认定是怀孕了";例(154)的"被支柱"可理解为"被认定是支柱产业";例(155)的"被中奖"可理解为"被认为中奖了"。此类"被+X"结构形式可以扩展为"被+(施事者)+认定+动词(或名词、形容词)"。即使施事者被省略了,还是可以根据语句的含义以及整个语言环境来领会其中的含义。这种"被认定"使得受动者只能被迫接受伤害自己的结果或状态,故含有"强加义"。

从搜集到的218个例句中可以得知,"被+X"结构多用于评论性话语(多见于报刊文章的标题),少见于客观陈述。评论性话语中包含的主观性成分较多,因而新型"被+X"含有[+主观认定]的语义,这种主观认定体现了表达者的主观态度。在表达者看来,"被+X"的所有认定都具有随意性、人为性和主观性,是与事实不符的、非真实的。

以上新型"被+X"构式的语义分析是结合语言实例从"被"字语义入手进行的,"被"的语义很多,也较为复杂,并且具有层次性。《康熙字典》中将"被"解释出十多个义项。这里,我们从"被"的众多义项中,挑选其较为常用的义项列出引申脉络及层次关系如下:

```
                    ┌→表面
(本义)寝衣 ┤
                    └覆盖 →┬→披着                              ┌→被(强迫)
                                    └→蒙受→被(助词)→被(介词)┤
                                                                              └→被(认定)为
```

从"被"的语义引申脉络中我们可以得知,"被"字自始至终都隐含"外力"的作用。在认知和表述的时候,外力应由动词表示,"遭受X"是受动者受到某种外力的影响,这种外力是已知的,"被强迫X"是在受动者知情的情况下被外力强迫做某事,被迫做的事也是已知的,而"被认定为X"则是在受动者不知情的情况下被主观认定为某种情况或某种状态,受动者所受的外力因不知情而不可抗拒。这种从已知到未知、由知情到不知情,其"强加义"逐渐增强。

从语音上看,汉语新型"被+X"结构与传统的被字句也有不同,汉语新型"被+X"构式的重音在"被",凸显的是"强加"义,强调的是"遭受、被迫和被认定";而传统被字句的重音则落在"被"字之后的动词上,强调的是动作行为。由此,"被+X"中的"X"才可以有双音节及多音节的形式。试比较:

"被"重读:被/死亡　被/捐款　被/信用卡　被/涨工资　被/请不到假
动词重读:被/打　被/批评　被/罚款　被/查获　被/取消

我们观察到,在具体叙述的过程中,言者将"被+X"中"被"重读,强调或突出某项行为或某种状态的承受性、被动性,乃至不可抗拒性,其强制性更加凸显,传达出受动者在面对这种所谓的"神秘外力"时无可奈何的心理体验。

以上诸例"被+X"的语义可概括为:甲在不知情或非自愿、不真实的情况下,非自主地遭遇某种境况、受到某种影响或被强加以某种属性。"被+X"通常包含一个受影响者甲(一般为弱势者)和一个影响者乙(一般为

第四章 汉语新型"被+X"构式的语义认知

强势者，常隐省），同时再增加一个X，本来甲不具有X属性，但是乙认定X存在，并把X强加给甲。"遭受"含强加义，"被迫"也含强加义，"主观认定"更是强加义。所以，"被+X"构式表达的语法意义是"主观认定X并强加X于甲"。

试比较下列三组例句：

A组	B组	C组
老人死亡	老人被推倒后意外死亡	老人被死亡（没有死亡，被认为死亡）
丽丽怀孕	丽丽被强奸后怀孕了	丽丽被怀孕（不是怀孕，被认为怀孕）
学生就业	学生被通知签约就业了	学生被就业（没有就业，被认为就业）
家长自愿	家长被感动得自愿捐款	家长被自愿（不是自愿，被认为自愿）

A组为一般性的陈述，B组为传统的"被+VP"结构的"被"字句，句中有动词（推倒、强奸、通知、感动）满足"被"的需求，至于"死亡、怀孕、就业、自愿"都是正面叙述，与"被"实际上没有关系。C组为新型"被+X"构式，都是"被认为X了，实际上则没有X"，其语义是"主观认定并强加于某人或物"，隐含着对某种事实的否定。通过对A、B、C三组句子的对比，可以非常清楚地观察到，C组句子表达的意思与A、B两组表达的意思正好相反，其语义是新颖而独特的。

从C组的例句中可知，"被+X"表示的语法意义是"主观认定X并强加X于甲"，实际上就是凸显"非X"，表达了在实际情况下"X"属性的不存在，将语义上"X"属性的不存在用本来不能进入传统"被"字句的不及物动词、名词和形容词及其短语形式来表示，突出地表达了"被+X"构式中"X"的非真实性以及"被"的主观认定性。

"被+X"结构从传统"被"字句发展演变而来，被赋予新的意义并形成了一个新兴的句法框架。这个句法框架如何重构成为新的概念，如何由传统"被"字句的语义推理合成而来，新型构式与传统构式的意义有什么联系呢？我们尝试借用概念整合理论进行解析。

第四节 "被+X"构式的整合机制

4.1 概念整合——新型"被+X"构式的心理认知机制

概念整合理论（Conceptual integration）为我们理解"被+X"结构的认知机制提供了一个有效的切入点。概念整合理论首先给我们的启示是："整合"时时刻刻都在发生，它是人类一般性的普遍的思维过程，我们可以在语言的和非语言的各个领域发现整合。概念整合，简言之就是概念的重构过程。任何概念都不是永恒不变的，语言中的每个单位都可以分割提炼出很多属性，而当我们使用语言单位时，这些属性就会被重新构造形成新的概念。新型"被+X"构式的产生就是由"被"的语义特征和"X"所包含的有关信息特征通过一系列的心理和推理过程而形成的一个新的复合概念。

融合空间作为概念整合理论的核心，它的三个融合过程——组合（Composition）、完善（Completion）、扩展（Elaboration），正是说明概念的重构和整合的过程。概念整合理论认为，语言成分的整合效应依赖于两个因素：一个是整合的"框架"；另一个是输入的"元素"，即被选择、提取出来参与整合的语言成分。在"框架"的作用下，"元素"产生整合效应，浮现新的意义。

下面，我们对汉语"被+X"构式在框架作用下浮现的三种新意义所形成的整合效应进行分析。

4.2 "遭受义"与X的融合

解读"被+X"时，我们需要调动自己的心理认知空间，也就是通常意义上说的意义潜式。概念整合理论认为，语言的作用只是"导引出意义"，或者说只具有产生意义的潜式。意义潜式主要指一个人记忆的某一个词语的用法和这个人能与该词语联系起来的信息总和。信息总和的语义部

第四章 汉语新型"被+X"构式的语义认知

分包括人们通常称做是词语的"百科知识"和"词汇"信息（参见张辉，2003）。

就拿"被春运"来说，当"被"和"春运"进入"被+X"的整合框架时，"被"作为一个输入空间，其中所含的意义潜式"被子、覆盖、加于…之上、蒙受、遭受、被动、被迫"等被激活，"春运"为另一个输入空间，"春运"在人们心里所形成的一系列概念（人多、拥挤、买不到票等等）也被激活，通过两个词各自激起的心理空间，对两个输入空间投射到合成空间所构成概念部分元素的组合，在新创结构中就形成了各个输入空间以前均不存在的新关系——遭受了春运般的（拥挤），这种组合过程也正是一种新范畴或新意义构建的过程。

其信息的整合过程如下：

春运时很拥挤→遭受春运时的拥挤→遭受拥挤→被春运

"被春运"的认知机制（见图4-4-1）为：

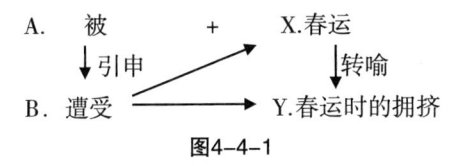

```
A. 被          +      X.春运
   ↓引申                ↓转喻
B. 遭受    ─────→    Y.春运时的拥挤
```
图4-4-1

又如"被阿凡达"的信息整合过程：

看电影《阿凡达》很受刺激→遭受了《阿凡达》式的刺激→遭受刺激→被阿凡达

可见"被+X"构式语义的理解就是人们将"被"字句概念中含有的［+遭受义］的元素提取出来再与"X"中的部分信息通过融合而成。

上图4-4-1是从概念AB中抽取一部分A，从概念XY中抽取一部分X，二者是相关概念的整合，是"截搭"构句（参见沈家煊，2006）。这里"遭受义"与X的整合是两个概念在其引申和转喻基础上的整合，因而是一种相对高级的整合（参见张云秋、王馥芳，2003）。由此，当人们遭受到外力的冲击时，就用"被+X"来表达,如网络上新开辟的栏目叫"请大家谈谈最近都被什么了",就是想让大家谈谈所"遭受"到的事。

4.3 "被强迫义"与X的完善融合

在汉语"被"字句中,"被"的典型含义是表"被动","被强迫义"因具有较充分的典型特征成为"被"字句式含义中的典型成员(参见张敏,1998)。于是,在"被+X"结构的概念整合框架中,"被"字的输入空间很容易激活的就是"被强迫义"。以"被捐款"为例,在人们的认知心理中,捐款是一种主动自愿的行为,当其进入"被+X"构式中时,"被"和"捐款"分别作为两个心理空间进行部分映射,人们借助背景框架知识和文化模式,从输入空间投射到合成空间,产生新的复合概念"被动的捐款",再将提取结构中所激活的形式结构经过完善,就成了"被强迫捐款"。换句话说,在"被+X"的语义构建中,人们会在大脑中作一个潜意识的转换,再经过合成空间的进一步加工,形成新创结构,从而解读了"被捐款"的意义——被迫捐款。

"被捐款"的认知机制(见图4-4-2)为:

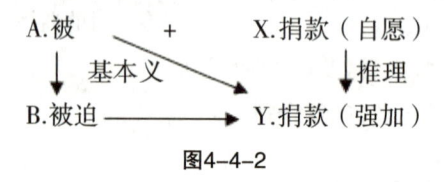

```
A.被          +      X.捐款(自愿)
 ↓       基本义            ↓推理
B.被迫 ─────────────→ Y.捐款(强加)
```

图4-4-2

上图4-4-2是从概念AB中抽取一部分A,从概念XY中抽取一部分Y,二者是相似概念的整合,是"糅合"构句(参见沈家煊,2006)。"被强迫义"与X的组合是在基本义上的整合,因而也是一种相对低级的整合。由此可知,当人们不情愿做某事但受外力强加而不得不做时,就用"被+X"来表达。如:

被考研→被迫考研   被出局→被迫出局   被休息→被迫休息

4.4 "被认定义"与"X"的扩展融合

"被主观认定"的语义特点属于现代汉语中"被"字句表义范围的扩大,这种扩大也与概念整合有关。从认知经验来讲,人们对一些事件信息了解掌握之后,就会形成关于这一事件信息的概念(在语言中用词语来表达)。当人们再遇到此类信息概念时,潜藏在人们心理空间的概念和相关信息就会被激活。当这些词与"被"字相结合构成"被+X"后,就产生了新创结构。"新创结构的产生过程就是新意义的推演和产生过程。这种心理空间的整合和映射其实就是一种新的概念化过程,即一个由旧有知识、旧有经验描述新经验,形成和理解新概念的过程"。(余渭深,2004)人们一般对"被"的认识是从"蒙受,遭受"义开始的,旧有的经验告诉人们"蒙受"与"不知情"有关,客观上的"不知情"就会造成主观上的"被认定",这种信息上的相关性形成一种跨层映射。拿"被就业"来说,当"被"和"就业"输入两个心理空间,"被"所含的认知意象图式与"就业"所含的认知意象图式在合成空间中被激活,由"蒙受义"而引申扩展的"不知情义"与"就业(与本人密切相关的)"跨层映射产生新创复合概念,"被"就含有了"被主观认定"意义。

"被就业"的认知机制(见图4-4-3)为:

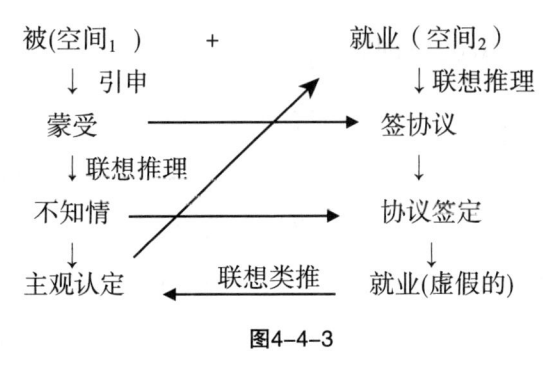

```
被(空间₁)              +           就业(空间₂)
  ↓ 引申                              ↓ 联想推理
蒙受     ———————————→            签协议
  ↓ 联想推理                          ↓
不知情   ———————————→            协议签定
  ↓                                   ↓
主观认定 ←——— 联想类推 ———      就业(虚假的)
```

图4-4-3

"被认定义"与"X"的整合经过了一系列的引申联想推理的过程,是较为复杂的组合扩展融合,因而也是一种相对高级的整合,其中既有相似概念的整合,也有相关概念的整合,是"糅合"加"截搭"型构句(见沈家煊,

2006）。"被就业"由"主观认定"的就业产生了对客观事实或现象的否定，于是，当人们用"被+X"表达自己对某种事物或现象的看法或态度时，实际上表达的就是一种否定。如"被死亡，被增长，被请不到假"等等都是虚假的。在语义产生的同时，也整合了表达者对现实社会的认知因素，以及时代因素赋予言者的幽默性。简单的"被+X"构式形式表达了丰富的内容，揭示"学生被就业、工资被增长、老人被死亡、明星被怀孕，犯人被自杀"的深刻内涵，表达一种扭曲事件真实性的言外之义。

综上可见，"被+X"构式的语义从受影响的"遭受义"到"被强迫义"到"被主观认定义"，都是通过对来自不同渠道语义信息的整合，其整合机制有引申、转喻和联想推理，虽各不相同，但其内在机制是统一的，均表达一种受外力作用的强加义，其强制性是逐渐加强的。

第五节 "被+X"构式的承继性与创新性

水有源，木有本。创新离不开传统，离开了传统的创新只能是无源之水、无本之木。汉语新型"被+X"构式从形式组合、意义关系到语用功能都是对传统"被"字句的选择性继承，并在继承的基础上进行了一定的创新。

5.1 形式上的承继与创新

汉语新型"被+X"构式作为一种新的表达形式与传统"被"字句有密切的关系，是在对传统"被"字句选择性继承的基础上加以创新而形成的。

在传统语法范畴中，区别介词"被"和助词"被"，要看"被"后接成分的词性。如果后接成分是动词性词语，如例（150），是助词，这类句子可称为助词被字句（吕叔湘，1942）；如果后接成分是施动者，如例（151），是介词，这类句子可称为介词被字句。

（156）张三被打伤了。（受事+助词被+动作行为+其他成分）

第四章 汉语新型"被+X"构式的语义认知

（157）张三被李四打伤了。（受事+介词被+施事+动作行为+其他成分）

形式上，汉语新型"被+X"构式与传统被字句的区别在于：传统被字句中的助词"被"之后大多接有表示完成或结果的动词，或者动词本身包含此类成分，而新型"被+X"的"被"后所接，不限于动词或动词性词语，也可以接名词、形容词或以名词形容词为中心的短语，具体如下：

其一，"被"之后所接的是名词性成分时的"被+X"构式，既不同于介词被字句，也有别于传统助词被字句。例：

（158）女主播自曝曾<u>被潜规则</u>很傻很天真（甘州在线，20111216）

（159）许宏涛称<u>被潜规则</u>害了，盼早日回归社会（GoalHi足球，20111221）

例（158）"被"之后所接的名词性词语，既不能理解为介词被字句的省略形式，又有别于传统助词被字句。因为例（158）中"被潜规则"中的"潜规则"不是施事；而（159）"被潜规则害了"，其中的"潜规则"是施事。

其二，"被"之后所接的是形容词性词语时的"被+X"构式，不同于传统被字句。例：

（160）基层士兵心声不再"<u>被和谐</u>"（《中国日报》，20110812）

（161）开私家车回家过节渐成趋势？农民工<u>被富裕</u>（农博网，20100220）

无论是介词被字句还是助词被字句，传统被字句中的"被"之后不允许出现形容词性词语。而新型"被+X"的"被"之后所接的恰恰是形容词，如（160）、（161）这种新搭配可以认为是对传统被字句最大的突破与创新。

其三，"被"之后接的是动词性词语时的"被+X"构式，也不同于传统被字句。

（162）长假那么"宅"，还不是怕"被消费""被相亲"（株洲网，20111004）

（163）宣汉一中学美化教室 学生"被捐款"（凤凰网，20111028）

例（162）、（163）中，"被"之后接的是由动词性词语，但却不同于传统的助词被字句。在传统的"被"字句中，动词大多数能与受事构成动宾关系，可以还原成主动句，如"NP被VP"可以组成"VP+NP"，NP应当是动作的承受者，"土豆被吃"可以组成"吃土豆"。而在新型"被+X"构式中，NP则充当了所描述动作或事件的发动者和实施者。拿"张三被跳楼"来讲，不管张三是被迫跳楼，还是被谎称跳了楼，逻辑上跳楼的动作都由张三发出。例（162）、（163）中"被"之后的动词性词语都不能与受事组成动宾关系。

其四，新型"被+X"构式中的"被"字和"X"整合的词语具有构式性和稳定性，而在传统被动句结构中，与"被"字连接的语言要素具有组合性和多变性。"被+X"构式，并不是"被"字和"X"词语的简单组合，而是属于概念整合性的语言表达形式，具有自己的新创结构，并蕴含有丰富的语境信息和新的事件意义。由于构式完形效果的压制，进入"X"位置的词语都暂时具有行为事件的含义和动词的句法功能。如"被中考"的"中考"转喻指称"参加中考"，"被小康"的"小康"转喻指称"过上小康生活"。

可见，新型"被+X"构式在结构形式上主要承继的是助词被字句，而不同点在于：从句法层面看，传统被字句中的助词"被"之后大多接有表示完成或结果的动词，或者动词本身包含此类成分；而新型"被+X"构式的"被"后所接，不限于动词或动词性词语，也可以接名词、形容词或以名词形容词为中心的短语。形式上与传统被字句的差异，恰恰是新型"被+X"构式的创新之所在。创新离不开传统，新型"被+X"构式的创新离不开传统被字句所提供的句法形式、语义与语用功能方面的基础。

5.2 意义上的承继与创新

语言的形式和意义处于不断发展的历时演变过程之中。语言发展的遗传与变异有多种表现形式，如语法化或者虚化、词汇化、语言借用等，无论哪种表现，既要遵循语义相宜性（张旺熹，2006），也要遵循语法相宜性。语法—语义相宜性指的是，如果Y的形式或意义是从X发展来的，那么Y和X应当具有语法—语义的和谐一致关系。换句话说，如果X能够发展出Y，那么在X的身上必定存在发展出Y的语法和语义基础。语法—语义相宜性是语言发展与变异的内在规定性要求。如在汉语中，动词演变成介词的前提是，必须在语义上具有非终结性，句法上具有从属性，从而导致语义降级，实现演变。（张旺熹，2006；石毓智，1995）。

新型"被+X"构式的发展要求同样具有语法—语义相宜性，传统被字句必须具有新型"被+X"构式的成长条件。

其一，在语义内涵上，传统被字句具有遭受义，是新型"被+X"构式产生的语义基础。就"被"字句的语义问题，王力（1985）认为此句中的"被"字原义为"蒙受"、"遭受"，只有对于不幸或不愉快的事情我们才用"被"字句。当"被"从动词语义降级为介词时，就成为"遭受"义的标记。也可以说"遭受义"是"被"带来的。"被"能够标记遭受，与其自身的语义特点有关。

语言象似性原则认为，语言形式与其所表示的意义有高度的一致性。被字句中施事的意义越复杂，其表达式就越长，受事和动作行为之间的距离就越大，句子的遭受义就越弱，反之亦然。例如：

（164）土豆被吃光了。（受事+助词被+动作行为+其他成分）

（165）土豆被小孩儿吃光了。（受事+介词被+施事+动作行为+其他成分）

（166）土豆被一群小孩儿吃光了。

（167）土豆被一群山里来的小孩儿吃光了。

从（164）-（167），施事从无到有，意义逐渐复杂，形式逐渐加长，受事与动作行为之间的距离逐渐加大,整个句子的遭受意义因而渐弱,形成连续统。

施事意义的复杂程度:(164)<(165)<(166)<(167)
遭受意义的强度:(164)>(165)>(166)>(167)

可见,施事为零形式时,受事和动作行为之间的距离最近,遭受义最强。助词被字句所表示的"遭受义"在被字句中最强。介词被字句所表示的"遭受义"强度与施事的意义即其表达式的复杂程度成反比,即施事意义及其表达式越复杂,整个句子的"遭受义"越弱,反之亦然;这也是新型"被+X"构式只借用助词被字句式而非介词被字句式的句法原因之一。

其二,新型"被+X"构式中的"被强迫义"和"被认定义"是在传统被字句"遭受义"的基础上引申和发展而来。传统被字句"遭受义"特征允许任何遭受到的结果进入"被"字结构。因此,具有结果义的词语,包括具有致使性的及物动词和不及物动词、名词、形容词也都具备进入"被"字结构的语义基础。前文谈到在汉语"被"字句中,"被"的典型含义是表"被动","被强迫义"因具有较充分的典型特征而成为"被"字句式范畴中的典型成员,在传统被字句中是隐性的,如被迫全勤、被迫捐款、被迫坐高铁、被迫考研等,而在新型"被+X"构式中,经概念整合后成为显性的"被强迫义"。"被认定义"在传统被字句中也是隐性的,在新时代背景下,当那些具有强特征性的名词或行为动词(那些需要通过调查、鉴定等手段进行正式认定的事物或行为,如就业、自杀、死亡、失踪、精神病、幸福等),进入"被字结构"后,其隐性的"认定义"被激活,旧有的"被"字结构知识和新情况通过复杂的概念整合到一起,产生了新创结构——新型"被+X"构式的一部分,从而获得显性的认定义。

其三,从语义特征来说,传统"被"字句中的动词须有及物性,应该具有一定的处置意义,也就是说应该有"致使"的含义(黄伯荣、廖序东,2002),表达的语义内容方面多是不好的或者人们不期望发生的事件或结果,强调的是结果。新型"被+X"则承继了"不好的或者人们不期望发生的事件"的语义特征,由"被+事件"构成,强调的是事件本身,其语义特征可以概括成以下两种：①被他人宣称或说成实施某种动作行为。②被他人要求或强迫去实施某种动作行为。"事件"类认知模式为新型"被+X"的语义理解提供了可能性。"被+事件"的本质是指事件的主体不是真实的，是外界强加给事件主体的，是与事件主体的主观愿望相违背的，主体名称进入事件只是语言符号，起到构建语言情境的作用，这是"被+X"构式生成的第一步；之后事件主体出面证实事件的不真实性或者事件真相得到披露，这一过程是"被证伪"的过程，例如"自杀"、"就业"等语义值为假，于是经由语言使用者心智空间概念的整合，用此"被+X"构式来揭示事件的虚假情况，并隐含表达他们的情感态度等。

总之，不管从哪个角度来看，"遭受义"都是新型"被+X"构式产生的语义基础，"被强迫义"和"被认定义"则是在承继传统被字句"遭受义"的基础上引申和发展而来。

5.3 语用上的承继与创新

一个结构式就是一个形义结合体，它既不是完全任意的，也不是完全可推导的，而是可解释或有理据的（Motivated）（彭玉海，2006）。而语言的演变反映了人们对世界认知的改变，这种认知的改变是人们使用和理解某种语言现象的认知理据和认知基础。

5.3.1 承继并凸显"遭受义"，用于表达消极意义

"被"字句的原型语义特点是强调"遭受"，这源于"被"字从动词"蒙受"义虚化发展而来，此种语义血脉及其深层渗透是无法阻断的遗传基因，旧有的"不如意"、"受损"、"被动"、"受影响"等消极的语义特点的概括都是其在不同角度不同层面的投射和显影。新型"被+X"构式也都隐含"遭受"的语义基础，但较之以往更突出因"受控"而被迫屈从——非意愿，或表面如此——非本真的语义，传达出无奈、无辜、无助的不满。语言使用者选择使用新型"被+X"构式是对意识焦点的凸显，它凸显的是"被"字在两个认知域中的相似性。人们的认知活动通常是从一个参照点出发感知某一目的事物。如果说语言使用者头脑里已经存在的已知概念或概念体系是参照域，即

源认知域,新形成的概念就是目标认知域。而在语言使用者生成和理解话语时,能够保证其完成从参照域到目标域之间投射的条件就是两个认知域间的相似性。新型"被+X"构式凸显的就是"被"字与源认知域的相似性:表达消极的意义。

传统"被"字结构尽管也可以表示积极的意义(如被表扬),但从历史角度看,其结构在形成之初就主要用来表示消极意义的,而且这种表义的消极倾向一直延续至今(周卫华、蔡忠玲,2009)。新型"被+X"构式凸显的正是人们对某项行为或事件的消极性看法。

人们的语言运用能力是认知能力的语用化,是一种话语生成的能力或话语理解的能力。新型"被+X"构式在产生之初是语言使用者根据自己的交际意图,运用已有的传统概念系统而创造出来的新型构式。从认知角度讲,是从存在的源认知域到目标域投射的过程(具体参见图4-5-1),所以这个新型构式的生成也是语言使用者认知能力的语用化,是用新型"被+X"构式来实现认知凸显,凸显人们对某项行为或事件的消极性看法。从语用动因来看,语言使用者在众多语言表现形式中选择"被+X"构式,也在于这一特殊构式能以最经济的方式表达丰富的隐含意义。我们通过下图(图4-5-1)来说明:

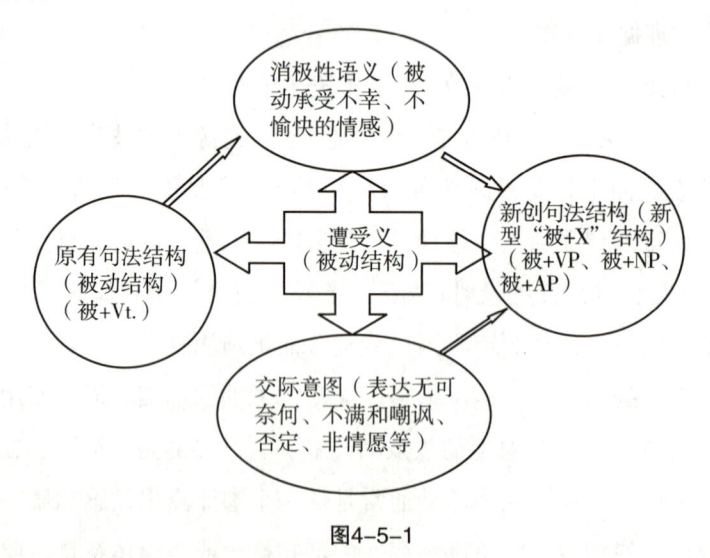

图4-5-1

从上图4-5-1也可以看出，新型"被+X"是对传统被字句可以表达"遭受义"这一功能的继承和发展，多用于表达不满情绪，表达消极意义。表意需求和交际意图是语言发展变化的重要动因。因助词被字句是一种可以表达强烈遭受义的被动形式，所以这种具有特定功能的句式为新被字句的形式与功能的形成提供了基础。

5.3.2 承继并凸显被动承受性，用于表达讽刺与幽默

在新型"被+X"构式生成的过程中，语言使用者首先运用原有的关于被动结构的知识，包括语义和句法结构的知识，即：被动结构通常是表示消极性语义，如被动承受性和表达不幸、不愉快的情感，其句法结构通常为"被"字之后加上及物动词。然后语言使用者根据具体的交际意图——传递"弱势群体的无可奈何、不满和嘲讽"，以及"不能自主表达意愿的被动性"等，将认知能力语用化，把原有的句法结构投射为新创的"被+X"构式，并使其呈现出多种异于原型的新结构。新型"被+X"构式描述的是一种受制的格局，表达出一种无奈、无助的心态，同时又掺杂着一种调侃的意味，这无疑是对"被"字句消极的"遭受义"的放大，但是因为"被"字句是汉语的常用结构，这种"放大"对于表达者和接受者来讲，有着相近的心理预期，所以其含义很容易领会并被接受。但毫无疑问，"被+X"违背了传统语法规则，而正是这种违背，产生了一种出人意料的修辞效果，具有鲜明的讽刺性以及无可奈何的幽默性。例如：

（168）"<u>被离婚</u>"后　又遭遇前妻"悔离"纠缠（《中国日报》，20110810）

（169）停车戴"脚铐"　上班"<u>被迟到</u>"（图）（搜狐，20120119）

（170）小沈阳携妻调侃<u>被离婚</u>（图）（搜狐，20120119）

5.3.3 凸显焦点信息，用于否定和批判的情感表达

在传统被动句结构中，无论是介词被字句还是助词被字句都表示被动，"被"字是一个典型的被动句标记，表达客体和主体间的受事和施事关系。"被"字在新型"被+X"构式中应被视为一种构式标记符号，既有传统语法中

被动句的被动义,即外界对事件主体的处置性,又有自己的特殊性,被动意味着"受事"对"动作行为"的非自主不可控,也可能非情愿。"被+X"用于弱势主体不情愿、不知情的情况下,有时用于表达信息的不真实。可理解为"非真实的、非主观意愿的"。例如:

(171)家长"<u>被自愿</u>"捐3万助学(《中国日报》,20110902)

(172)网传"<u>被离婚</u>" 宋丹丹笑言:反正目前没离(《中国日报》,20110524)

(173)燕赵晚报:老百姓何以感觉"<u>被统计</u>"了?(人民网,20090729)

上例中"被自愿"显然不是自愿,"被离婚"的当事人并不知情,"被统计"的数据虚假不实。从修辞的角度看是反语,所有被操控的不情愿和不真实背后都深藏着言者强烈的自我意识的觉醒。意义是一种心灵经验,它不仅包括知识、知觉、感情、动觉,而且包括人们对语言情景、语言事件的理解以及对社会文化的认识。词义除了真值条件(Truth conditions)外,还有人的感情、社会文化等因素。因此在语言的交际中,这些情感内容都会被发话人和受话人理解和运用着。"被+X"构式在使用中,除了[+强迫]等语义内涵外,还蕴涵着对强势方不顾客观事实,没有根据地将某一行为或结果强加于弱势方的不满,含有否定、讽刺和批判的情感内容。其认知理据是:"被"有"被动"、"被迫"的意思,"被动"、"被迫"往往会导致不合理、不正确或不真实的结果,该结果自然会被否定。因此"被失踪"可理解成"并非失踪","被幸福"可理解成"不幸福","被精神病"可理解成"没有精神病","被跳楼"可理解成"并非跳楼","被赞成"可理解成"不赞成"。

5.3.4 构式表达简约经济,寓意陌生而形象

在语用表达上,"被+X"构式言简义丰,一针见血;在修辞功能上主要是起到陌生化和形象化的作用。

"被+X"构式是在网络时代这一大背景下出现的新构式,在形式和内容上

第四章 汉语新型"被+X"构式的语义认知

它都和以前大家熟知的"被"字句有着明显的不同,具有新奇效果,满足了现代人求新求异的心理需求。同时"被+X"构式表达着"强势方将某一动作或结果、评价强加于弱势方"的丰富内涵,信息量大,结构却很简约,是经济原则的体现,也符合现代人崇尚简约生活的心理。也正由于信息量大,结构简约,"被+X"构式多用于标题。而且在使用中"被+X"一般都会加上引号,这既是"被+X"内部紧密性的表现,也会使这一新型构式成为所在语句的焦点信息,有突出强调的作用。

"被+X"构式在形式上似乎是陌生的,在传统语法上似乎也是不合适的,最初它们在字面上往往看不出实际意义。但正是这种带有修辞特性的语言表达和特殊的变异形式大大刺激了阅读者的心理,使人产生一种强烈的陌生感和震撼力。这样,从最初的特殊事件、个人使用,再到众多事件、大众使用,直到产生类推,只要觉得不应该是被迫的反而却成了被迫的,就都可以用"被+X"表达,比如"被消失"、"被跳楼",甚至产生了"被"和"自愿/主动XX"组合的说法,如"被主动辞职"、"被自愿调查"等等。人们运用"被+X"构式,将整个社会"强大的弱势群体"的无声呐喊和嘲讽、无奈及被迫接受的焦虑情绪表达得淋漓尽致,许多可笑荒谬而又真实的事件所隐藏的黑暗真相也被揭露得体无完肤。一提到"被就业",人们似乎就看到那许许多多年轻的大学生戏谑、自嘲、无奈的所谓"就业";一提到"被录取",人们则似乎看到那满天飞舞的缺乏含金量却充满陷阱的录取通知。"被+X"构式形象鲜明的表达正在于此。

总之,新型"被+X"构式在具体使用中表现了弱势方对强势方的讽刺和批判,反映了现代人求新求异以及简约的心理要求,具有凸显焦点信息的语用功能。

综上可见,传统被字句的形式、语义和功能为新型"被+X"构式的形成提供了必要的条件。具体而言,在结构形式上新型"被+X"构式继承并发展了助词被字句,在语义内涵上新型"被+X"构式继承了传统被字句的"遭受义",由此引申出"被强迫义、被认定义"。在语用修辞功能上承继了传统被字句"遭受义表达消极意义"的特征,凸显了对事件的被动性，用于表达讽刺、幽默、否定和批判，反映了人们的社会文化心理。

第六节 本章小结

汉语新型"被+X"构式的出现是一种特殊的语言演变现象。对"被+X"构式的解读涉及复杂的语义认知，语境在"被+X"成功解读中起着重要作用。本章认为"被+X"构式的语义根据不同的语境可以有"遭受义"、"被强迫义"和"被主观认定义"三种理解，这三种语义都是通过对来自不同渠道语义信息的整合，是由"被"的语义特征和"X"所包含的有关信息经过概念合成和推理的结果。其整合机制有引申、转喻和联想推理，虽各不相同，但其内在机制是统一的，均表达一种受外力作用的强加义，其强制性是逐渐加强的。汉语新型"被+X"构式是对传统被字句的选择性继承与创新，其突出的创新点在于成功地将讽刺、幽默、否定和批判的态度和情感（修辞动因）压制于"被+X"结构形式中，产生了出人意料的修辞效果，从而成为"被时代"最为流行的构式之一。

附录 典型的"被+X"构式用例（不包括文中已经列举的）

（一）"被+X"中的"X"是NP

（1）英语作文考火锅难住考研大军 考生称"被火锅"（新华网辽宁频道，20100112）

（2）"问题富豪"被"潜规则"了？（《中国青年报》，20100111）

（3）无乐不作的时代 被生活是杯具的（太平洋电脑网，20100111）

（4）买二手手机当心被"山寨" 专业人士教您识别（洛阳网，20100110）

（5）车祸伤者"被死亡"卫生局长雷人解释：因颠簸而复活（人民网，20100113）

（6）旅客"被高速"的说法"是片面的"（新民网，20091227）

（7）"被高铁" 谁挟持了民众（《金融界》，20091227）

（8）被时代"变脸"，群众受惠（东北新闻网，20100112）

（9）白领新时尚，她们"被裸婚"（伊秀女性网，20100120）

（10）"被时代"来临明天你会被买车吗（襄阳城，20100113）

（11）本来想做件好事，却被女孩堤防了一路，不幸"被流氓"、"被坏蛋"了。（四川电视台，20100113）

（12）普通住宅"被豪宅" 改善兴购房成本增加知多少？（百度和讯全财经网，20100114）

（13）火箭有颗硕大的心脏 布鲁克斯唯恐被核心（华龙网，20100114）

（14）《大有前途》：说时迟，那时快，我们被山寨了（新浪，20100101）

（15）前夫伪造结婚证抵押房子 女子离婚后"被结婚"（新华报业网，20100120）

（16）被租借还是被"山寨"？礼服的岁末烦恼（《华商报》，20081204）

（17）你被"阿凡达"了吗？（华龙网，20100113）

（18）无房、无车、无钻戒 新年新时尚 她们"被裸婚"（《新闻晚报》，20100109）

（19）"被8.5折"损害国人读书热情（新华报业网，20100114）

（20）刚"被高薪"又"被统计"？（奥一网，20100111）

（21）到货两块主板被秒杀 技嘉H55龙城热销（PCHOME，20100111）

（22）应警惕曹操墓"被经济"而"没文化"（辽一网，20100115）

（23）刚30岁，我就"被恋爱"了（中网资讯中心，20100115）

（24）80后夫妻是怎么被丁克的？（华商网，20100115）

（25）四川内江"被死亡"疑云，何来"依法行政"？（南方报网，20100113）

（26）被圣母的倪萍（新浪，20100205）

（27）余诗曼做小三 还有多少艺人曾"被小三"（华龙网，20100205）

（28）虎年"动物凶猛"历数2009年娱乐圈"被"新闻（四川电视台，20100204）

（29）丁延平：2010，"被低碳"时代已经来临！（搜房网，20100204）

（30）张家界景点乾坤柱窜进"被时代"隐藏巨大不自信（新华网，20100201）

（31）"被网瘾"的玩家"揭竿而起"（新浪，20100201）

（二）"被+X"中的"X"是VP

（1）山东大学生为就业"被考研"应届生仍是主力军（齐鲁网，20100112）

（2）音响灯光早9点：李宇春自曝曾因音响差"被假唱"（慧聪网，20091215）

（3）朱丹两千万"被转会"杜果 浙江卫视"没听说"（四川在线，20100112）

（4）国足"被出线"下课声一片 高洪波帅位岌岌可危（搜狐，20100113）

（5）刘义杰：大学生做好事"被赔偿"是道德的败诉（奥一网，2010011）

（6）报名人数创新高，有多少"被考研"？（浙江在线，20100111）

（7）越来越欣赏赵薇 被怀孕5个月？（华龙网，20100114）

（8）信用卡用户"被保险" 曝银保分成利润深层利益（中国金融网，20100114）

（9）英杂志大篇幅爆料 朱莉皮特再次"被分手"（图）（新浪，20100115）

（10）叶问"被恋爱" 叶准"不介意"（金羊网-羊城晚报，20100114）

（11）充分了解民意 市民才不会"被代表"（中国新闻网，20100114）

（12）高房价的中国"被消失"的中产（凤凰网，20100113）

（13）关之琳"被代言"羽绒服向雅鹿索赔200万（千龙，20100113）

第四章 汉语新型"被+X"构式的语义认知

（14）陈培德揭足坛黑幕：我死了肯定是<u>被自杀</u>（黑龙江新闻网，20100101）

（15）揭秘江青身后样板戏：编导们"<u>被导演</u>"的命运（人民网海南视窗，20100113）

（16）A股"<u>被暴跌</u>" 幕后推手不是"谜"（华声国际传媒网，20100101）

（17）医科生就业难 过半"<u>被考研</u>"（新浪，20100112）

（18）涂料下午茶："<u>被营销</u>"的砒霜门（慧聪网，20100112）

（19）上汽行权失败 中兴"<u>被布局</u>"（金融界，20100112）

（20）办理银行卡遭遇"<u>被捐款</u>"（百度和讯全财经网，20100112）

（21）历史上的官员"<u>被自杀</u>"（凤凰网，20100112）

（22）老师通过"家校通"布置作业 家长"<u>被自愿</u>"交费（中国新闻网，20100111）

（23）足球有风险入行需谨慎 教练球员随时"<u>被失业</u>"（搜狐，20100112）

（24）沪80后白领奔三 唯恐过年发"红包"、"<u>被催婚</u>"（东方网，20100112）

（25）五虎行情差申花"<u>被转会</u>" 吉祥打包价不过200万（华体网，20100105）

（26）市民买车损险"<u>被涨价</u>" 业内人士称肯定有不合理（百度和讯全财经网，20100116）

（27）你"<u>被当爸</u>"了吗？（南国早报网，20100111）

（28）互联网让都市报遭遇"<u>被命题</u>"（搜狐，20100112）

（29）网民经常"<u>被发言</u>" 谁在操控网络舆论？（中关村在线，20100112）

（30）杜绝在银行"<u>被保险</u>" 需要行业加强文化建设（《金融界》，20100111）

（31）白领害怕"<u>被相亲</u>" 春节想"租"自己（经网，20100201）

（32）经过一段喧嚷，"少林寺<u>被上市</u>"的消息终于告一段落了（新浪，

20100112）

（33）拔枪门后阿里纳斯微薄被删号 喋喋不休终遭人厌？（新浪，2010111）

（34）5所省示范高中学生"被补课"（QQ，20100114）

（35）一周调查：你的房子被涨价了吗？（亿房网，20100111）

（36）企业老总"被贷款" 向农信社讨说法（四川新闻网，20100115）

（37）陈亦明怒对"被失踪"谣言 开两盘口邀李承鹏PK（南方报网，20100115）

（38）年底盘点：你的杀毒软件"被认证"了吗？（中国电子政务资讯网，20100111）

（39）高洪波合同成尚方宝剑 中越战后不会"被下课"（新民网，20100115）

（40）HR伴侣：当你需求的只是"被需求"时（博锐管理在线，20100111）

（41）赵忠祥"被违法"（新民网，20091227）

（42）"江湖"传闻害人 彩民"被中奖"抱怨手机停电（新民网，20100205）

（43）金饰清洗谨防被"瘦身"（新华网天津频道，20100205）

（44）阿勒泰市：307户平房将被"美容"（天山网，20100205）

（45）媒体评说：中国车企产销目标的"被增长"（襄阳城，20100205）

（46）当"被请不到假"成为流行语（金融界，20100205）

（47）广州日报："被捐款"事件不能退钱了之（《广州日报》，20091029）

（48）北京男篮主帅"被下课" 队史首位外教变身顾问（搜狐，20100205）

（49）郝蕾《永不瞑目》"被下课" 只因台长不喜欢？（上海热线，20100205）

（50）医改攻坚时刻缘何"被差钱"（北国网，20100204）

（51）高洪波半年前"被开博" 特别声明澄清与己无关（搜狐，20100204）

（52）房价高涨，中国中产"被消失"（浙江在线，20100204）

（53）春节临近 节前购车小心"被减配"（广西新闻网，20100204）

（54）抽奖时差5小时 顾客疑遭"被捧场"（金江网，20100201）

（55）多省市提高最低工资标准：多点"调工资"少点"被拉高"（人民网，20100131）

（56）龙湖逼近房企第一方阵 吴亚军挑战"被升级"（新华网，20100112）

（57）擅断居民用电 供电收费员被待岗（中国交通广播网，20100120）

（58）被欠薪 四川两男子在南昌跳八一大桥（组图）（大江网，20100120）

（59）陈一舟："被评价"的艺德与"被投票"的口碑（和讯网，20100120）

（60）电影《阿凡达》来了 液晶电视真的会被OUT了吗？（千龙，20100115）

（61）分类信息网"被洗牌" 263上演"被收购"（比特网，20100120）

（62）百年前"被投资" 海地为什么会这么穷？（人民网天津视窗，20100120）

（63）七犀鸟：宋楚瑜和林义雄为何"被复出"？（南方报网，20100120）

（64）作家阎延文："谷歌门"，中国作家"被维权"？（中国网，20100112）

（65）铁矿石"被涨价"引谈判窘境（金融界，20100120）

（66）"被失踪"者愤然下战书 李承鹏：愿设两局（百灵网，20100120）

（67）三年前 开公司"被买书" 三年后"斧头帮"来讨债（新浪，20100114）

（68）互联网让都市报遭遇"被命题"（搜狐，20100112）

（69）十三亿人凭啥"被代表"？（东方网，20100116）

（70）下载网站页面陷阱多 今天你"被下载"了吗（北方网，20100116）

（71）"被满意"实乃"被强奸"（东北新闻网，20091215）

（72）万元真皮沙发成功被"秒杀" 楼主将办领奖仪式（广西新闻网，

20100115）

（73）英杂志大篇幅曝料　朱莉皮特再次"被分手"（图）（新浪，20100115）

（74）肖鹰：张艺谋"谋钱不谋艺"　观众习惯"被愚乐"（中国新闻网，20091215）

（75）一高校学生申请转学又反悔　先被降级后被退学（云南信息港，20100113）

（76）还有多少"被服务"没露馅？（北方新闻网，20100113）

（77）黄奕一口咬定"被结婚"　不惧熊黛林：我比较有性格（中国新闻网，20100114）

（78）被办卡欠千元话费　疑为联通南昌分公司业务员所为（九江新闻网，20100114）

（79）武汉塑料否认"被借壳"传闻（中国财经信息网，20091215）

（80）潍坊员工辞职反挨打"被欠债"　打人老板已被拘（齐鲁网，20100114）

（81）株洲数百家网吧业主"被自愿"安装监控系统（赛迪网，20100113）

（82）医德啥时"被复活"？医责啥时"被加强"？医疗的公益性啥时"被回归"？（东方网，20100111）

（83）如此听证会，广大消费者的民声民意"被代表"了，法定的听证程序被弄虚作假取代了，不合理的涨价也就这样"被合法"了。（中国新闻网，20091215）

（三）"被+X"中的"X"是AP

（1）2011年食盐专营将完全放开　28家盐企"被担心"（第一食品网，20100111）

（2）孩子"被贫富"，人为制造的不平等。（天山网，20100113）

（3）考古专家：曹操墓"被真假""被商业"了（中国新闻网，20100111）

（4）标题：哥不要被寂寞！（红豆网，20091231）

（5）围着车转的四类人 2009年生活"被忙碌"（QQ，20100114）

（6）深圳"被时尚"的城市有话说（南方报业网，20100120）

（7）市民健身有去处 健身中心"被寂寞"（中安在线，20100205）

（8）要让人说真话而不是被满意（京华网，20091215）

（9）当别人在"被就业"、"被和谐"、"被小康"逐渐消沉时候，他们却在主动寻找让自己的内心快乐起来的方法。（太平洋电脑网，20100111）

第五章 汉语新型"有一种X叫Y"构式的语义认知[①]

汉语"有一种X叫Y"构式在语言的演变过程中打破了原有的给事物命名或分类的用法,为适应社会的需要而逐渐拓展成为一种新型的修辞构式。本章在区分修辞构式和语法构式的基础上主要讨论新型"有一种X叫Y"构式的基本类型、语义特征、构式特点,并进一步探讨新型构式的整合机制及其与传统构式的承继关系。

第一节 引 言

1.1 问题的提出

近些年来,随着语言的不断发展,在报纸杂志及网络媒体上出现了一种新奇的语义搭配句式,如:"有一种职业叫妈妈"(新华网上海频道,20100723)。这种句式与传统的连谓式"有一种职业叫护士"句式在语义搭配上不同,我们将"有一种"之后的成分用"X"表示,"叫"之后的成分用"Y"表示,因其语义上具有明显的修辞性特征,并且仅从形式上无法直接推导其深层语义,我们将整个结构称为新型"有一种X叫Y"构式。例如:

(174)宋鸿兵:<u>有一种权力叫货币</u>(《中国日报》,20110326)

(175)李星文:<u>有一种"春运"叫"儿童看病"</u>(中国青年网,

[①] 本章简写稿论文以"'有一种X叫Y'构式的语义认知考察——从语法构式到修辞构式的接口探索"为名发表于《当代修辞学》2012年第2期。

20110215）

（176）有一种爱叫坚守——建始县农妇贴心照护瘫痪丈夫25年（中国新闻网，20110318）

（177）有一种劳教叫"制造恐怖气氛"（《中国青年报》，20100707）

（178）张宁海：有一种力量叫崇高（图）（《中国日报》，20110111）

（179）有一种失败叫胜利（北国网，20110502）

（180）有一种感情叫相约来世　义胆侠隐回眸大唐（网易，20110105）

（181）有一种民生叫"蓝天碧水青山"（中国共产党新闻网，20101022）

（182）有一种拆迁叫"尖刀说话"（中证网，20101215）

以上这些表面上"看来不合语法的句子，却是修辞利用超常特点加工的结果"（黄伯荣、廖序东，2002），我们认为它们是一种新兴的修辞构式，在语义类型和语义关系上都发生了变化。我们的思考主要有以下三点：第一，新型"有一种X叫Y"构式有哪些语义类型？有何语义特点？第二，新型"有一种X叫Y"具有怎样的构式意义？"X"与"Y"之间有何语义关系？第三，新型"有一种X叫Y"构式的意义成因是什么？本文力求在充分观察描写的基础上，着重对以上三个问题进行初步的解答。

1.2　语法构式与修辞构式

为了深入地考察新兴的"有一种X叫Y"构式，我们将尝试在构式中区分语法构式与修辞构式。

根据构式语法理论（Goldberg，1995），我们把语言中相对固定的形式与意义的配对体称为构式。刘大为（2010）将构式分为语法构式和修辞构式，认为语法构式指的是任何一种可从构成成分推导其构式义的构式，以及虽有不可推导的构式义，但已经完全语法化了的构式；修辞构式指的是所有带有不可推导性的构式，只要这种不可推导性还没有完全在构式中语法化。

"有一种X叫Y"这一固定的形式整体表达指称或属种关系意义，因而它是一种构式。根据X与Y之间的语义关系,我们发现"有一种X叫Y"构式有两种类型:一种是传统的,即"有一种X叫Y"语法构式,他们表达的是语言中最基本的关系,也就是说,如果从"有一种X叫Y"构式成分"Y"与"X"的语义之间能推导出指称关系或同一语义框架中的属种关系意义,这一构式就是传统的语法构式,比如"有一种职业叫护士"就可以推导出"护士是一种职业","护士"和"职业"的语义关联度强,属种概念处于同一语义框架之中;另一种是新兴的,即"有一种X叫Y"修辞构式,如例(174)-(182),我们无法从例句中推导出"Y是一种X",并且从其形式或构成成分上我们无法推断出其深层含义,这一类型的修辞构式是满足了语言表达中较为具体、较为特殊或者只有在一定表达情境中才为人们所关注的功能要求。它们的语义关系远比其语法构式的语义关系更加丰富、更加复杂。

本文尝试将汉语中新型"有一种X叫Y"构式作为修辞构式进行研究,那么传统的"有一种X叫Y"构式则为语法构式。

1.3 语料来源

本章的语料来自人民网报刊检索资料库及互联网,我们从《中国日报》、《中国青年报》、《北京晨报》、《新京报》、《生活新报》等报纸杂志和互联网中提取了所有含"有一种…叫…"字串的例句,根据"X"与"Y"之间的语义关系(我们把X和Y语义之间的同指关系或同一语义框架中的属种关系视为正常搭配关系,将其排除)人工筛选出新型"有一种X叫Y"构式319条。

第二节 "有一种X叫Y"构式的结构类型

我们根据X和Y成分的性质,将搜集到的319条"有一种X叫Y"构式进行分类,主要有:

第一种:"有一种NP_1叫NP_2",即X和Y均由名词性成分构成,例如:

(183)<u>有一种温暖叫针织衫</u>(新华网,20110112)

（184）奔彩云之南　有一种激情叫"版纳"（网易，20110131）

（185）有一种毒药叫成功（图）（网易，20101215）

（186）派出所收赞助费，有一种权力寻租叫"感情投资"（南方报网，20110111）

（187）有一种突击检查叫"与当地共同研究"（新华网，20110406）

例（183）、（184）中X为抽象的名词性成分NP_1，Y为具体的名词性成分NP_2。例（185）、（186）、（187）中X为具体的名词性成分NP_1，Y为抽象的名词性成分NP_2，其中例（186）、（187）中X为偏正型NP_1，例（186）中的Y成分由主谓型NP_2构成，例（187）中的Y成分由介宾型NP_2构成。

第二种："有一种NP叫AP"，即X由名词性成分构成，Y由形容词性成分构成，例如：

（188）有一种信念叫坚强——再读《老人与海》（《中国职工教育》，2011第4期）

（189）有一种目光叫纯净——盘点2010全球的孩子们（《中国日报》，20101224）

（190）《山楂树之恋》：有一种力量叫平淡（华龙网，20100920）

（191）有一种设计叫安静（《北京晨报》，20110512）

例（188）-（191）中X为名词性成分NP，Y为形容词性成分AP。

第三种："有一种NP叫VP"，即X由名词性成分构成，Y由动词性成分构成，例如：

（192）又是一年记者节　有一种责任叫担当（大众网，20101108）

（193）有一种幸福叫分享（《北京青年报》，20100819）

（194）有一种眼神叫渴望：辍学儿童生活纪实（河北新闻网，20101104）

（195）有一种治疗叫触及痛处（文新传媒，20110424）

（196）有一种抄袭叫打错字（新华报业网，20100917）

上例中的X均由名词性成分构成,Y则由动词及动词性成分构成,其中例(195)、(196)为动宾结构的短语。

我们将"有一种X叫Y"构式的基本类型统计如下:

表5-2-1

种类	类型	例句	占所搜集语料比例（319条）
第一种	有一种NP$_1$叫NP$_2$	有一种态度叫细节（北方新闻网,20100915）	30%
第二种	有一种NP叫AP	有一种感动,叫乐观（《中国日报》,2010127）	24.1%
第三种	有一种NP叫VP	有一种爱叫等待（三农在线,20110328）	45.9%

第三节 "有一种X叫Y"构式的语义特征

通过对319条例句的考察,我们发现,"有一种X叫Y"构式在语言的演变过程中打破了传统"有一种X叫Y"原有的给事物命名或分类的用法,为适应社会的需要逐渐拓展成为一种新型的修辞构式。其特点如下:

3.1 新型"有一种X叫Y"构式中X与Y的性质不同,表达更为抽象

在形式上,Y不是给X命名或分类;在语义上,Y与X的语义辖域不同,语义范畴不同,二者不能构成指称关系。例如:

(197)蓝颖:有一种足球叫信仰（新民网,20100622）

(198)有一种智慧叫欢乐（搜狐,20110527）

（199）有一种父爱叫牵挂（网易，20110617）

（200）图文：有一种畅销叫"生活方式"（网易，20110120）

（201）有一种病毒叫中甲（足球报社·劲球网，20100726）

（202）有一种幸福叫刷数据（现在网，20110828）

（203）西安晚报：有一种垄断福利叫"别墅"（《中国日报》，20101221）

以上例句中"足球"与"信仰"、"智慧"与"欢乐"、"父爱"与"牵挂"、"畅销"与"生活方式"、"病毒"与"中甲"、"幸福"与"刷数据"、"垄断福利"与"别墅"的语义辖域不同，语义范畴也不同。其中充当X的成分不只是表具体事物的名词（足球、病毒），还有表抽象的词或短语（智慧、父爱、畅销、幸福、垄断福利），而充当Y的成分则更为复杂多样，名词、动词、形容词及由三大词类构成的短语均有，如上述例句中的Y有：信仰（抽象名词）、欢乐（形容词）、牵挂（心理动词）、生活方式（定中短语）、刷数据（动宾短语）。例句中Y不是X的名称，Y也不可能等于X，从表征形式上看，X与Y之间构不成等同指称关系，从语义上看，X与Y不属于同一语义范畴，性质不同，但以上这些词语进入"有一种X叫Y"构式后，便具有了相似性或相关性的关系：例（197）表明有一种踢"足球"的方式与"信仰"有关；例（198）表明有一种"智慧"与"欢乐"相关；例（199）表明有一种特殊的"父爱"充满了"牵挂"；例（200）表明有一种"生活方式"与"畅销"有关；例（201）表明"中甲"与"病毒"有关；例（202）表明某种"幸福"与"刷数据"有关；例（203）表明某种"别墅"与"垄断福利"有关。很显然，"有一种X叫Y"构式是将Y与X进行了超常搭配，是把性质不同的X和Y整合在一起，使它们具有了相似或相近的关系。

3.2 新型"有一种X叫Y"构式表主观认定的某种客体的存在

"有一种"是构式中的常项，"一种"是属概念范畴的标识符，"有"已成为表存在或出现的弱化动词，具有引领新信息的功能，并与新信息加合成为

既存信息,来充当信息表达结构中的话题①,例如:

(204)有一种提案叫"执着"(《中国日报》,20110313)
(205)梁江涛:有一种毒药叫"拒绝平庸"(搜狐,20110608)
(206)有一种浪费叫善良(网易,20110114)

例(204)中"提案"是属概念范畴,内蕴若干种概念范畴。"执着"本身不属于"提案"的一种,但很多委员执着旧案重提,使得"这种提案"带上了委员们"执着(旧案重提)"的一种特性。此例句将这种事件的特性压制进这一构式中,凸显"提案"的新特性;例(205)"毒药"的概念中本没有"拒绝平庸"的种类,但言者为了表达"不符合人的发展规律以及教育规律的'拒绝平庸'的思想像'毒药'一样有害"的一种道理,将这种事理压制进这一构式,言简意赅,引领新信息;例(206)中"浪费"的属概念中并不包含"善良"这一种类,但言者为了表达对"因孩子心中那朵盛开的善良之花而做的浪费"的赞美,巧妙地运用"有一种X叫Y"构式,把"浪费(动词、名词)"和"善良(形容词)"这两个不同性质的词整合在一起,引领话题,凸显新信息,并显示了属概念的包容性特征。可见,以上例句中的"有一种"引领的是新信息、新话题。因而,"有一种X叫Y"修辞构式表主观认定的某种客体的存在,具有引出话题的功能。

3.3 新型构式中"叫"的深层含义

新型"有一种X叫Y"构式中"叫"也是构式中的常项,其含义不再表示客观的"是",而是属于精神价值和心理感觉的衡量判断,带有主观任意性,Y与X也不再具有绝对真值。例如:

(207)有一种涨价叫"满足身份需求"(《中国日报》,20101214)

---

① 吉益民(2011)认为流行话语模"有一种X叫Y"构式中的"有"发生了非范畴化转移,"有"具有引领新信息的功能,并与新信息加合成为既存信息,表客观存在或主观认定的某种客体,来充当信息表达结构中的话题。

（208）有一种商业忽悠叫"消费者喜欢"（人民网，20110513）
（209）有一种豪华采购叫"为老干部服务"（中国经济网，20101229）

例（207）的"满足身份需求（动宾短语）"并不是"涨价"的名称，而是"涨价"的原因之一，带有主观性，可理解为"有一种'涨价'声称是为了'满足身份需求'"；例（208）的"消费者喜欢（主谓短语）"也并不是"商业忽悠"的名称，其真正含义为"有一种'商业忽悠'声称是因为'消费者喜欢'"；例（209）的真正含义为"有一种'豪华采购'声称是'为老干部服务（介词短语）'"。可见例句中的动词"叫"不再表示客观的"是"，而是表示主观的"声称"，这种"声称"并不具有绝对真值。以上例句中的X与Y无论形式表征还是语义内涵均不等值，客观上无法用"叫"字直接进行连接，言者用"有一种X叫Y"构式将二者联系起来，可见是其主观上将不同性质的X与Y整合成相似或相近的关系。

3.4 新型构式的语义具有抽象概括性，内涵丰富

从我们考察的319条例句看，"有一种X叫Y"构式均为文章标题，其相关文本都有一个共性，即通过对不同人物和事件的叙述报道阐明一个事理，或揭示一个真相，而文本标题正是对这些事理或真相的精辟概括。例如：

（210）携手金婚　真情永恒——有一种爱叫永远（燕赵都市网，20110803）
（211）风雪中，有一种风景叫感动（新华报业网，20110120）

例（210）是一幅组图的标题，是对一群金婚老人携手永远的抽象概括。例（211）也是对一系列令人感动的事件的抽象概括。"感动"与"风景"本不属于同一属种概念范畴，由于"路旁红衣女冒险救黑衣女，热心市民劝回跳桥轻生女，车友会捐烘干机给福利院烘尿布；保畅通交警冒风雪推车"等一系列风景令人感动，言者运用这一构式作为文本标题，是对"风雪中令人感动的风景"的抽象概括。同样还有与"感动"有关的文章标题，也显示出

抽象概括性，比如：

（212）<u>有一种温暖叫作感动</u>（《中学生》，2010第36期）

（213）<u>有一种责任叫感动</u>（和讯网，20110117）

（214）<u>有一种力量叫感动</u>（网易，20101128）

（215）时代商报：<u>有一种爱叫感动</u>（北国网，20101128）

（216）<u>有一种感动叫奉献</u>（北纬网，201103018）

（217）<u>有一种感动叫敬仰</u>（中国广播网，20110402）

以上构式中的"温暖、责任、力量、爱、奉献、敬仰"都是从具体事例中抽象概括出来的，其语义远远大于词语的表面意义。由于言者对于事件的认识不同，观察的角度不同，因而对某事某物或某种感觉的抽象概括就多种多样。又比如在我们搜集的资料中关于"美丽"的标题：

（218）<u>有一种美丽叫宽容</u>（《小学时代》2011第3期）

（219）<u>有一种美丽叫坚持</u>（网易，20101220）

（220）<u>有一种美丽叫等待</u>（网易，20110508）

（221）<u>有一种美丽叫拼搏</u>（九江新闻网，20101021）

（222）<u>有一种美丽叫坚守</u>（人民网，20110126）

（223）<u>有一种美丽叫执着</u>（《江苏法制报》，20100513）

（224）达贝妮：<u>有一种美丽叫创业</u>（中工网，20110120）

（225）<u>有一种美丽叫虎斑——直击2010年北约老虎会</u>（新华网，20101112）

以上构式把"美丽"与若干个词整合在一起，除了"虎斑"是具体名词与"美丽"密切程度高一些之外，"宽容、坚持、等待、拼搏、坚守、创业、执着"与"美丽"的密切程度都较低，而标题作者用这一构式将它们联系起来，可见其强烈的主观抽象性。

由此我们发现，新型"有一种X叫Y"构式已由表具体、实在语义的句子

第五章 汉语新型"有一种X叫Y"构式的语义认知

扩展为表抽象概括意义的句子,从而造成了听者和读者理解上的曲径通幽,人们必须通过对语境的认知激活才能深入理解其深层含义。

为了说明新型"有一种X叫Y"构式的特点,我们将其与传统"有一种X叫Y"语法构式对比(见表5-3-1)如下:

表5-3-1

有一种X叫Y	示例	Y与X的性质	Y与X的语义范畴	认知条件	认知方式	认知语义	句法特点
A.语法构式	有一种流感叫甲型H_1N_1	同一	同一范畴	真值	概念组合	Y=X	客观具体
B.修辞构式	有一种流感叫"用工荒"	不同	不同范畴	非真值	概念整合	Y+(语境)≈X	主观抽象

从上表中可以看出,A构式中X和Y属于同一性质、同一语义范畴,客观地满足了人们的基本语义表达,即具体地指称或命名某一客观事物,因此A构式"有一种X叫Y"是语法构式;B构式中X与Y具有不同的性质,属于不同语义范畴,人们为了满足表达特殊的语义修辞效果的需要而将其整合,主观抽象地概括出X与Y在特定的语境中的相似性或相关性,从而构建为修辞构式。

综上所述,新型"有一种X叫Y"构式已演变为不具有真值条件的带有强烈主观性的修辞性认知表达结构,这一构式中的X和Y有不同性质的关系,Y不是X的名称,Y也不可能等于X,二者也不是同一语义框架下的属种关系,但这一构式却在特定语境中,经过概念的整合使得Y与X具有相似性或相关性的特征,其构式语义已远远超出其构成成分的简单加合。因此,新型"有一种X叫Y"构式的核心语义是"把不同性质的关系整合成相似相近的关系",这一构式在表达过程中最终所具有的意义是构式意义与词语意义相互作用的结果。

第四节 "有一种X叫Y"构式的认知基础和整合机制

4.1 "有一种X叫Y"构式的认知基础

我们从与"有一种X叫Y"语法构式的比较分析中看出,新型构式的语义要远远大于传统结构,其认知基础是概念整合。例如:

(226) <u>有一种女孩叫淡定自若</u>:WAI LIN TSE 私摄影(图)(凤凰网,20110316)

(227) 雅思备考心得:<u>有一种经历叫"烤鸭"</u>(新东方在线,20110325)

单靠语言知识,我们无法理解以上例句,其语义也远远超出原"有一种X叫Y"语法构式所含的语义,我们必须结合语境信息并经过心智整合才能深入体会言者的实际意图。例(226)结合摄影图我们看到了"表情淡定自若的女孩",例(227)结合前文我们得知"雅思备考的经历就像烤鸭一样备受煎熬"。可见,新型"有一种X叫Y"构式的意义就是利用话语存在体和存在体之间的关系通过结构框架表征出来的,是超字面的心智概念意义在体验指导下的整合。概念整合的要旨就是"整体大于部分之和",由整合产生的整体意义就是"新创意义"(又称"浮现意义")。新型"有一种X叫Y"构式基本上都不是字面意义的简单相加,而是把我们认知上的两个或多个事件整合在一个线性的语符系列中,由整合呈现出一种新的新创意义。其语义关系是靠X概念与Y概念之间的相关性及相似性,经过人们心智空间的整合而构建的,目的是阐明一个事理,或揭示一个真相,或概括一个事件。

概念整合的本质是关系的整合,由于"有一种X叫Y"修辞构式的核心语义是"把不同性质的关系整合成相似相近的关系",那么不同性质

第五章 汉语新型"有一种X叫Y"构式的语义认知

的"X"与"Y"之间究竟有哪些关系？这种相似相近的关系是如何整合的？

4.2 "有一种X叫Y"修辞构式的整合机制

根据对319条例句的分析，我们从X与Y之间的语义关系考察得知，新型"有一种X叫Y"构式经过人们的心智空间的整合有以下新创关系义。

4.2.1 修饰关系义

新型"有一种X叫Y"构式中的X和Y之间有修饰关系义的整合，这种修饰关系占所收集语料的29.9%，Y用来修饰说明X的状态、范围、程度等属性特点，X与Y的关系可用"Y的X"表示。例如：

（228）爱尔兰皇家科学院院士孙大文：<u>有一种人生叫奋斗</u>（《中国日报》，20110601）

（229）袁隆平当"首富"，<u>有一种财富叫心灵</u>（《信息日报》，20100430）

（230）<u>有一种感情叫相濡以沫</u>（网易，20110117）

（231）<u>有一种死亡叫优雅</u>：送走落日 迎来星辰（《金融界》，20110228）

（232）初中优秀叙事作文欣赏：<u>有一种回忆叫青春</u>（中国教育在线，20111013）

例（228）可理解为：孙大文的"人生"具有"奋斗"的特点，此句整合并凸显的是孙大文人生的特征，即"奋斗的人生"；例（229）可理解为：袁隆平的"财富"与"心灵"相关，此句整合并凸显的是袁隆平"心灵的财富"；例（230）可理解为某种"感情"具有"相濡以沫"的特点，是"相濡以沫的感情"；例（231）可理解为某种"死亡"具有"优雅"的特性，是"优雅的死亡"；例（232）可理解为"青春的回忆"。

其整合机制如图5-4-1所示：

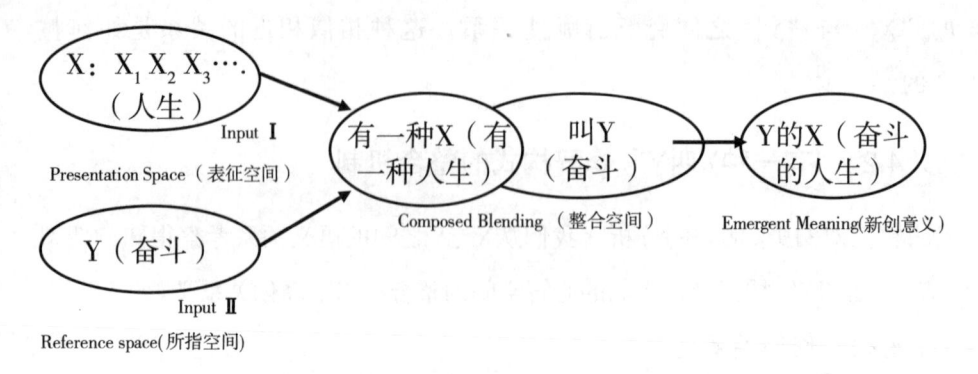

```
    X: X₁ X₂ X₃···
      （人生）
       Input I              有一种X（有        叫Y           Y的X（奋斗
  Presentation Space（表征空间）  一种人生）      （奋斗）         的人生）

       Y（奋斗）
                           Composed Blending（整合空间）   Emergent Meaning(新创意义)
       Input II
  Reference space(所指空间)
```

图5-4-1

以上例句是将X与Y的相关特性连在一起，经过整合产生新创意义。上述修饰关系义的整合是一种截搭型整合（详见沈家煊，2006），是截取部分特征的整合，是一种转喻。

4.2.2 因果关系义

因果关系是概念整合不可缺少的关系之一，新型"有一种X叫Y"构式中X和Y之间有因果关系义的整合，这种因果关系占所收集语料的18.1%，有如下两种情况。

4.2.2.1 前果后因

在"有一种X叫Y"修辞构式中，X指结果，Y指原因，二者的关系可理解成"因Y而X"。如：

（233）三一泵送绵阳维修中心：<u>有一种幸福叫认同</u>（中国工程机械商贸网，20110317）

（234）<u>有一种痛苦叫开会</u>　有事开会没事"创造"出事来开会（《中国日报》，20110225）

（235）<u>有一种合作叫共赢</u>：合作社发展与"农超对接"座谈会纪实（《中华合作时报》，20110102）

（236）<u>有一种坚强，叫心存阳光</u>（网易，20110120）

例（233）可理解为"因认同而感到幸福"；例（234）可理解为"因开会

而痛苦";例（235）可理解为"因共赢而合作";例（236）可理解为"因心存阳光而坚强"。

从认知角度看，以上例句是将X与Y的因果关系连在一起，原因和结果是两个心理空间，一个空间是动宾结构带来的原因空间（认同、开会、共赢、心存阳光），另一个空间是表达心理感受的结果空间（幸福、痛苦、合作、坚强），原因空间和结果空间连通的纽带是相关性，其不可缺少的关系是由事件造成的感觉的变化。（其整合机制见图5-4-2）

4.2.2.2 前因后果

在"有一种X叫Y"修辞构式中，X指原因，Y指结果，二者的关系可理解成"因X而Y"。例如：

（237）有一种爱叫唠叨（搜狐，201105010）

（238）医疗中心，有一种忙碌叫"幸运"（《文汇报》，20110512）

（239）有一种感动叫泪流满面 郑大世的世界杯记忆（国际在线，20100701）

（240）图文－全国媒体聚焦王宝泉辞职 有一种无奈叫放弃（新民网，20100903）

（241）有一种"替群众着想"叫收30年房租（辽一网，20110601）

例（237）可理解为"因为爱而唠叨";例（238）可理解为"因忙碌而感到（地震后存活的）幸运";例（239）可理解为"因感动而泪流满面";例（240）可理解为"因无奈而放弃";例（241）可理解为"因替群众着想而收30年房租"。

以上例句同样是由两个心理空间整合而成，一个是表达感受的原因空间X（爱、忙碌、感动、无奈、替群众着想），另一个是表达一个事件的结果空间Y（唠叨、幸运、泪流满面、放弃、收30年房租），原因空间和结果空间连通的纽带是事件的相关性，其不可缺少的关系是由感受而产生的行为的变化。

以上两类因果关系的整合机制如图5-4-2所示：

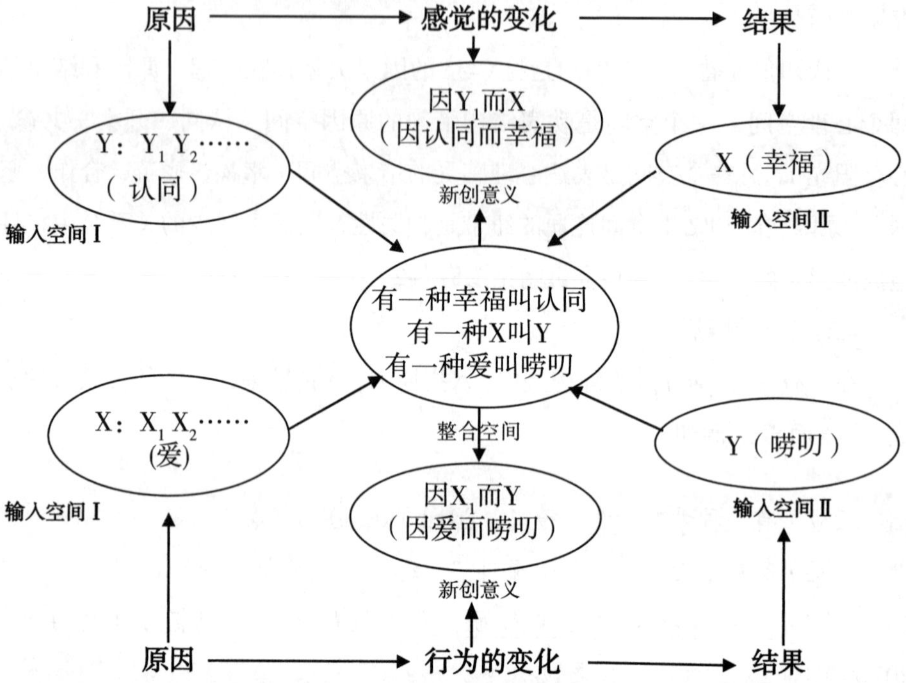

图5-4-2

以上例句是抽取X与Y的部分特性连在一起，经过整合产生新创意义。上述因果关系的整合是一种糅合型整合（详见沈家煊，2006）。

4.2.3 辩证关系义

新型"有一种X叫Y"构式中X和Y之间还有辩证关系义的整合，这种辩证关系占所收集语料的2.1%，其中X和Y是互相矛盾或互相排斥的概念，表层语义是相反相对的，但在具体语境中可理解为"Y是另一种X"。

（242）心情故事：有一种珍惜，叫放弃（766游戏网，20110706）

（243）有一种伟大叫平凡——由电影《张思德》所想到的（《华北民兵》2011第2期）

（244）有一种"关爱"叫"伤害"（《江西教育科研》2005第7期）

（245）有一种自卑叫自信（《中等职业教育》2002第8期）

第五章 汉语新型"有一种X叫Y"构式的语义认知

例（242）可理解为"放弃是另一种珍惜"；例（243）可理解为"平凡是另一种伟大"；例（244）可理解为"伤害是另一种关爱"；例（245）可理解为"自信是另一种自卑"。以上例句中的"放弃"和"珍惜"、"平凡"与"伟大"、"伤害"与"关爱"、"自卑"与"自信"是两幅相对照的画面，构建了两个空间：一个是心智空间"X"，另一个是表征空间"Y"。这是两个输入空间的相关性（某种程度和意义上相关）的整合。人们通过两个空间建构的认知模型获得了对某事物的观点、态度、认识和方法，得到了"Y是另一种X"的新创意义。"X"与"Y"形式上的悖反，语义上的矛盾，折射出潜层次中的辩证理据，富含哲理，发人深思。

其整合机制如下图5-4-3所示：

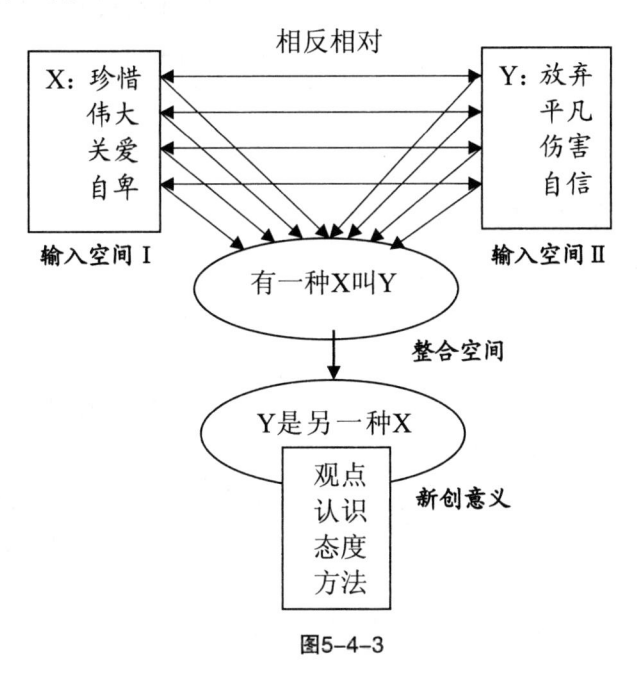

图5-4-3

以上例句是抽取X与Y的部分特性连在一起，经过整合产生新创意义。上述辩证关系的整合也是一种糅合型整合。

4.2.4 方式结果关系义

新型"有一种X叫Y"构式中还有X和Y之间的方式结果关系义的整合，这种方式结果关系占所收集语料的9.9%，其中"Y"是表象，"X"是结果、实质，二者关系可理解为"Y的实质是X"。

（246）人民日报：<u>有一种冷漠叫"矿难后的自我表扬"</u>（中国青年网，20101210）

（247）<u>有一种霸气叫"摁着人头喝水"</u>（凤凰网，20110302）

（248）<u>有一种国有资产流失叫免费提供开水？</u>（新华报业网，201103025）

（249）<u>有一种腐败叫"假装业务不精"</u>（深圳之窗，201001227）

例（246）可理解为"'矿难后自我表扬'的实质是冷漠"；例（247）可理解为"'摁着人头喝水'的实质是霸气"；例（248）可理解为"'免费提供开水'的实质是'国有资产流失'"；例（249）可理解为"'假装业务不精'的实质是'腐败'"。

从认知心理来看，人们常常是透过表象看到实质，新型"有一种X叫Y"构式的运用恰恰揭示了事件背后的真相。

其整合机制如下图5-4-4所示：

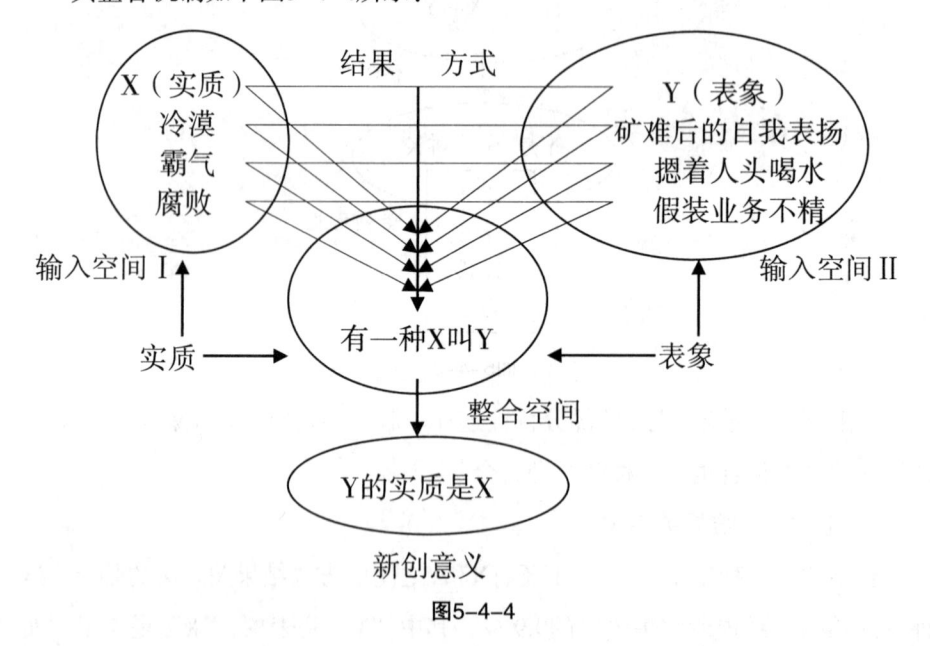

图5-4-4

第五章　汉语新型"有一种X叫Y"构式的语义认知

上述例句有两个输入空间，一个是Y即表征输入空间，一个是X即心智输入空间，两个输入空间通过方式结果关系连接，是一种截搭型整合。

4.2.5　比喻关系义

新型"有一种X叫Y"构式中X和Y之间还有比喻关系义的整合，这种比喻关系占所收集语料的7.5%，这是基于X与Y概念的相似性，X是喻体，Y是本体，把Y这种现象比喻成X，二者的关系可理解成"Y像X一样"。例如：

（250）在曲靖，有一种阳光叫生活！（新浪，20110626）

（251）iPad 2全球发售：有一种传染病叫苹果（华商网，20110328）

（252）有一种毒，叫世界杯（华龙网，20100603）

（253）云南寻梦　有一种戒不掉的毒品叫丽江（图）（青岛新闻网，20101130）

根据认知心理，在日常生活中，人们往往参照自己熟悉的、具体的、有形的事物概念去认识、思考陌生的、抽象的、无形的事物概念。隐喻的本体与喻体是一个认知域向另一个认知域的映射，两者属于不同范畴，本体和喻体之间存在着相似性的特征。例（250）人们对"阳光"的感觉已有深刻的认识，于是将"生活"的温暖舒适比喻成像"阳光"一样，引起联想，"阳光"和"生活"是喻体和本体的关系，由此可知"曲靖生活"之温暖舒适。例（251）依据人们对"传染病"的认知，将"苹果"牌电脑的流行比喻成"传染病"的流行。例（252）依据人们对"毒"会"上瘾"的认识，将观看"世界杯"能使人上瘾的特点比喻成像"毒"一样，揭示的是人们彻夜观看世界杯欲罢不能的心理。例（253）依据人们对"云南丽江"之美的认识，将"想去丽江寻梦"的愿望比喻成是"一种戒不掉的毒品"。

其整合机制如图5-4-5所示：

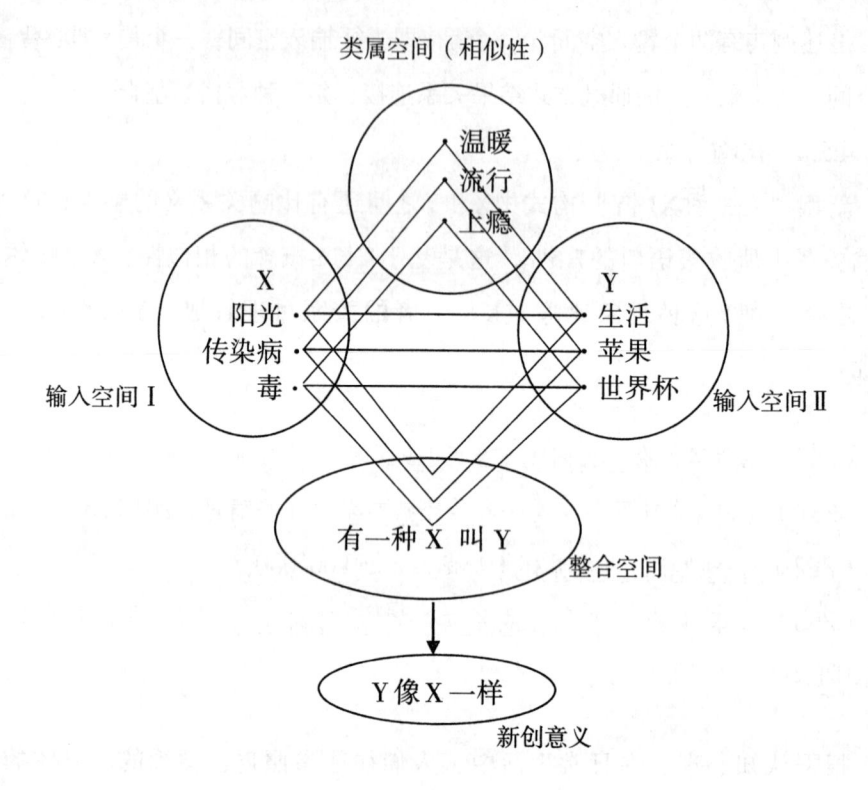

```
                     类属空间（相似性）

                          温暖
                          流行
                          上瘾

              X                    Y
           阳光·                 生活
           传染病·               苹果
  输入空间Ⅰ   毒·                 世界杯   输入空间Ⅱ


                    有一种X叫Y
                                 整合空间


                    Y像X一样
                          新创意义
```

图5-4-5

以上例句的共有空间是相似性，"阳光"和"生活"、"传染病"和"苹果"、"毒"和"世界杯"分别是不同的空间，在对两个不同的空间里的概念进行糅合整合时，产生了新创意义。

总之，新型"有一种X叫Y"构式表达的无论是何种关系，其构式的核心义均为"把不同性质的关系整合成相似相近的关系"。概念相关性和相似性是概念整合不可缺少的关系角色，人们用相关性和相似性去认识世界，在人类思维层面上，相关性和相似性是心智域和心智空间最重要的体验基础之一，相关性和相似性可以把与概念相关的文化基因、感情态度、重量的、体积的、程度的特征连通起来。

第五章 汉语新型"有一种X叫Y"构式的语义认知

第五节 "有一种X叫Y"构式的承继性与创新性

5.1 传统"有一种X叫Y"语法构式的基本特点

传统"有一种X叫Y"构式原本是"有"字连动句或兼语句中的一类[①]，由前后两项组成，前项为"有一种X"，后项为"叫Y"，该构式的常规用法有两种。

用法一：给事物命名。用Y给X命名，"叫"的含义为"名称是"，即Y是X的称呼，它们之间是同指关系。如：

（254）万晓阳：<u>有一种现象叫"临时美"</u>（凤凰网，20110414）
（255）<u>有一种葡萄叫"赛美容"</u>（《华尔街日报》，20110601）
（256）<u>有一种水果叫黄皮</u> 海南开胃凉菜（华声国际传媒网，20110705）

例（254）"临时美"指称的是"一种现象"；例（255）"赛美容"是指"一种葡萄"的名称；例（256）"黄皮"是"一种水果"的名称。

用法二：分类用法，用Y给X分类，"Y"是"X"的下位类型，它们之间是同一语义框架中的属种关系。如：

（257）<u>有一种锻炼方式叫健身气功</u>（图）（搜狐，20110619）
（258）<u>有一种问责叫"褒奖式问责"</u>（凤凰网，20101028）

例（257）"锻炼方式"有很多种，"健身气功"只是其中一种类型，二者是同一语义框架下的属种关系；例（258）"褒奖式问责"也是"问责方式"的一种下位类型，二者也是同一语义框架下的属种关系。

用法二可以看作是用法一的引申常规用法，其中X为表实在事物的名词性成分，Y为具有呼名特点的名词性成分，动词"叫"表示"名称是"、"是"等

[①] 吕叔湘《现代汉语八百词》中认为"有+名"可"用作连动句前一部分"或"兼语句的前一部分"。

含义,这是传统"有一种X叫Y"构式的基本语义结构,X与Y之间的语义关联度强,其语义关系是等同指称关系,是客观的、真值的。

5.2 形式上的承继与创新

通过考察我们发现,新型"有一种X叫Y"修辞构式是承继传统"有一种X叫Y"语法构式而来。首先,在形式上,新型构式依然承继了"有一种……叫……"的形式结构,其种属关系依然存在,创新点在于新型构式在形式上扩大了X和Y的功用,由表实在、具体的名词扩展为表抽象的名词、动词、形容词及短语。

新型修辞构式中的"X"由传统语法构式中表具体事物的名词性成分拓展为既表具体又表抽象的名词性成分,新型修辞构式中的"Y"也将传统语法构式中的名词性成分拓展为可以用名词、动词、形容词、介词及其短语来表达的成分。我们将其变化形式表达如下:

语法构式 —演变→ 修辞构式
X表具体事物名词 —拓展为→ 具体、抽象兼有的名词性短语
Y由具有呼名特点的名词 —拓展为→ 由名词、动词、形容词、介词等构成的各类短语

总之,新型"有一种X叫Y"构式中的X和Y的成分不再局限于具体名词,进入新型修辞构式中的X和Y成分更加自由,可以是名词、动词、形容词及由三大类词语构成的短语或成语。

5.3 意义上的承继与创新

形式和意义的对应关系在具有承继关系的构式之间同样存在。具有承继关系的构式在形式和意义两方面都存在关联,形式的微小变动必然带来意义的增加或减少。这是新型构式存在的理据性。如图5-5-1所示:

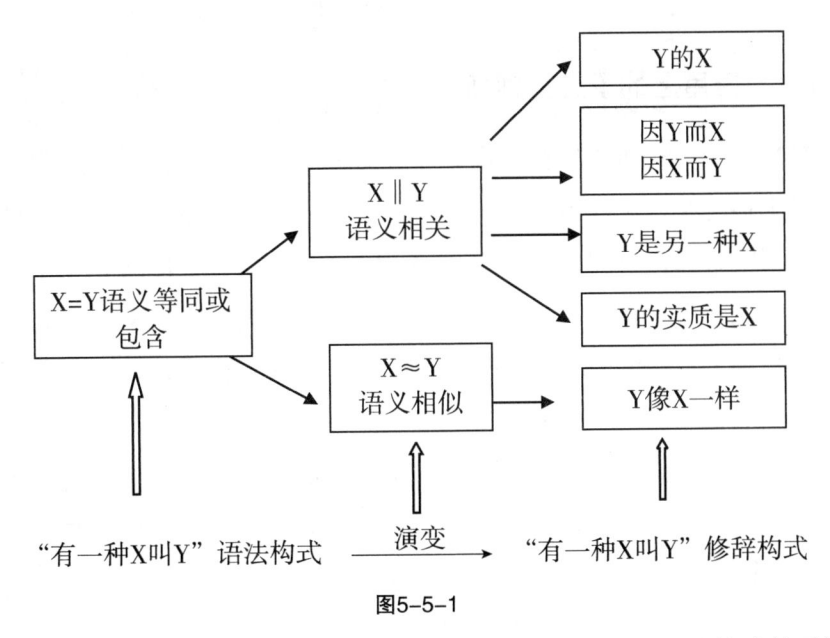

第五章 汉语新型"有一种X叫Y"构式的语义认知

```
                          ┌──────────┐
                     ┌───→│  Y的X    │
                     │    └──────────┘
                     │    ┌──────────┐
         ┌────────┐  │    │ 因Y而X   │
         │ X ‖ Y  │──┼───→│ 因X而Y   │
     ┌──→│语义相关│  │    └──────────┘
     │   └────────┘  │    ┌──────────┐
┌────────┐           ├───→│Y是另一种X│
│X=Y语义 │           │    └──────────┘
│等同或  │           │    ┌──────────┐
│包含    │           └───→│Y的实质是X│
└────────┘                └──────────┘
     │   ┌────────┐       ┌──────────┐
     └──→│ X≈Y   │──────→│ Y像X一样 │
         │语义相似│        └──────────┘
         └────────┘
             ↑                ↑
             │                │
   "有一种X叫Y"语法构式  演变  "有一种X叫Y"修辞构式
```

图5-5-1

新型"有一种X叫Y"修辞构式对传统"有一种X叫Y"语法构式的承继性在形式和意义两方面都有关联,由"有一种……叫……"这种形式所产生的属种关系意义依然存在。其变化主要是X和Y之间语义关系的变化,由于形式上的X和Y由具体名词被抽象名词、动词和动词短语及形容词和形容词短语所代替,相应地其意义也发生了变化。这种变化是由X和Y之间的语义关系变化导致的,如图5-5-1所示。

传统"有一种X叫Y"语法构式把两事物用"X叫Y"的形式联系起来,由于"叫"具有"是"的含义,因此,实际上是把两事物建立了"X是Y"语义联系。当"X"不可能等于"Y","Y"不能代替"X"时,"X是Y"只能是"X似Y"或"X与Y相关",于是X与Y的概念在"有一种X叫Y"结构框架中被整合,使得新型"有一种X叫Y"修辞构式在本不相干的事物之间建立相等、相似或相关的联系。概念整合后的形式是创新的,它们在字面上往往看不出实际意义,因而需要人们经过心智空间的整合来理解其新创意义。

5.4 语用上的承继与创新

新型"有一种X叫Y"修辞构式的语义比传统"有一种X叫Y"语法构式的语义更加复杂，更加丰富。从"有一种X叫Y"语法构式到"有一种X叫Y"修辞构式的转化体现了言者丰富的想象力，也给听者提供了丰富的想象空间，首先让听者觉得意外，经过推理又觉得合情合理。这一过程扩大了"有一种X叫Y"的语用功能，使人们获得了一种审美享受，具体表现在以下四个方面。

5.4.1 实现了从语法构式到修辞构式演变

"有一种X叫Y"从语法构式演变为修辞构式，其演变基础在于二者有不同的认知基础和使用方式。

5.4.1.1 语法构式"有一种X叫Y"的认知基础和使用方式

认知语言学把语言看作是一种认知活动，是以认知为出发点，"是基于人们对世界的经验和对世界进行感知和概念化的方法来研究语言的学科"（赵艳芳，2000）。语言的意义并不单纯地局限于语言本身的内容，而是来源于人对客观世界的能动的认知过程，以及使用者自身对客观世界的理解，因此语义内容不仅广泛，而且灵活多变，是动态的，含有"百科信息"。从认知角度看，"有一种X叫Y"从语法构式演变成修辞构式具有特定认知心理基础。

语法构式"有一种X叫Y"的认知基础在于：人们的百科知识中Y一定是X的类属成员，或者Y作为X的类属成员是很容易接受的事实。在使用方式上，语法构式是通过人们熟知的X，引出其中人们不熟知的特例Y做话题，以便用关于X的知识来理解Y，并以此为基础在进一步的表述中提供对Y的新信息。

5.4.1.2 修辞构式"有一种X叫Y"的认知基础和使用方式

人们在运用"有一种X叫Y"修辞构式时，实际上伴随着以下认知心理过程：

首先，"有一种X"唤起人们的期待，但囿于固有的观念，期待中不可能有Y，所以当Y一旦出现时，这一违背常识的表述会激发人们的好奇心和新

第五章 汉语新型"有一种 X 叫 Y"构式的语义认知

鲜感。

其次,在构式中X被设定为上位范畴,按照认知的惯例,人们必定会用关于上位范畴的知识去解释范畴中的成员。现在Y归属的范畴变化了,用来解释的知识不同了,最终达到的目的就是对Y产生了新的理解,而这种理解是与当下人们社会观念的变化一致的。或者说当下人们的社会观念的变化导致了对Y的新理解,从而产生了归入X的必要。导致构式中X与Y之间的语义关系的变化和整个构式使用方式的改变,结果便是修辞构式的形成。比如:

(259)<u>有一种忐忑叫身份证重号</u>(合肥在线,20110108)
(260)冷暖社会:<u>有一种暴力叫围观</u>[真实组图](河北新闻网,20101027)

上例的"身份证重号"显然不是"忐忑"的类属成员,"围观"也不是"暴力"的类属成员,但在实际运用中可以看出,例(259)是修辞构式强行将"身份证重号"归入"一种忐忑",通过这一语义上无法成立的归类引起人们的注意和兴趣,从而得出"身份证重号会使人忐忑不安"的识解。例(260)也是构式强行将"围观"归入"一种暴力",通过这一语义上无法成立的归类引起人们的注意和兴趣,从而得出"围观会形成一种暴力"的识解。

因此,修辞构式"有一种X叫Y"的认知基础在于X和Y都为人们所熟知,但在人们的百科知识中Y显然不是X的类属成员。在使用方式上修辞构式强行将Y归入X,通过这一语义上无法成立的归类引起人们的注意和兴趣,并在X对Y的解释中达到重新认识Y的目的。

5.4.2 实现了从熟悉到陌生的认知目标和表达功能

从认知角度看,这种语言现象的生成具有特定认知心理基础。"有一种X叫Y"原本是现代汉语中给事物命名的一个常见格式,而新型"有一种X叫Y"修辞构式依凭既成语言结构框架形式整合新的认知表达语义关系,新旧比照,超常规搭配,熟悉中的陌生化,既能调动已有经验参与理解,又因陌生化而激发新的思考,从而实现由熟悉到陌生的认知目标和表达功能。"有一种X叫Y"修辞构式中新的组合方式总会让人感觉到与习惯表达的差异,正是这种差异抓住人们的眼球,使得新兴组合所承载的信息通过与习惯表达的对比凸显出来,从而更有效地被接受。这一构式用人们熟悉的表层结构表达深层的语义关系,由"已知"引出"未知",符合读者阅读时的心理特征,能够满足读者逐步探求事实真相的心理期待。因此新型"有一种X叫Y"修辞构式的表达传播力度更强。

5.4.3 拓展了褒扬性和嘲讽性的语用功能

新型"有一种X叫Y"修辞构式在演化过程中也拓展出新的语用功能,这一构式不仅具有褒扬性语用功能特征(吉益民,2011),而且还拓展了嘲讽性语用功能特征。如:

(261)<u>有一种美丽叫守护</u>:用身躯守护山村孩子成长(中国教育新闻网,20110910)

(262)<u>有一种信念叫坚守</u>——记扎根山区22年的新中镇农办主任(青年导报网,20110831)

(263)保安员自学考入大学 人生<u>有一种美叫自强不息</u>(搜狐,20110825)

从例(261)-(263)中我们借助上下文语境可以看出这一构式具有褒扬性语义功能特征,表达的往往是人物的一种精神境界或道德情操。

(264)中国网:<u>有一种婚姻叫"非房勿扰"!</u>(中国青年网,20101217)
(265)<u>有一种卖地财政叫"旧城改造"</u>(东北新闻网,2010920)
(266)<u>有一种暗访叫提前通知</u>(新浪,20100624)
(267)<u>有一种"垄断智慧"叫"保底用水"</u>(中国经济网,20110302)

从例(264)-(267)中我们可以看出这一构式具有嘲讽性语义功能特征,表达的是对事实真相或事件本质的揭露。在宽松自由的网络空间里,这类直指事件本质而又颇具嘲讽性的语义功能特征的例句不胜枚举。

5.4.4 更加适应标题语境，适应网络交际模式

传统"有一种X叫Y"构式的常规用法一般不用做标题，新型构式却大量用做标题。从我们所考察的语料来看，新型构式用做标题的频率远远高于传统构式用做标题的频率。标题的特点是新颖、独特，采用新型"有一种X叫Y"构式，能够形成修饰、辩证、因果、结果方式、比喻等语义结构，其或对比或比喻或修饰或揭示本质的强烈的烘托效应能够吸引读者并促使读者继续阅读，达到了标题作为文眼的作用。而且新型"有一种X叫Y"修辞构式的主观性比传统构式强。主观随意性越大，具有的想象空间也就越大，带给人们的意外也就越多，从而引起人们注意的概率也就越高，因此，作为标题也就最合适。一个X可以有许多Y，一个Y也可以有许多X。同一个X，不同的观察者会选择不同的角度，用新型"有一种X叫Y"修辞构式表达，可以达到"横看成岭侧成峰，远近高低各不同"的独特新颖效果。正是因为新型"有一种X叫Y"修辞构式的新颖独特的信息凸显功能，这种构式才得以经常出现在文章的标题或者帖子的主题上，出现在更为宽松和自由的网络语境里，而且大有蔓延的趋势。

第六节 本章小结

"有一种X叫Y"构式在语言的演变过程中打破了原有的给事物命名或分类的用法，为适应社会的需要而逐渐拓展成为一种新型修辞构式。新型"有一种X叫Y"修辞构式的核心语义是"为了强调凸显X的某种特性，主观认定Y与X存有相关性或相似性"，其语义关系是靠X概念与Y概念之间的相关性及相似性经过人们心智空间的整合而构建的，并产生了修饰、因果、辩证、方式结果、比喻等新创关系义。新型"有一种X叫Y"修辞构式是承继传统"有一种X叫Y"语法构式而来，在语言运用中扩大了语法的功用，实现了从语法构式到修辞构式的演变，实现了从熟悉到陌生的认知目标和表达功能且更适应标题语境和网络语境，这类新型构式丰富和发展了汉语的造句方式与表达手

段，反映了不断变化的大众认知图景与认知心理。

附录　典型的"有一种X叫Y"构式用例（不包括文中已经列举的）

（一）有一种NP_1叫NP_2

（1）有一种不屈叫青川（《中国日报》，20110429）

（2）有一种国家形象叫"滇池卫士"（《中国日报》，20110209）

（3）有一种力量叫道德　有一种尺度叫文明（嘉兴在线，20100920）

（4）大董：有一种品尝叫意境（今报网，20101011）

（5）有一种生活，叫无线城市（《中国日报》，20110517）

（6）有一种光芒，叫魅力——四川2010年年度魅力人物（四川新闻网，20101231）

（7）有一种回报叫孝心（网易，20100510）

（8）有一种落实叫细化（天山网，20100602）

（9）有一种"力量"叫榜样（网易，20110106）

（10）有一种精神叫NBA（《华人世界》丁庆龙，2011/02）

（11）有一种陷阱叫权力（红网，20110509）

（12）有一种脉搏叫母爱（《短篇小说（原创版）》谢志宏2011/04）

（13）有一种习惯叫"车德"（邯郸新闻网，20110513）

（14）有一种使命叫责任（求是理论网，20110428）

（15）有一种"炒作"叫"策划"（光明网，20110427）

（16）［大视野］荷兰风车村：有一种风景叫童话（焦点房地产，20110414）

（17）金步松　风景油画　有一种风景叫生活（博宝网，20110523）

（18）水磨羌城　有一种特色叫民俗（东北网，20110418）

（19）有一种激情叫极限单车（诸暨网，20110414）

（20）有一种生活叫庄园　温莎庄园谱写英伦极致人生（焦点房地产，

第五章 汉语新型"有一种X叫Y"构式的语义认知

20110407）

（21）评论：有一种腐败叫"小圈子"（搜狐20110330）

（22）有一种才华叫天分　你永远都学不会（图）（杭州网，20101218）

（23）[保利中央公馆]有一种生活，叫古典（亿房网，20110506）

（24）有一种浪漫叫法国（同小鱼讲故事）（网易，20110429）

（25）明星告诉我们：有一种幸福叫"孩子"/组图（济南新闻网，20110429）

（26）有一种足球，叫意大利——欧冠决战场面细节分析报告（中工网，20110325）

（27）王亮：有一种不屈叫昂曲（中国广播网，20100815）

（28）有一种蓝叫葡萄牙　行走在瓷砖描摹的世界（华声国际传媒网，20110321）

（29）有一种感动叫真情——记重庆市北碚供电局偏岩所所长王远德（重庆新闻网，20100518）

（30）有一种人生叫悲剧（足球报社·劲球网，20110609）

（31）有一种美叫专业（图读湛江，20100820）

（32）有一种幸福叫单身（《新民晚报》，20100915）

（33）有一种生活叫森林湖（搜房网，20100909）

（34）中国红歌会：有一种精神信仰叫红歌（今视网，20100612）

（35）有一种魔法叫微笑（QQ，20100427）

（36）有一种信念叫祖国（网易，20100617）

（37）有一种宿命叫怪圈（合肥在线，20110324）

（38）有一种"病毒"叫徕卡（新浪，20110314）

（39）评论：有一种素质叫时尚（北方网，20100426）

（40）新闻故事：有一种爱叫责任（中国石油新闻中心，20110127）

（41）有一种动力叫责任（凤凰网，20110406）

（42）有一种心灵叫责任，有一种美德叫信任（中新网兵团新闻频道，20100527）

（43）有一种方式叫韩乔生（半岛网，20100624）

（44）有一种素质叫人文（中原网，20100426）

（45）有一种娱乐叫麦当劳（网易，20110302）

（46）待业青年：有一种尊严叫梦想（凤凰网，20101227）

（47）聚焦广州亚残运会：盲人门球 有一种加油叫无声（人民网天津视窗，20101214）

（48）百花：有一种心态叫乡土（网易，20101228）

（49）有一种现实叫"工资白领"（凤凰网，20110107）

（50）济南趵突泉：有一种感觉叫江南（新浪，20101207）

（51）有一种实力叫文化——空军5719工厂倾力打造企业文化软实力（新华网，20100728）

（52）有一种坚持叫志愿（凤凰网，20101121）

（53）有一种沉思叫力量 男子硬地滚球冠军郑远森侧记（搜狐，20101219）

（54）有一种乌托邦叫农家乐（新民网，20101122）

（55）《醉逍遥》有一种传说叫上古大陆（腾讯网，20101103）

（56）亚残运会开幕现场写真：有一种感动叫大爱（图）（搜狐，20101213）

（57）有一种境界叫责任（新浪，20100621）

（58）有一种告别叫新生（《贵阳日报》，20100618）

（59）杨耕身：有一种病毒叫"李刚"（凤凰网，20101025）

（60）有一种生活叫别墅（新浪地产网，20101111）

（61）有一种困难叫考验 有一种力量叫意志（《昆明日报》，20100726）

（62）王湛：有一种节日，叫世界杯（齐鲁网，20100607）

（63）专访全国人大常委会委员徐显明：有一种追求叫正义（和讯，20110309）

（64）奔千里古城 有一种沧桑叫"西安"（网易，20110131）

（65）奔向大海 有一种明媚叫"三亚"（网易，20110131）

（66）画家吴奇峰：有一种爱叫乡情（新浪，20100919）

第五章 汉语新型"有一种 X 叫 Y"构式的语义认知

（二）有一种NP叫AP

（1）有一种感动叫温暖（凤凰网，20110122）

（2）有一种回忆叫感动（网易，20110206）

（3）山东省阳谷县审计局有一种收获叫感动（中国审计网，20100622）

（4）有一种精神叫感动（搜狐，20110531）

（5）医疗中心，有一种忙碌叫"幸运"（《文汇报》，20110512）

（6）有一种爱叫狠心（凤凰网，20110516）

（7）有一种出局叫耻辱！（北国网，20110511）

（8）21世纪以来小说创作的思考：有一种"主义"叫优雅（《重庆晨报》，20110506）

（9）有一种生活叫精致　禾香板甲醛无忧居住更加安心（搜房网，20110523）

（10）有一种运动叫中庸　天语sx4/爱丽舍导购（和讯网，20110503）

（11）莫文蔚：有一种幸福叫自由（金羊网，20110504）

（12）有一种摄影叫清新　日系摄影风格赏析（腾讯网，20110525）

（13）有一种信念叫忠诚　两名普通党员的忠诚解读（网易，20110420）

（14）只有中国才能创造的奇迹：中国有一种撤退叫强悍（spn睿商在线，20110331）

（15）有一种教育表情叫焦虑（中国新闻网，20110217）

（16）时代商报：有一种爱叫感动（北国网，20101128）

（17）有一种文字叫纯净（京华网，20100917）

（18）有一种爱叫坚强　有一种爱叫守望（中国疾病预防控制中心，20100429）

（19）上海世纪出版：有一种孤独叫自我（山西出版传媒网，20110401）

（20）有一种摄影叫孤独（上海热线，20110406）

（21）有一种感动叫执着　20年后老将张山家门口再夺金（新浪，20101124）

（22）记山东临沂兰山区检察院副检察长：有一种美叫平凡（正义网，

20101013）

（23）周磊：有一种姿态叫"执着"（诸暨网，20110201）

（24）"泉城锁王"李永峰：有一种生活叫执着（中国山东网，20101222）

（25）有一种认同叫忠诚（新民网，20101229）

（26）王伟：有一种力量叫忠诚（新华网，20110216）

（27）有一种信仰叫忠诚（搜狐，20110608）

（28）有一种死亡叫优雅：送走落日 迎来星辰（《金融界》，20110228）

（29）有一种离婚叫美丽（中原网，20100428）

（30）《时光队伍》：有一种强悍叫洒脱（《中国日报》，20101218）

（31）有一种装修风格叫欧式 有一种生活向往叫奢华（图）（搜房网，20110623）

（32）有一种姿态叫干净（搜狐，20110303）

（33）有一种感觉叫"太平"（《江苏法制报》，20101222）

（34）无价人情被红牌罚进大西洋：有一种回忆叫感激（新民网，20100621）

（35）有一种风格叫低调的奢华（QQ，20100520）

（36）敬一言：有一种死而复活的医术叫颠簸（雅虎，20101229）

（37）记者评论：有一种"完美"叫"遗憾"（江门新闻网，20101219）

（38）果冻唇：有一种美叫无辜（新华网，20110726）

（39）有一种投资叫忍耐（财富赢家，20101129）

（40）"有一种千里之外的爱叫温暖"（图）（网易，20100513）

（41）京华时报：有一种死法叫悲壮（新民网，20100628）

（42）有一种幸福叫寻常（《中国质量报》，20100910）

（43）有一种装修叫别致（建设工程教育网，20110324）

（44）有一种忙碌叫快乐（网易，20101102）

（45）游遍《醉逍遥》有一种美景叫陶醉（QQ，20101014）

（46）莉顿·梅斯特：有一种锋芒叫"青春"（图）（中国服装网，20101118）

第五章 汉语新型"有一种X叫Y"构式的语义认知

（47）有一种路，叫心酸　网友发帖揭示四川最悲凉乡村公路（四川新闻网，20101117）

（48）威威迪士尼新品：有一种魅力叫精致（慧聪网，20100908）

（49）有一种心情叫无奈（图）（网易，20100620）

（50）有一种精神叫顽强（开封网，20100625）

（51）有一种失败叫无奈（新民网，20100909）

（52）有一种倒下叫丑陋（大江网，20100920）

（53）有一种艺术叫温暖（中安在线，20100917）

（54）杭网夜宴　有一种幸福叫简单（图）（杭州网，20100816）

（55）有一种爱叫平凡（搜狐，20110725）

（56）杨琪：有一种感动叫平凡和奉献（新广网，20100830）

（57）衬衫：有一种男人叫雅致（图）（中国食品科技网，20110808）

（58）赵永生访谈：有一种狂热叫着魔　有一种努力叫执着（中金在线，20110603）

（59）有一种"强拆"叫公平：广州强拆富人区违章别墅（广西新闻网，20100723）

（60）有一种时尚叫经典　简约北欧家具演绎潮流范儿（图）（搜房网，20100716）

（61）乌拉圭：有一种失败叫光荣（鲁中网，20100708）

（62）有一种记忆叫心痛（莱芜新闻网，20100705）

（63）段新星：有一种服从叫公正（中国网，20100629）

（64）有一种环保叫实际（凤凰网，20100629）

（65）悲情朝鲜令世界尊重　有一种感动叫纯粹（人民网，20100616）

（66）有一种责任叫崇高（人民网，20100608）

（三）有一种NP叫VP

（1）有一种爱叫放手——三种治班模式侧记（《中国教师》，2011/06）

（2）有一种教育叫等待（《广东教育（综合版）》，胡宏娟2011/03）

（3）陈英凤：有一种摊派叫"强制融资"（全景网，20101105）

137

（4）有一种解脱叫分手（《新民晚报》，20110112）

（5）有一种思念叫不联系（燕赵都市网，20100609）

（6）乡村旅游，有一种发展叫"起跳"（新民网，20110512）

（7）张彦坤：有一种诠释叫担当（抚顺新闻网，20110509）

（8）有一种心情叫感谢（图）（网易，20100708）

（9）新华时评：有一种奉献叫"援建"（新华网，20110509）

（10）堂吉伟德：有一种商业贿赂叫"援建"（新浪，20100810）

（11）维修文物，有一种艰难叫"复活"（文汇报新民网，20110512）

（12）重庆政务区 有一种革命叫唤醒（焦点房地产，20110505）

（13）有一种称颂叫"捧杀"（新民网，20110419）

（14）有一种爱叫奉献，有一段情叫牵挂——本溪东明社区（东北新闻网，20101029）

（15）短评：有一种精神叫奉献（洛阳新闻网，20110321）

（16）有一种勇敢叫复出（搜狐，20110524）

（17）有一种坚持叫怀念（人民网，20110325）

（18）有一种力量叫传承（《法治快报》，20100628）

（19）有一种经历叫成长——给力2011三网融合关键年（流媒体网，20110301）

（20）有一种感动叫敬佩（网易，20100510）

（21）有一种人情叫贿赂（《呼伦贝尔日报》，20110303）

（22）有一种幸福叫捐献（《贵州都市报》，20101011）

（23）有一种深情叫感恩（网易，20100523）

（24）有一种官僚叫"暂停服务"（21CN，20100611）

（25）开车提防碰瓷族：有一种暴力叫讹人（凤凰网，20101015）

（26）虐贼录：有一种暴力叫示众（凤凰网，20100930）

（27）有一种权威叫吃亏（求是理论网，20100519）

（28）颜家伟：有一种责任叫回报（怀化电视台网，20100907）

（29）有一种武功叫叛逆（《贵州都市报》，20100702）

（30）有一种爱，叫念念不忘（中国网，20100727）

（31）夏季出游指南：浪漫鼓浪屿　有一种幸福叫迷路（人民网天津视窗，20100527）

（32）人在职场：有一种爱好叫开会（图）（网易，20110113）

（33）有一种变态，叫投票（东北新闻网，20100430）

（34）有一种力量叫凝聚（嘉兴在线，20110315）

（35）有一种情感叫思念（合肥在线，20110401）

（36）有一种欲望叫求知（图读湛江，20100731）

（37）有一种力量叫颠覆（网易，20100913）

（38）自主品牌召回少之又少　有一种伤害叫理解（人民网，20101210）

（39）网友投稿：有一种成功叫坚持（中国教育在线，20110225）

（40）有一种感动叫坚持（中部崛起网，20100924）

（41）有一种力量叫坚持（新浪，20110214）

（42）"有一种爱叫坚持"——一位母亲与脑瘫患儿不离不弃的故事（六安新闻网，20110116）

（43）张小鹏：有一种精神叫坚持（《江南都市报》，20101125）

（44）有一种崇高叫"坚持"（《中华儿女报》，20101025）

（45）李宗苗：有一种变化叫坚持（焦点房地产，20101222）

（46）有一种品格叫坚持（《新民晚报》，20100829）

（47）有一种希望叫奋进（《三秦都市报》，20110106）

（48）有一种春运叫厮守（华商网，20110130）

（49）有一种责任叫担当（搜狐，20110605）

（50）兴牌男装：2011情人节有一种爱情叫守望（慧聪网，20110121）

（51）有一种封杀叫成全（新民网，20100509）

（52）山楂树之恋：有一种爱情叫成全（人民网广西视窗，20100930）

（53）有一种境界叫"忘我"（江苏法制报，20101012）

（54）华声在线：湖南卫视金芒果粉丝节：有一种幸福叫尊重（金鹰网，20110105）

(55)有一种生命叫燃烧——记惠来葵潭螃蟹村支书袁福林（新华网广东频道，20110530）

(56)孙胜：有一种情怀叫博爱（日照网，20110103）

(57)梁建峰：有一种追求叫奋斗（邢台新闻网，20101123）

(58)有一种时尚叫朗诵（文新传媒，20110103）

(59)有一种"调控"叫"放手"！（广佛都市网，20110102）

(60)有一种传承叫超越（网易，20101231）

(61)中国移动：有一种贬值叫撤退（人民网，20110113）

(62)寒冬里，有一种温暖叫关怀！（江门新闻网，20110111）

(63)有一种深情叫尊重（中工网，20100802）

(64)有一种待遇叫专享（网易，20110622）

(65)恶之花：有一种建设叫破坏（网易，20100515）

(66)有一种自信叫贫寒　有一种未来叫争取（QQ，20100816）

(67)有一种素养叫敬畏（人民网青岛视窗，20100731）

(68)有一种力量叫围观（网易，20101226）

(69)人民日报且行且思：有一种选择叫放弃（人民网，20101022）

(70)有一种投资策略叫放弃！（中金在线，20101126）

(71)矛盾面前　有一种爱叫让步（瑞丽女性网，20100505）

(72)有一种快乐叫放弃（锦州新闻网，20100702）

(73)有一种分红叫抢劫：建设银行为再融资而分红（中国财经信息网，20100511）

(74)世象品评：有一种高尚师德叫坚守（《哈尔滨日报》，20100907）

(75)有一种策略叫坚守（凤凰网，20101116）

(76)【音频】有一种责任叫坚守　有一种追求叫完美（黄山新闻网，20100504）

(77)有一种思想叫创新！有一种力量叫变革（泡泡网，20110113）

(78)有一种创新叫坚守（腾讯网，20101030）

(79)王万青：有一种伟大叫坚守（新华网，20110216）

第五章 汉语新型"有一种X叫Y"构式的语义认知

（80）<u>有一种快乐叫坚守</u>（中国新疆电视台，20101006）

（81）<u>有一种感动叫坚守</u>（九江新闻网，20100910）

（82）<u>有一种美好生活叫"嵌入"</u>（腾讯蓝房网，20101124）

（83）<u>有一种奉献叫坚守</u>——黄石首轮援藏工作（新浪地产网，20100712）

（84）<u>有一种思绪叫牵挂</u>（网易，20110206）

（85）<u>有一种情怀叫感恩</u>（《文汇报》，20101220）

（86）<u>有一种感情叫牵挂</u>（QQ，20100913）

第六章 汉语新型"V的不是A,是B"构式的语义认知[①]

汉语新型"V的不是A,是B"构式是一种特殊的融入了使用者的交际意图的修辞构式。本章讨论新型"V的不是A,是B"构式的结构类型、语义特点、构式义、构式整合的修辞动因及与传统构式的承继关系。

第一节 引 言

1.1 问题的提出

近年来,随着语言的不断发展,在报纸杂志及网络媒体上出现了一种新的结构形式,我们将其中的动词成分用V表示,"不是"之后的成分用"A"表示,"是"之后的成分用"B"表示,这样,整个结构就称为"V的不是A,是B"。[②]例如:

(268)温总理驾驶的不是拖拉机,是"民心"(商都网,20100617)

(269)患者吃的不是药,是利益输送的黑色链条(每日经济新闻,20100629)

(270)玫瑰绅城业主收房:收的不是房,是失望和愤怒(安徽广播网,20100701)

(271)女人逛的不是街,是爱情(中网资讯中心,20100617)

[①] 本章简写稿论文以"汉语新型'V的不是A,是B'构式整合的修辞动因"为名发表于《语言与翻译》2013年第4期。

[②] 部分"V的不是A,是B"语料中间无逗号,为使行文一致,作者将所有例句统一,均添加了逗号。

第六章 汉语新型"V的不是A,是B"构式的语义认知

(272)"撕证哥"怒撕证件 撕掉的不是证件,是前途(人民网海南视窗,20100724)

(273)他们踢的不是球,是"默契" 执子之"足"与子携手(网易,20100701)

(274)比利时卖的不是巧克力,是文化(新华网广安分频道,20100628)

(275)时评:堵的不是车,是观念(长兴新闻网,20100919)

从笔者搜集的语料来看,这一结构的运用已较为广泛,具有极强的能产性。它引起我们思考的主要问题有以下三点:第一,"V的不是A,是B"构式中各要素成分有何语义特征?各成分之间有何语义关系?第二,"V的不是A,是B"具有怎样的构式意义?第三,从表层看,"V的不是A,是B"构式是一种"否定-肯定"的并列关系,但从深层看,它却表达了一种深层肯定意义的递进关系。众所周知,人们交际总是遵循省力原则,表示递进关系的句式已存在,为什么人们还要运用先否定、再肯定,大费周章地用"V的不是A,是B"形式来表达这种意义?本文将力求在充分观察描写的基础上,着重对以上三个问题进行初步解答。

1.2 语料来源

本章的语料来自人民网报刊检索资料库及互联网,我们从《新京报》、《生活新报》、《中国日报》、《重庆晨报》等报纸杂志和互联网中提取了所有含"不是……是……"字串的例句,从中人工挑选出"V的不是A,是B"构式321例。

第二节 "V的不是A,是B"构式的结构类型

2.1 "V的不是A,是B"构式的基本类型

"V的不是A,是B"构式实际上是一种紧缩复句,也就是从"V的(得)不是A,V的(得)是B"紧缩而来。在修辞上我们认为"V的是B"中动词

"V"是拈连"V的不是A"中的"V"而来。我们也搜集到如下的例句,如:

(276)最新闻:房产哥网上晒的不是"房",晒的是嚣张(搜狐焦点网,20100513)

(277)曹操墓真假之争,争的不是地域,争的是利益(平安健康网,20100827)

(278)杭州:吃的不是"章鱼哥",吃的是流行(食品产业网,20100726)

由此可知,"V的不是A"是一个分句,"V的是B"是一个分句。由于其前后分句合在一起共同表达一个完整的意义,而且无法从其构成成分和成分间的结构关系直接推导出来,因而在句法上我们将"V的不是A,是B"结构看作是一个语义独立完整的构式。

首先,让我们来看一下"V的不是A,是B"构式的基本类型。我们将搜集到的321例"V的不是A,是B"构式进行分类,根据A和B成分的性质,主要有以下两种类型:

第一种:"V的不是NP_1,是AP"(即A为具体的名词性成分NP_1,B为形容词性成分AP)。例如:

(279)哥吃的不是鱼,是健壮 姐喝的不是汤,是美丽(中国网,20100624)

(280)开的不是会,是郁闷(新华网,20100628)

(281)吹的不是哨,是孤独(《新京报》,20090928)

(282)抢救的不是现场,是遗憾(《新京报》,20100225)

例(279)-(282)中的"鱼、汤、会、哨、现场"均是具体的名词性成分NP_1,"健壮、美丽、郁闷、孤独、遗憾"均为形容词性成分AP。

第二种:"V的不是NP_1,是NP_2"(即A是具体的名词性成分NP_1,B则是抽象的名词性成分NP_2),例如:

第六章 汉语新型"V 的不是 A，是 B"构式的语义认知

（283）惠特尼·休斯敦回归歌坛 她<u>唱的不是歌，是生活</u>（《重庆晨报》，20100724）

（284）黄震：佰草集<u>卖的不是产品，是中国文化</u>（搜狐上海，20100622）

（285）法国队<u>输的不是球，是代沟</u>（新浪，20100619）

（286）"我们<u>看的不是电影，是气氛和情调</u>"社区电影节火爆开场（网易，20100628）

例（283）－（286）中的"歌、产品、球、电影"均是具体的名词性成分 NP_1，"生活、文化、代沟、气氛和情调"均为抽象的名词性成分 NP_2。

2.2 "V的不是A，是B"结构的基本类型统计

表6-2-1

种类	类型	例句	占所搜集语料（329条）比例
第一种	V的不是NP_1，是AP	七夕夜，哥<u>放的不是孔明灯，是浪漫</u>	29%
第二种	V的不是NP_1，是NP_2	杭州宋城：<u>欣赏的不是风景，是文化</u>	71%

第三节 "V的不是A，是B"构式的语义特征

3.1 "不是"暗含［+深层肯定］的语义特征

通过对321例"V的不是A，是B"例句语义的考察，我们认为"V的不是A，是B"构式中的"不是"是假性否定，它表达的是一种深层肯定。"不是"的语义特征是用否定的形式表达深层肯定的含义。上文例（268）中并不是说

温总理没有驾驶拖拉机，实际上温总理驾驶的就是拖拉机，而且在新闻中还有图片附加说明，此句的深层含义是"温总理驾驶的不仅（只、光）是拖拉机，更是民心"；例（269）"哥掏的不是粪，是事业编制"并不是对哥掏粪的否定，哥实际上掏的就是粪，此句的深层含义是"哥掏的不仅（只、光）是粪，更是事业编制"；例（270）不是说玫瑰绅城业主没有收房，实际上玫瑰绅城业主就是在收房，此句的深层含义是"玫瑰绅城业主不只是收了房同时还收到了失望和愤怒"；例（271）-（275）都不是对"逛街"、"撕掉证件"、"踢球"、"卖巧克力"、"堵车"的否定，而是表达肯定的含义，这些例句的深层含义是"女人逛的不只（仅、光）是大街，更是爱情"；"哥撕掉的不只（仅、光）是证件，更是前途"；"他们踢的不只（仅、光）是球，而且还踢出了默契"；"比利时卖的不只（仅、光）是巧克力，更是文化"；"堵的是车，堵的更是（当今人们的社会）观念"。

因此"V的不是A，是B"构式中的否定词"不是"并不是对其后成分真正的否定，而是用否定的形式表达深层次的肯定，"不是"含 [+深层肯定] 的语义特征。

3.2 "V"的语义特征

从对所搜集语料的分析来看，"V的不是A，是B"中"V"的成分是动词，有些是单音节的，有些是双音节的。V+A能构成一个正常的动宾短语，而V+B则构成了一个超常搭配的动宾短语，比如例（279）—（286）均可看作是两个动宾结构加关联词"不是……是……"整合而成：

第一组	V+NP$_1$	V+AP		V的不是NP$_1$，是AP
	吃鱼	吃健壮	⟶	哥吃的不是鱼，是健壮
	喝汤	喝美丽	⟶	姐喝的不是汤，是美丽
	开会	开郁闷	⟶	开的不是会，是郁闷
	吹哨	吹孤独	⟶	吹的不是哨，是孤独
	抢救现场	抢救遗憾	⟶	抢救的不是现场，是遗憾

第六章　汉语新型"V的不是A，是B"构式的语义认知

第二组	V+NP$_1$	V+NP$_2$	⟶	V的不是NP$_1$，是NP$_2$
	唱歌	唱生活	⟶	她唱的不是歌，是生活
	卖产品	卖中国文化	⟶	卖的不是产品，是中国文化
	输球	输代沟	⟶	输的不是球，是代沟
	看电影	看气氛和情调	⟶	看的不是电影，是气氛和情调

以上例句中"吃、喝、开、吹、抢救、唱、倒、输、看"等动词的后面其实都跟着宾语，其中"V+NP$_1$"是结合得较紧的动宾结构，语义关系很紧密。"V+AP"和"V+NP$_2$"构成的是超常搭配的动宾结构，语义关系较松散。

我们可以看出动词"V"与"A"成分（名词NP$_1$）的组合原本就是一个动宾式的动词或固定短语，像"逛街、踢球、掏粪、追忆往事、吃鱼、喝汤、开会、吹哨、抢救现场、倒垃圾、唱歌、输球、看电影"等，语义关系十分紧密。而动词"V"与"B"成分（AP、NP$_1$）的组合，如"吃健壮、喝美丽、开郁闷、吹孤独、放浪漫、倒素质、唱生活、掉信心、卖文化、晒嚣张、输代沟、看气氛和情调"等，则是临时、松散的组合。以上动词与宾语的这种联系深深地制约着人们的言语理解过程。

我们把搜集整理到的321条"V的不是A，是B"例句进行了分析，根据"V"的特征，大致概括出"V"具有以下三类语义特征：

3.2.1　V具有［+展示义］

"V的不是A，是B"结构中的动词"V"具有［+展示义］，暗含前一分句的"V+A"展示的是一种现象，后一分句"V+B"展示的是一种对社会现象的主观认识、心理评价。例如：

（287）大超市菜价低过农批市场　<u>卖的不是菜，是人气</u>！（《中国日报》，20100810）

（288）《新闻晚报》：<u>亮的不是红牌，是潜规则</u>（南方网，20100623）

（289）<u>涨的不是物价，是民众的幸福门槛</u>（凤凰网，20101018）

（290）世博"护照"的暴利：<u>卖的不是商品，是服务</u>（和讯网，

20100628）

　　例（287）-（290）中前一分句展示的是"卖菜、亮红牌、涨物价、卖商品"等表层现象，后一分句展示的是对前一分句的主观认识和心理评价，例（287）展示的是对"大超市的人气很旺"的认识；例（288）展示的是"亮红牌"背后的"潜规则"；例（289）展示的是对"物价上涨"这一现象的认识，即"民众幸福门槛的上涨"；例（290）"卖商品"展示的是"卖世博护照者的服务态度"。可见动词"卖、亮、涨"在这一结构中引申为 [+展示义]。

　　"V的不是A，是B"结构中的动词"V"还展示了言说者对某种事物的主观感觉、情绪态度和精神状态。例如：

　　（291）<u>考的不是资格，是对生活的执着</u>（《重庆晨报》，20101015）

　　（292）组图：另类沼泽世界杯　<u>玩的不是泥巴，是疯狂</u>！（东北新闻网，20100702）

　　（293）世界杯演义之十一：<u>哥踢的不是足球，是精神</u>！（中国广播网，20100616）

　　（294）<u>哥偷的不是菜，是寂寞</u>　男子从虚拟菜园偷到现实菜园（红网，20100622）

　　例（291）-（294）中前一分句的动宾结构"考资格、玩泥巴、踢足球、偷菜"展示的是表层现象，后一分句展示的是言说者对前一分句的主观感觉、情绪态度和精神状态：例（291）展示的是"考资格者对生活的执着"态度；例（292）展示的是"世界杯球赛在沼泽中玩泥巴玩得疯狂的状态"；例（293）展示的是"踢足球时人的精神状态"；例（294）展示的是"哥生活得很寂寞"的感觉。可见动词"考、玩、踢、偷"在句中也含 [+展示义]。

3.2.2　V具有 [+获得义]

　　"V的不是A，是B"中的动词"V"具有 [+获得义]，表示动作行为

"V+A"实施后的目的或结果。例如:

(295)建的不是房子,是补偿(东方财富网,20101203)
(296)哥加的不是分数,是特权(网易,20100618)
(297)钓的不是鱼,是商机:一根鱼竿"钓"商机(四川在线,20100825)

例(295)"建房子"的目的或结果是"获得(建)补偿";例(296)"加分数"的结果是"获得(加)特权";例(297)"钓鱼"的目的或结果是"获得(钓)商机"。因此,动词"建、钓、加"在这一结构中引申为[+获得义]。

3.2.3 V具有[+失去义]

"V的不是A,是B"中的动词"V"还具有[+失去义],表示动作行为产生的结果。例如:

(298)伍兹离婚终结的不是一段婚姻,是"老虎"个人品牌(华商网,20100824)
(299)郑州八中强制女生剪短发 网友:剪的不是头发,是自由(环球网,20100828)
(300)时评:腾讯,你封杀的不是360,是人心(华商网,20101104)

例(298)"终结婚姻"产生的结果是"失去(终结)老虎个人品牌";例(299)"剪头发"产生的结果是"失去(剪去)自由";例(300)"封杀360"产生的结果是"失去(封杀)人心"。因而,例(298)–(300)中的动词"终结、剪、封杀"在这一结构中引申为[+失去义]。

3.3 A、B成分的性质特点及相互关系

从所搜集的例子中可以看出,"V的不是A,是B"构式中A、B所包含的成分各有特点:A成分都是表示具体事物的名词性成分,B成分有两种,一种是

形容词性成分AP，一种是抽象的名词性成分NP$_2$。形容词AP与具体名词NP$_1$属于不同范畴，抽象名词NP$_2$与具体名词NP$_1$虽同属于名词的范畴但不在同一层次。因而A和B不属于同一层次范畴。

根据前述例句我们观察到，"V的不是A，是B"结构中A成分属于名词的基本层次范畴（Rosch 1975，Lakoff 1987），如例（279）-（286）中的"鱼、汤、会、哨、现场、歌、产品、球、电影"，是最能有效地反映客观外界的生活中的基本词语，基本层次范畴具有经验感觉上的完整性、心理认识上的易辨性、地位等级上的优先性、行为反应上的一致性、语言交际上的常用性、相关线索的有效性、知识和思维的组织性（王寅，2005）。从人的认知心理来看，人们能够以基本层次为出发点，引发出与之相关的成员和概念。在其基础之上，可向上或向下不断扩展来形成上位范畴和下位范畴，也可以此为出发点，通过隐喻认知模型发展出其他具体或抽象范畴。B成分就是以基本层次A为基础通过不断扩展而形成的抽象范畴。例（279）-（282）中的B成分（AP）"健壮、美丽、郁闷、孤独、遗憾"等形容词表达的都是抽象的感觉或状态，用抽象的词语点明事物的属性。例（283）-（286）中的B成分（NP$_2$）"生活、文化、代沟、气氛和情调"等名词表达的也是抽象的概念，属于名词的次范畴。从A成分到B成分可以说是从物理层面到心理层面的扩展，所表达的概念越来越抽象、空灵，涉及的范畴越来越宽广。

为了更清楚地说明"V的不是A，是B"结构特点，试分析以下三个例句：

（301）市区星湖路一小学门口 绿化带上种的不是树，是菜（福建之窗，20101216）

（302）连云港市委书记王建华：我考虑最多的不是速度，是质量（新华报业网，20101210）

（303）甘肃籍男歌手金悦不是为同志自杀，而是寂寞（腾讯大楚网，20101212）

此三例均不是我们讨论的"V的不是A，是B"构式。因为首先例

第六章 汉语新型"V的不是A，是B"构式的语义认知

（301）—（303）中的否定词"不是"在语义上是真值否定，都是真正的否定前者而肯定后者。其二，例（301）、（302）中"树"和"菜"、"速度"和"质量"均是具体名词，A和B属于同一范畴同一层次。例（303）中A"为同志自杀"和B"寂寞"虽属于不同范畴不同层次，但却缺少了"V的不是A，是B"中的及物动词"V"。

综上可见，"V的不是A，是B"结构中的每一个成分都具有各自的语义特点，其中的"不是"是假性否定，实际上表达的是一种深层的肯定，V是不可缺少的及物动词，A和B都是宾语，"V+A"可以构成动宾短语，"V+B"则为超常搭配的动宾结构，A、B所包含的成分各有特点，A成分属于基本层次范畴，B成分实际是以基本层次A为基础通过不断扩展而形成的抽象范畴。"V的不是A，是B"结构有自己独立的形式、语义和功能，但它的形式、意义和用法不能从其组成成分或其他构式中推导出来。那么，作为一个意义独立完整的结构整体，"V的不是A，是B"结构究竟表达怎样的构式义呢？

第四节 "V的不是A，是B"的构式义及其整合的修辞动因

4.1 "V的不是A，是B"的构式义

4.1.1 "V的不是A，是B"构式的核心意义——递进义

人们在表达对某件事物、某个人的看法时常常会借助某种常见的语言形式，这种表达形式可能是超出语法规则的，但又是能被人们所接受的。其原因就是在交际过程中，人们不断地进行着整合和认知理解。在理解过程中那些被压缩进入脑海中的概念不断地激活人们的记忆图式，通过整合后生成新创结构及新创意义。"V的不是A，是B"构式的意义就是人们在交际过程中对事物从表层到深层、由现象及本质的认知图式被激活后经过整合而产生的新

创意义。这种新创意义的表现主要是通过"方式—结果（或手段—目的）"关系表达句法核心构式义——递进义。

"V的不是A，是B"这一构式的语义关系是量级递增、程度加深关系的强化，是从客观到主观、从表象到本质、从结果到原因的强化。前一分句是确认显而易见、明摆着的事实（在标题中常常配合图片、言语行为、新闻事件等），后一分句是在此基础上进一步生发，提出言说者自己的主观认识、情绪态度、心理评价。前一分句与后一分句之间的关系为递进关系，其深层含义可以概括为"V的不仅（只、光）是A，更是B"。例如：

（304）BP：漏的不是油，是责任（中国新闻网，20100702）

（305）织的不是毛衣，是爱情（QQ，20100623）

（306）中经网：拆掉的不是"蛋形蜗居"，是北漂的青年梦（中国青年网，20101203）

（307）"卖官书记"6年卖光的不是"官帽"，是民心？（人民网，20100723）

例（304）从"漏油"到"漏责任"是从客观现象到主观认识的揭示；例（305）从"织毛衣"到"织爱情"是从具体事实到事物的本质内涵的揭示；例（306）从"拆掉蛋形蜗居"到"拆掉北漂青年的梦"也是从具体表象到深层内涵的揭示；例（307）从"卖光官帽"到"卖光民心"也是从具体事实到事物本质的揭示。例句中的A和B的关系都是量级逐渐递增、程度逐渐加深的关系，"漏油、织毛衣、拆掉蛋形蜗居、卖光官帽"都是显而易见、明摆着的具体事实，"漏的是责任、织的是爱情、拆掉的是北漂青年的梦、卖光的是民心"都是在前一分句事实基础上的生发，表达的是言说者自己对事物或现象深层内涵的主观认识、情绪态度、心理评价，是从客观现象到主观认识、从表象到本质的递进关系的强化。

以上递进关系义得到的强化都是构式中的词语自身所不具备的，离开了"V的不是A，是B"这一构式，这些词语之间的结构关系也不可能造成强化等

第六章 汉语新型"V的不是A,是B"构式的语义认知

意义关系,可见它们是言说者试图通过"V的不是A,是B"实现的修辞动因,是加载在这些词语之上的整体的构式意义。

4.1.2 "V的不是A,是B"构式表达的关系形式

"V的不是A,是B"构式的关系是通过"方式—结果(或手段—目的)"的形式来表达的,前一分句"V+A"是说明采取一定的具体的方式手段,后一分句"V+B"是在说明言说者要达到的目的或产生的结果,前一分句与后一分句之间的关系为方式—结果(或手段—目的)关系,通过现象揭示本质,通过表面揭示内涵。主要有三种情况:

其一,当V具有[+获得义]时,"V的不是A,是B"构式表达的是通过"V+A"的方式或手段达到(获得)B的目的(结果)。其深层含义可以概括为"通过V+A,获得B",例如:

(308)琼海挑战队员笑言:哥挣的不是钱,是经验!(网易,20100730)

(309)津城学区房"高烧不退"买的不是房,是"户籍"(天津网,20100830)

(310)加国移民生活:钓的不是鱼,是快乐(中国新闻网,20100728)

(311)他们跳的不是舞,是幸福(新浪,2010731)

例(308)就可以理解为"哥通过挣钱获得(挣到)经验";例(309)可以理解为"通过买房而得到(买到)户籍";例(310)可以理解为"通过钓鱼而得到(钓到)快乐";例(311)可以理解为"他们通过跳舞而得到(跳到)幸福"。

其二,当V具有[+失去义]时,"V的不是A,是B"构式表达的是通过"V+A"的方式或手段失去(丢掉)B的结果。其深层含义可以概括为"通过V+A,失去B",例如:

(312)哥丢的不是烟头,是文明!(星辰在线,20100809)

(313)带30多本证件应聘遭拒 哥掉的不是证件,是信心(QQ,20100723)

（314）清洁工将垃圾成桶倒入内沟河：<u>倒的不是垃圾，是素质</u>（泉州网，20100727）

例（312）就可以理解为"哥通过丢烟头而丢掉文明"；例（313）可以理解为"通过丢掉证件哥失去了信心"；例（314）可以理解为"通过倒垃圾失去素质"。

其三，当V具有［+展示义］时，"V的不是A，是B"构式表达的是通过"V+A"的方式或手段展示B的状态，其深层含义可以概括为"通过V+A，展示B"，例如：

（315）90后们<u>需要让的不是座，是态度！</u>（大众网，20101108）

（316）"保平争胜"场面枯燥乏味　<u>看的不是球，是寂寞</u>（网易，20100614）

（317）穷人富人成3亿烟民主力军　<u>抽的不是烟，是焦虑</u>（都市圈圈网，20101008）

（318）眉山最牛地摊哥：哥<u>卖的不是东西，是空虚！</u>（四川在线，20100811）

例（315）就可以理解为"通过让座展示的是90后们的态度"；例（316）可以理解为"通过看球展示的是寂寞的状态"；例（317）可以理解为"通过抽烟展示的是焦虑的状态"；例（318）可以理解为"通过卖东西展示的是空虚的状态"。可见"V"这一动词的作用很重要，V的深层含义不同，得出的V+B的结果也有差异，具体（见表6-4-1）如下：

表6-4-1

方式（通过V+A）	V的含义	结果（获得V+B）
（通过）挣钱	［+获得］	获得（挣）经验
（通过）烟头	［+失去］	失去（丢）文明
（通过）看球	［+展示］	展示（看）寂寞

第六章　汉语新型"V的不是A，是B"构式的语义认知

但无论V具有哪种含义，"V的不是A，是B"构式都是通过"方式—结果（或手段目的）"关系进行表达的，"V+A（NP$_1$）"都是方式或手段，"V+B（AP、NP$_2$）"都是目的或结果。"V的不是A"中的"不是"是假性否定，这一结构在表层形式上是对"V+A（NP$_1$）"的否定，但语义上是对"V+A（NP$_1$）"的深层肯定。"V的不是A"和"V的是B"二者共同表达了一个完整的意义——递进义，不可分割。"V的不是A，是B"是一个构式整体，"V的是B"是这一构式的语义重心，因为它是这一句法结构所要表达的目的或结果。

4.2 "V的不是A，是B"构式整合的修辞动因

在现代汉语中，"V的是A，更是B"是用来表达递进义的结构。众所周知，人们交际总是遵循省力原则，并且表示递进关系的句式已存在，在现实生活中为什么人们还要运用先否定、再肯定，大费周章地运用"V的不是A，是B"这样复杂的句式来表达上述关系意义呢？

任何人都不可能无意图地使用语言，我们认为新型"V的不是A，是B"构式是一种特殊的融入了反映使用者交际意图的修辞构式。刘大为（2010）指出，修辞结构是语篇的基本结构（或语法结构）受到了某些修辞动因的作用后发生变异而形成的。每一种修辞结构中必当融入反映使用者交际意图的特定语言形式。"V的不是A，是B"框架用"方式—结果"关系整合递进意义便是构建其修辞结构的手段之一，实际上是"V的是A，更是B"构式受到了某些修辞动因的作用后发生变异而形成的，是对"V的不只（仅、只、光）是A，V的更是B"结构重加塑造的结果，但它更加简明、省力，省略的是不言自明的东西，只为凸显焦点信息，以达到简洁、新颖、独特的目的。这一结构在形式上采取的是否定，实际上整合的是一种深层次的肯定，比肯定再肯定更能获得特定的语用效果。其图式特征（见图6-4-2）如下：

```
        ┌──→ •B
        │   V的更是B
        │ 不仅是A
   ──→──┘
  V的是A
```
"V的不仅是A，更是B"结构图式

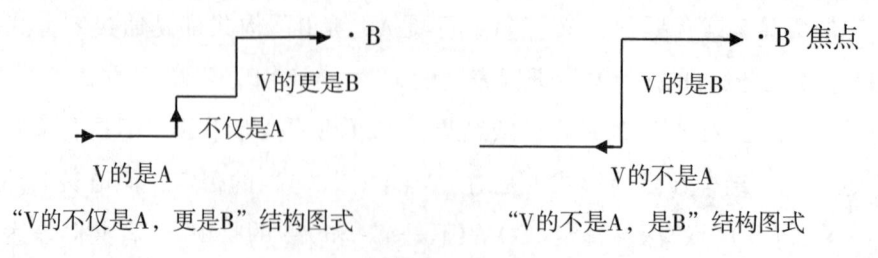

```
        ┌──→ •B  焦点
        │   V的是B
        │
   ──→──┘
  V的不是A
```
"V的不是A，是B"结构图式

图6-4-2

可见，"V的不仅是A，更是B"构式是满足语言表达中表示最基本的递进关系义的语法构式，而"V的不是A，是B"构式是满足语言表达中表示特殊的递进关系义的修辞构式，其整体意义正是言说者强烈的修辞意图主观化在语法结构中的结果，是为了达到人们所关注的修辞动因的要求而对语法构式重加塑造的结果。后者表达更为直接，更能凸显焦点。这种整合的概念转化背后都涉及人类深层次的认知心理模块。我们称其为"修辞动因"。主要表现在以下三个方面：

其一，用"否定具体—肯定抽象"的框架形式整合，凸显抽象的递进义。

动词V与A成分（名词NP_1）的组合是我们熟知的动作行为组合，是具体的正常的动宾搭配，动词V与B成分（AP、NP_2）的组合是我们感觉语义搭配不和谐的组合，是抽象的超常的动宾搭配，而人们正是运用"V的不是A，是B"这种"否定具体—肯定抽象"的框架形式整合了我们感觉语义不和谐实则语用效果突出的抽象递进义。从认知的角度看，"V的不是A，是B"构式将我们对熟知的物体和事件的经验转移到我们知之甚少的抽象范畴上，否定项只是一个铺垫，它通过一种有效的认识抽象范畴的认知工具——隐喻和转喻，将表示具体概念的A成分与表达抽象概念的B成分整合在一起，达到了凸显抽象结果的目的。在新型"V的不是A，是B"构式的整合过程中，实际体现了人类的一些基本的认知方式，来达到我们想要的新创意义。例如：

（319）女孩卖黄土捐助贫困孩子"<u>卖的不是黄土，是爱心</u>"（中国青年网，20100722）

例（319）就是由表示具体概念的动宾结构"卖黄土"和表达抽象概念的

第六章　汉语新型"V的不是A，是B"构式的语义认知

动宾结构"献爱心"两个事件整合而成，它们在"方式—结果"的意义上相关，而没有相似之处，整合起来就使"卖的不是黄土，是爱心"具有了"通过卖黄土而献爱心"的新创意义。这种"截搭型"整合涉及两个不同的概念空间："女孩卖黄土"和"女孩献爱心"，两个不同概念域的整合是通过方式和结果的相关性在类属空间的投射（通过卖黄土捐助贫困孩子的方式达到献爱心的结果），人们理解了两个输入空间的对应概念后，把具有相关概念的形式通过压缩与隐退，放在一起，存入大脑之后又有选择地提取部分结构，形成新的复合空间。

新型"V的不是A，是B"构式在整合过程中往往同时伴有概念的隐退与凸显。"概念隐退（Conceptual recession）"是相对于"概念凸显"而言的，"一隐一显"构成一个整体——这在视觉心理学的经典实验"图像—背景倒换"中已经得到了证实。在"V的不是A，是B"构式的整合中，V动词概念的隐退与凸显尤为重要。例如：

（320）追忆的不是往事，是温暖（《新京报》，20100217）

例（320）的动词"追忆"在后一分句中没有出现，并不是说后一分句不需要动词，此句还原后实际上是"追忆的不是往事，（追忆的）是温暖"，括号中的"追忆"是人们在认知过程的心理空间中自然的完形，V在形式上的隐退同时凸显了"温暖"的概念。另外，"V的不是A，是B"句法结构中"不是A是B"的运用也是由于概念的压缩与隐退，在概念整合的过程中，"往事"的概念中关于事件的部分随着时间的流逝渐渐淡忘（具体事件的隐退），而在"往事"中产生的关于"温暖"的感觉仍需"追忆"（往事中温暖的感觉凸显），"V+AP"（追忆温暖）的概念在人们的心理空间中得以激活并连通。由此，我们可以看出，在同样的句型中不同的动宾合理搭配的实质是跨域性质成员间的映射选择激活的连通。再看一例：

（321）清退的不是代课教师，是良知（新京报电子报，20100116）

例（321）也是在概念整合的过程中，人们在心理空间中对于A概念的隐退而对B概念的凸显。原句"清退的不是代课教师，（清退的）是良知"是在动词"清退"引发行为的结构中，动作空间映射激活了因果空间相关的属性成员，在此用于整合的句子形式也并不是来自空间的表征形式，而是来自一个空间的部分特征或性质与来自另一个空间的部分特征或性质的整合，"清退良知"（V+NP$_2$）看上去是不协调的，但却能在整个结构中被人们的认知理解所认同，我们认为是"移就"的结果：属性之所以可以实现转移而不会造成语言系统的混乱，是因为被转移的属性是隐现角色的稳定属性，隐现角色及其稳定属性牢固地贮存在人们的记忆中，从"清退代课教师"（V+NP$_1$）到"清退良知"（V+NP$_2$）是形式上从具体名词到抽象名词的移就，实质是跨域性质成员间的映射选择激活的连通，经过认知的合并、完善融合而生成了新创意义——"清退代课教师的方式产生丧失良知的结果"。

由此，我们可以看出"V的不是A，是B"构式在形式上对正常搭配的V+NP$_1$进行否定，同时又对超常搭配的"V+AP"和"V+NP$_2$"进行肯定，这种语言表达式正好符合了言说者对于B概念凸显的心理，形式上采取的是否定，实际上整合的是一种深层次的肯定。这里"V的不是A，是B"结构在形式上对A否定的同时对B的肯定就是对A概念的隐退而对B概念的凸显，从而实现了句法形式和语义的高度统一。

其二，用"否定现象—肯定本质"的框架形式整合，凸显本质——递进义。

"V的不是A，是B"结构中的"V+A"概念常常是人们认知经验中的最初始的、最表层的、最易被人理解的基本的概念，"V的不是A"是对人们认知心理中最初所认识的现象进行否定，进而促使人们透过现象看本质，结构中的"不是"这个否定词在此只是一个"反衬"，否定的实质是对人们可能持有的信念的否认，紧邻出现的"不是"，就是对人们预期的第一次否定，促使人们进一步探究"V的不是A，那是什么？"的本质，"V的是B"紧跟着进一步揭示了本质，从概念A到概念B即从现象到本质往往都有一个量的积累和增加，从而递进关系义被整合进这一结构中，凸显事物的本质。例如：

（322）俄：<u>买的不是船，是技术</u>（新浪，20100725）

　　人们看到的现象是"买船"，而例句中言者表达的则是"买的不是船"，这种对常见现象的否定促使人们思考："买的不是船，那是什么？"然后紧接着揭示本质"买的是技术"。从"买船"到"买技术"是从现象看本质，言说者实际上整合了从表层现象到本质内涵的递进意义，表达的是"买的不仅（只、光）是船，更是通过买船而获得技术"的深层含义，凸显事件的本质——"买的是技术"。

（323）<u>丢的不是花，是市民文明素质</u>（天津网，20101019）

　　例（323）用对常见的现象"丢花"的否定促使人们思考："丢的不是花，那是什么？"然后紧接着揭示本质"丢的是市民文明素质"。从"丢花"到"丢失市民文明素质"是从现象看本质，言说者实际上整合了从表层现象到深层内涵的递进意义，表达的是"丢的不仅（只、光）是花，更是通过丢花这一现象而失去了市民文明素质"的深层含义，凸显事件的本质——"失去的是市民文明素质"。

　　因此"V的不是A，是B"构式用"否定现象—肯定本质"的框架形式整合递进关系语义，凸显本质，这一结构意义曲折多变、欲扬先抑，使得读者的整个解码过程充满了思维的智慧与乐趣。

　　其三，用"否定客观—肯定主观"的框架形式整合，凸显主观化的递进义。

　　我们在说出任何一段话语时不仅传递了关于世界的一定信息，同时也会表示出自己对这些信息的立场、态度、情感、意向等主观性成分。而主观化就共时而言，则是指为了表现上述这些主观性成分而使用相应的结构形式，如韵律、语气词、词缀、代词、副词、时体标记、情态动词、词序等，当这些现成的语法手段不足以表现一些强烈的或者特殊的主观性成分时，我们就会寻求用修辞手段来满足表达需要，这样就形成了主观化的修辞动因。从前面的分析中我们得知"V的不是A，是B"构式的核心义在于"V的是B"，B概念常常是表达抽象概念的主观化的情感、认识、态度。这种核心义是用概念的整合来体现的。根据Fauconnier & Turner（1996）的观点，"V的不是A，是B"结构在概念表征和语言产出的过程中都经历了概念整合的思维过程，即将相关的事件整合为一个复杂的事件。例如：

（324）寄的不是枸杞，是一份情感（东方法眼，20101115）
（325）"卖的不是报纸，是快乐"（《齐鲁晚报》，20100805）
（326）粉笔帝惊人之作 我画的不是画，是寂寞（《中国日报》，20101018）

例（324）从客观上看"寄枸杞"是一个单纯的动作行为，而言者在主观认识上却认为"寄的是一份情感"，这里将主观认识和客观事件整合在一个句法结构中；同样，例（325）、（326）也是将主观认识"卖的是快乐"和"画的是寂寞"与客观事件"卖报纸"和"画画"整合在一个句法结构中，用"否定客观—肯定主观"的框架形式凸显该行为所要达到的目的，令人印象深刻。

根据人们的认知经验，显著度高的事物更容易被注意到，并能使人由此联想到显著度低的事物，即前者可以激活后者。Langacker（2001）认为，整体比部分凸显，具体事物比抽象事物更为凸显。前面例句中的"枸杞、报纸、画"都是显著度高的容易被注意到的事物，通过"寄枸杞、卖报纸、画画"这些具体的事件人们可以联想到"寄的是情感、卖的是快乐、画的是寂寞"一类显著度低的抽象的认识。由于这些显著度低的主观认识比较抽象，不容易被注意到，而为了凸显句法结构的核心义，凸显焦点信息（即言说者最想传递给受众的核心信息），语言的使用者就巧妙地采用了"否定显著度高的而肯定显著度低的"的结构形式，以显示独特的语用特征和修辞效果。也就是说，"V的不是A，是B"构式巧妙地协调和兼顾了信息最大化原则和认知凸显原则，用"否定客观—肯定主观"的框架形式整合句子的核心义，以获得更高程度的焦点强调性效果。

总之，汉语新型构式"V的不是A，是B"是一种融入了语言使用者特殊

第六章 汉语新型"V的不是A，是B"构式的语义认知

交际意图的修辞构式，它用"否定—肯定"的形式框架去整合内在的"递进关系"语义。正是这种表层形式与深层语义之间的矛盾所产生的张力，达到了它作为新兴句法构式所具有的特殊修辞效果。

第五节 "V的不是A，是B"构式的承继性与创新性

5.1 形式上的承继与创新

在形式上，新型"V的不是A，是B"构式是对传统构式的承继和变异。现代汉语中"不是A，是B"[①]这一句式十分常见，用法也非常灵活，试比较：

（327）他们种的<u>不是树是蔬菜</u>。（传统构式）

（328）他们种的<u>不是树是希望</u>。（新型构式）

例（327）是传统构式，例（328）是新型构式，二者在句法形式上完全相同，可见新型构式是对传统构式形式上的传承。传统构式中A（如树）、B（如蔬菜）这两项成分属于同一范畴，比如就名词性成分来说A、B同为具体名词或抽象名词；而新型构式中A（如树）、B（如希望）属于不同范畴层次，A一般为表示具体事物的名词性成分，B则多为表抽象的名词性成分或形容词成分，由此产生变异。如图6-5-1：

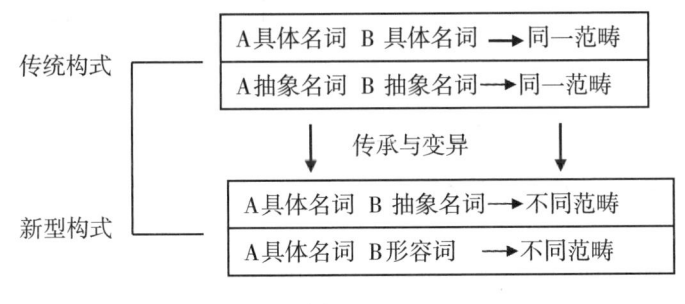

```
                  ┌─ A具体名词 B具体名词 →同一范畴
      传统构式  ──┤
                  └─ A抽象名词 B抽象名词 →同一范畴
                              ↓ 传承与变异 ↓
                  ┌─ A具体名词 B抽象名词 →不同范畴
      新型构式  ──┤
                  └─ A具体名词 B形容词  →不同范畴
```

图6-5-1

---

① 卢英顺把"不是A是B"作为构式研究，此处为了和传统构式作对比，也采用这种说法，但我们认为"V"在新型构式中起着不可或缺的作用。

5.2 意义上的承继与创新

在意义上,传统构式"V的不是A,是B"中的否定词"不"是对A成分的真正否定,如例(327)中的否定词"不"是对"树"的真正否定,此例的含义为"他们种的的确不是树,而是蔬菜"。而新型构式"V的不是A,是B"中的否定词"不"是对A成分的假性否定,如例(328)的含义为"他们种的不仅是树更是希望"。可见,新型构式的意义与传统构式不同,由此有了语义结构的衍生。

在语义结构上,我们认为,新型"V的不是A,是B"构式中的动词V在构式中起着重要的作用。前面已经讨论过,由于"V的不是A,是B"构式是在"V的不是A,V的是B"的基础上省略了后一分句的V得来,所以传统构式和新型构式都是"略式拈连",但传统构式的"动词V"只具有动词本身的一种含义,而新型构式中的动词V则根据不同的语境产生变化,其含义是在传承原动词含义的基础上的引申。正是动词V的引申含义的变化使得新型构式拥有了传统构式不具备的修辞性的语义结构。

动词"V"的变化见下表(表6-5-2)所示:

表6-5-2

"V的不是A,是B"	"V的不是A"中的"V"	"V的是B"中的"V"
传统构式	本义	本义
新型构式	本义	引申义 → [+获得义] / [+失去义] / [+展示义]

5.3 语用上的承继与创新

新型"V的不是A,是B"构式,在语用功能上使我们体验到了一种语言上的新鲜感。这种新鲜感是其巧妙地运用了修辞性的语义结构。从语用的视角来说这种结构巧妙地表达话语的核心,自然而然地使隐藏在事物背后的深层意义得到了张扬、呈现,主要表现在:

第六章 汉语新型"V的不是A，是B"构式的语义认知

5.3.1 由修辞手法——拈连而整合的幽默

新型"V的不是A，是B"构式，让我们体验到了一种淡淡的幽默，是因其所运用的修辞手法——拈连而产生的。前面我们分析"V的不是A，是B"中"V"和"B"的成分，发现它们在语法或语义上是不能搭配组合的，不能构成支配关系，但在新型构式中这一用法被人们接受，显然是修辞构式压制的结果，使得这一表达变得合情合理。"V的不是A，是B"构式的形成，暗含了修辞手法——拈连。所谓拈连，顾名思义，就是要从上文中拈来某一部分，并连接下文。这个拈来的成分，通常与下文在语法或语义上是不能搭配组合的，但是因为它是从正常的上文中拈来的，其与上文的组合关系可产生一种组合"惯性"，传递到下文，所以以此为基础再顺势（即陈望道先生所谓"趁便"）用于下文时，其与下文在语义或语法上的超常联系，在此特定的上下文关系中就被认可了（周建民、刘善群，1994）。

新型"V的不是A，是B"构式的拈连手法的运用是承继传统构式而来，只是拈连来的动词在与后项搭配时新创了语义关系。"V的不是A，是B"构式属于略式拈连，即动词是省略的。例如：

（329）玩的<u>不是文字游戏，是民意</u>（东方网，20100813）

5.3.2 由认知方式——隐喻而整合的新奇

新型"V的不是A，是B"构式，让我们从不同寻常的组合关系中体验到了一种语言上的新鲜感，这是由其认知方式——隐喻在不同概念域之间的映射实现的。从修辞角度看，隐喻在不同的实体之间建立联系，冲破语义限制，创造妙句、佳句。例如：

（330）征地纠纷农民相约自杀　<u>征的不是地，是命</u>（福州房产新闻，20101115）

（331）"海囤族"　<u>囤的不是菜，是"安全感"</u>（求是理论网，20101105）

结合具体的语境我们可以理解例（330）的隐喻义："征地"即"征命"。

地就是农民的命根子，征地就像是征掉了农民的命一样。例（331）的隐喻义：囤菜即"囤安全感"。以上例句A、B两项（地、命和菜、安全感）受相同的动词（征和囤）支配，运用在同一语句中产生了矛盾，在人类的认知体验中获得统一，即结合具体的语境信息获得隐喻义。

前面谈到隐喻中的动词和宾语从语义和逻辑上似乎是难以成立的，但是发话人通过联想，促使动词词义在语境中发生改变。例如：

（332）漏水门：中华轿车漏的不是水，是未来（中国企业新闻网，20100916）

"漏水"是正常搭配。通过隐喻机制，动词"漏"在特定的语境中又产生了其他义项，即[+失去义]，于是就有了"中华轿车漏的不是水，漏的是未来"的说法。

语境对隐喻的认识和理解所起到的重要作用是不言而喻的，它与认知主体之间也存在一种互动关系（王寅，2007）。原本不合理的表达，在人类思维、想象空间下获得合理的解释，这类语句产生的机制就是隐喻的作用。"V的不是A，是B"构式使大脑在一定语境的影响下，激活两个毫无关联或关联程度较弱的概念，从而使这两者表现出临时的关联性。所以，语境能使听话人理解隐含在词语意义中话语缺失的部分，以及由这些缺失词语所代表的情景。由于隐喻同时涉及两个不同的领域，因此隐喻话语具有双重影像的特点。双重影像是指隐喻中的异常搭配"不但能勾起通常的联想关系和相对应的义项，而且还同时诱发了听话人对新搭配所构成的义项的想象"（束定芳，2004）。"V的不是A，是B"修辞构式就给人以双重影像。例如：

（333）哥吃的不是热狗，是外交！（新浪，20100723）
（334）有些人过的不是节日，是疲劳　专家教您远离假日综合征（图）（红网，20101005）

"吃"和"饭、菜、热狗、汉堡"等搭配比较固定，使用频率高，在人的

第六章 汉语新型"V 的不是 A,是 B"构式的语义认知

大脑里就已经形成了一种常态,一旦其中之一出现,相关意象便同时在大脑里形成。一看到例(333)的前半部分,脑海里就已经出现了吃热狗的情景,后经过"不是"否定,使读者更觉好奇,而后分句引出"外交"一词,于是大脑自动搜索"外交"与"吃热狗"的联系点,脑海里就不仅仅是一个人吃热狗的场景,而是一个"交际"场景或与外国人在一起吃热狗聊天的场景,于是就有了通过吃饭建立外交关系的理解。

例(334)前一分句使听话人在大脑中形成节日期间迎来送往、大摆宴席、欢庆热闹、通宵达旦等意象,但在听到"疲劳"一词后,大脑中原本的意象就有了改变,出现的可能是节日过后腰酸背疼、四肢无力、头昏眼花的状态,这些意象的出现都能很好地帮助理解两个本不属于同一范畴的事物,以及它们的"和谐"关系。所以,双重影像的出现更有助于理解各式各样的隐喻,能更进一步地发掘语言的深层含义(王文彬,2007)。这也正是"V 的不是 A,是 B"之所以形象、生动和让人感到意犹未尽的主要原因所在。

综上可见,"V 的不是 A,是 B"构式是从传统构式向外辐射扩展,经历传承、变异和人类思维的隐喻而形成的新型构式。

第六节 本章小结

汉语新型"V 的不是 A,是 B"构式是一种特殊的融入了使用者的交际意图的修辞构式。动词 V 具有 [+展示义]、[+获得义]、[+失去义] 三个义项。"V 的不是 A,是 B"构式是两个动宾结构"V+A、V+B"与"不是……是……"整合的结果。这一构式采用"否定具体—肯定抽象"、"否定现象—肯定本质"、"否定客观—肯定主观"的框架形式整合,以凸显句法核心,强调焦点信息,其核心在于用一个表面"否定—肯定"的关系去表达实际上的递进意义。"V 的不是 A,是 B"构式的形成是一定修辞动因对语法构式重加塑造的结果。"V 的不是 A,是 B"构式是从传统构式向外辐射扩展,经历传承、变异和人类思维的隐喻,从而形成新型构式,并广泛流行。其由修辞手法——拈连而整合的幽默,由认知方式——隐喻而整合的新奇使我们体验到

了一种语言上的新鲜感。正是这种表层不合句法、语义与深层合乎句法、语义之间的矛盾与张力，形成了"貌似违法而实则合法"的特点，从而构成"V的不是A，是B"这种兼跨句法与语用修辞的特殊构式并且展现出其独特的魅力。

附录　典型的"V的不是A，是B"构式用例（不包括文中已经例举的）

（一）V的不是NP_1，是NP_2

（1）"小哥"费玉清唱的不是歌，是味良药（新浪，20100817）

（2）中国人买的不是房子，是面子（焦点房地产，20101207）

（3）凤凰网体育：蔡振华管的不是球场，是官场（凤凰网，20100823）

（4）《敢死队》拍的不是电影，是男人味（瞭望观察网，20100823）

（5）禁的不是烟，是导向（网易，20100824）

（6）妈妈的烦恼：买的不是机器，是孩子的自尊（现在网，20101005）

（7）强悍！哥晒的不是铅笔芯，是艺术［图］（杭州网，20100824）

（8）天一广场足球瓶雕破洞处处　拿走的不是可乐瓶，是素质（浙江在线，20100623）

（9）哥跳的不是舞，是生活（网易，20100821）

（10）吃的不是菜，是寓意京城餐饮业的七夕营销高招（千龙，20100817）

（11）五粮液涨的不是价格，是人情和身份（中金在线，20101216）

（12）卖的不是烟，是品牌——红云红河"恋战"网络营销（四川新闻网，20100826）

（13）"咱喝的不是酒，是心情"（半岛网，20100827）

（14）被拆除的不是"建筑"是"景观"？（中国财经信息网，20100827）

（15）吃的不是烤鸭，是非遗（《生活新报》，20100613）

（16）哥玩的不是寂寞，是艺术　全面比拼近期2D网游画质（优久网，20100827）

第六章 汉语新型"V 的不是 A，是 B"构式的语义认知

（17）《龙之谷》女玩家：姐玩的不是游戏，是潮流（解放网，20100827）

（18）哥考的不是试题，是生活！（华夏大地教育网，20100827）

（19）卖的不是车，是尊重（全景网，20100618）

（20）文强获死刑百姓放的不是鞭炮，是警告（博客，20100416）

（21）大学生地摊卖菜卖水果 称"我挣的不是钱，是经验"（西部网，20100808）

（22）爷抄的不是底，是折扣！ 苏州20余楼盘折扣大奉送（搜房网，20100614）

（23）英语六级阅读难 考生调侃：考的不是六级，是奥巴马（齐鲁网，20100620）

（24）王菲小S秀甜蜜 秀的不是甜蜜，是公关（图）（中国山东网，20100808）

（25）桑迪红：卖的不是房子，是心态（搜狐，20100827）

（26）餐厅 吃的不是饭，是生活（天津网，20100813）

（27）视频：《杂志天下》林俊杰弹的不是钢琴，是美女（搜狐，20100624）

（28）世界杯踢的不是球，是科技（新浪，20100619）

（29）陈一舟：哥踢的不是球，是精神（凤凰网，20100618）

（30）李刚付的不是赔偿金，是封口费！（图）（网易，20101228）

（31）哥踢的不是球是传奇（京华网，20100619）

（32）左悦 男人看的不是球，是自由啊！（杭州网，20100618）

（33）"贤淑哥"摆的不是Pose，是病态（人民网天津视窗，20100618）

（34）海岸生态村变产业园 拆除的不是村，是儿时记忆（搜房网，20100918）

（35）新京报：政府需要的是威信，而不是大楼（中国新闻网，20080717）

（36）看的不是球，是money（《贵州都市报》，20100618）

（37）相亲秀：相的不是亲，是话题（中国网滨海高新，20100615）

（38）未来汽车售后 卖的不是产品，卖的是服务（青岛新闻网，20100617）

（39）毕业生笑称：哥看的不是世界杯，是四年青春（中新网广东频道，20100615）

（40）哥找的不是变形金刚，是童年（新浪，20100718）

（41）煎熬的不是股市，煎熬的是你自己的内心！（华讯财经，20100623）

（42）"天价餐"吃的不是饭，是文化（瞭望观察网，20100623）

（43）哥买的不是楼盘，是名校（新浪地产网，20100624）

（44）漫画："哥吃的不是饭，是权力！"（新华网，20100623）

（45）「拼客」拼的不是钱，是生活（博锐管理在线，20100623）

（46）3比1，比的不是足球，是演技！（华龙网，20100622）

（47）哥买的不是房，买的是水分 楼市也需"非诚勿扰"（搜房网，20100627）

（48）数字：恢复做广播操，恢复的不是操，是一种生活（新浪四川，20100809）

（49）哥卖的不是丝巾，是创意（QQ，20100623）

（50）山楂馅月饼卖的不是味道，是创意（QQ，20100828）

（51）哥买的不是限价房，是"低碳"？（图）（网易，20100623）

（52）民警卖的不是菜，是温情执法（新华网江西频道，20100628）

（53）粉丝营销风生水起 LG LED卖的不是显示器，是人气（中关村在线，20100622）

（54）飞利浦：带来的不是产品，是生活品质（搜狐，20100627）

（55）哥看的不是足球，是感觉（网易，20100625）

（56）哥守的不是球门，是灵魂（《中国青年报》，20100628）

（57）品牌房企：哥玩的不是降价，是优惠（新浪，20100622）

（58）红星美凯龙：卖的不是家居，是商业地产（《投资中国》，20100702）

（59）姐流的不是眼泪，是悔过（东北新闻网，20100622）

（60）城市建筑：比的不是高度，是文化（中青在线，20100622）

（61）高校抢的不是状元，是眼球 填报志愿别被宣传迷惑（中国经济网，20100622）

第六章 汉语新型"V 的不是 A,是 B"构式的语义认知

(62) 下午茶:开心网,玩的不是游戏,是社交(慧聪网,20100810)

(63) 哥玩的不是吹哨,是风险(网易,20100626)

(64) 先挨耳光后领工资?老板扇的不是耳光,是"霸气"!(南方报业网,20100805)

(65) 三秦都市报:哥踢的不是球,是性子(新浪,20100626)

(66) 哥拍的不是马屁,是学问(图)(中国经济网,20100811)

(67) 武文卖的不是红酒,是"微醺"的生活(网易,20100702)

(68) 凉州月饼大如车轮 吃的不是月饼,是故事(中国新闻网,20100919)

(69) 哥踢的不是足球,是算术(新浪,20100625)

(70) 套住的不是股票,是心态(中证网,20100702)

(71) 踢的不是球,是岁月(《华西都市报》,20100703)

(72) 哥玩的不是游戏,是厨艺"杰瑞食府"盛大开区(电玩巴士,20100702)

(73) 他乘坐的不是公交车,是民主新风!(大河网,20100818)

(74) "林肯盒饭哥"卖的不是盒饭,是"享受"(新华网江西频道,20100720)

(75) 网易cosplay:演的不是舞蹈,是心动(网页游戏门户,20100804)

(76) 种的不是"天价罗汉松",是政绩(东北新闻网,20100816)

(77) 晒月饼:吃的不是月饼,而是心情(食品产业网,20100923)

(78) 哥玩的不是假期,是"酷科"(图)(新民网,20100701)

(79) 杰杰工具:卖得不是产品,而是设计(慧聪网,20100811)

(80) 哥扎的不是轮胎,是快感(东北新闻网,20100721)

(81) 140℃:摊铺的不是沥青,是汗水(黄山新闻网,20100722)

(82) 哥安的不是路灯,而是摆设(鲁中网,20100722)

(83) 吃的不是蛋糕,是"艺术品"最贵要卖8800元(扬子晚报网,20100722)

(84) 内贾德称西方担心的不是伊朗核弹,而是伊朗的觉醒(《中国日

报》，20100719）

（85）老人拦车要的不是座位，是寂寞的道德（星辰在线，20100719）

（86）唐骏要拍的不是电影，是市场的眼球和利润？（华声在线，20100719）

（87）何叶丽：收走农民工的不是被子，是生活（和讯网，20100719）

（88）姐买的不是房，是安全感！——献给七夕情人的节（搜房网，20100816）

（89）哥瞄的不是靶，是过去（北国网，20100804）

（90）齐秦：唱的不是歌，是回忆（QQ，20100727）

（91）哥卖的不是IC，哥卖的是信息（DoNews，20100805）

（92）哥卖的不是回力鞋海魂衫，是回忆（环球鞋网，20101218）

（93）皮阿诺：我们倡导的不是节日，是爱（家天下，20100810）

（94）化的不是妆，是生活态度（《江门日报》，20100727）

（95）图文：玩的不是车，是心跳（新浪，20100727）

（96）相亲真人秀节目调查 哥相的不是亲，是潜力和观念（浙江在线，20100726）

（97）沈阳：吃的不是食品，是回忆（食品产业网，20100726）

（98）富商"取款机"，存取的不是钱，是权力？（中国广播网，20100730）

（99）哥通缉的不是记者，是舆论（搜狐，20100730）

（100）图文：哥捂的不是地，是人民币（新浪地产网，20100812）

（101）说体育：哥玩的不是篮球，哥玩的是气质（搜狐，20100730）

（102）"蹭网族"：哥偷的不是菜，是网（延边信息港，20100730）

（103）世象品评：被通缉的不是记者，是监督（新浪，20100730）

（104）A哥涨的不是股价，是信心（中国财经信息网，20100730）

（105）连庭凯：我们卖的不是奢侈品，是生活（经济观察网，20100729）

（106）作家六六"卧底"医院，揭的不是黑幕，是成见（搜狐，20100729）

（107）亚运城卖的不是房子，是投资价值（焦点房地产，20100813）

第六章 汉语新型"V 的不是 A，是 B"构式的语义认知

（108）艺术品也能流水作业？收藏的不是庸俗，是品位（图）（中华网，20100802）

（109）用的不是碗盘，是记忆（新浪，20100802）

（110）图文：哥踢的不是足球，是怨气（新浪，20100802）

（111）哥买的不是游戏，是青春！看星际2正版开封（21CN，20100801）

（112）"地头粮站"卖粮："俺收的不是麦，是现金"（新华网河南频道，20100621）

（113）现在就是未来 亚运城卖的不是房子，是未来的价值（搜房网，20100929）

（114）哥守的不是取款机，是马大哈（《华西都市报》，20100806）

（115）"纠客"：找的不是茬，是乐趣（《羊城地铁报》，20100806）

（116）"老冰棍"烟台刮怀旧风 品的不是味道，是回忆（新华网山东频道，20100814）

（117）姐考的不是证，是能力 北大"晒证女"风靡网络（中国新闻网海南新闻，20100805）

（118）姐打的不是球，是感觉（合肥在线，2010082）

（二）V 的不是 NP_1，是 AP

（1）年终，写的不是总结，是纠结（网易，20101226）

（2）崔健：80%的情歌写的不是爱情，而是孤独（凤凰网，20101227）

（3）坚持的不是生命，是灿烂（《新京报》，20100224）

（4）鄙视！平衡姐：姐坐的不是车，是寂寞（杭州网，20101116）

（5）躺在豪华邮轮甲板上 晒的不是太阳，是悠闲（搜狐，20101207）

（6）漫画讽刺大学生"占座不坐"：哥占的不是座，是寂寞（新华网，20101207）

（7）咱住的不是房子，是寂寞 搜索开发区公寓楼盘（焦点房地产，20101213）

（8）哥开的不是车，是寂寞 国内全尺寸SUV车型（汽车中国网，20101116）

171

（9）新《三国》再现龙套妹：我跳的不是舞，是寂寞（新华网山东频道，20100616）

（10）新京报：国足这些哥踢的不是球，是寂寞（奥一网，20090727）

（11）哥踢的不是点球，是默契（新浪，20100619）

（12）烟台富士康深度解密：我们做的不是手机，是快乐（水母网，20101014）

（13）萧淑慎被判刑 吸的不是毒品，是寂寞（中国维权万里行，20101118）

（14）【日报时评】坐的不是公交，是寂寞（中国徐州网，20100618）

（15）王玉国：淡定见鬼去吧 法国踢的不是球，是寂寞（QQ，20100613）

（16）哥种的不是菜，是焦虑（网易，20101113）

（17）《爱出色》满眼名牌大腕 看的不是爱情，是时尚（新浪，20101109）

（18）女明星的世界杯范儿：姐看的不是球，是嚣张（图）（搜狐，20100624）

（19）鲁尼撒的不是尿，是郁闷（新浪，20100615）

（20）看的不是球，是热闹（网易，20100615）

（21）海南日报：等的不是黑马，是刺激（搜狐，20100615）

（22）荷兰飘的不是衣角，是霸气（《三秦都市报》，20100615）

（23）搜狐每日酷评TOP10哥看的不是球，是无奈（搜狐，20100614）

（24）张斌：德甲后六名在踢着玩 哥看得不是比赛，是寂寞（体坛网，20100614）

（25）买床垫，买的不是"面子"，是"健康"（新浪，20100624）

（26）sunshine：英格兰国门漏的不是球，是寂寞（南方报网，20100613）

（27）炒的不是股票，是寂寞 九旬黄埔兵成"资深股民"（腾讯大楚网，20100625）

（28）吃的不是饭，是寂寞 山东省粮食局"天价餐"人均消费千元（亿

第六章 汉语新型"V 的不是 A，是 B"构式的语义认知

房网，20100623）

（29）陈冠希复出遭泼粪 泼的不是粪，是寂寞（华龙网，20101024）

（30）80后辣妈：我秀的不是漂亮，而是幸福（新浪，20100623）

（31）"锅炉兵"纪阳：我烧的不是煤，是温暖［图］（新华网，20101202）

（32）看的不是苍井空，而是寂寞！一号女忧激活网民（南方报网，20100626）

（33）张克：姐秀不是长腿，是丰姿绰约（和讯网，20100625）

（34）哥守的不是门，是淡定 恩耶亚马火速蹿红网络（图）（搜狐，20100703）

（35）哥光的不是膀子，是凉爽？（洛阳新闻网，20100702）

（36）姐装的不是房子，是幸福 189平地中海乡村美宅（图）（搜房网，20101103）

（37）笋江桥上 哥钓的不是鱼，是休闲（泉州网，20100630）

（38）易车团购进行时：看的不是汽车，是优惠（易车网，20100702）

（39）世界杯：女星们拼的不是球技，是性感（新华网云南频道，20100702）

（40）世界杯史上最淡定的门将 哥发的不是呆，是寂寞（猫扑，20100630）

（41）男人离婚离的不是婚，是寂寞（爱丽女性网，20100724）

（42）视频：林肯领航员送盒饭 卖的不是饭，是寂寞（QQ，20100723）

（43）80后女孩创业：我卖的不是饭，是个性（搜狐，20100721）

（44）新闻回头看：买的不是"神药"，是寂寞（中国台州网，20101108）

（45）万达老总王健林捐10亿 捐的不是钱，是寂寞！（华龙网，2010119）

（46）"豆腐西施"小雅：姐卖的不是豆腐，是漂亮（食品产业网，20100726）

（47）"沙发客"睡的不是沙发，是80后寂寞（家天下，20101217）

（48）哥看的不是世博，是热闹（新京报网，20100731）

（49）辛吉斯胡丁喜结连理 落跑新娘逃的不是婚，是寂寞（新浪，

173

20101213）

（50）LG首款酒红色机兴上市：卖的不是刻录机，是惊艳！（QQ，20100729）

（51）都市"赖班族"：赖的不是班，是寂寞（网易，20101213）

（52）秀的不是身材，是激动（羊城晚报，20100728）

（53）2010通信展看的不是技术创新，是寂寞（人民网，20101025）

（54）刘若英16年后话情伤　姐唱的不是歌，而是寂寞（电影网，20100802）

（55）成都最牛"卡宴地摊妹"赚的不是钱，赚的是快乐（四川电视台，20100805）

（56）空巢老人生活现状调查：愁的不是生活，是寂寞（搜狐，20100804）

（57）凤姐代言胃药治的不是胃病，是寂寞（华龙网，20100804）

（58）巴萨踢的不是足球，是寂寞　哈维踢得好皆因为父母（搜狐，20100809）

（59）哥拔的不是河，是开心！新星社区千人大拔河快乐御寒（星辰在线，20101202）

（60）哥走的不是车道，是纠结（图）（网易，20100810）

（61）桌子会唱歌？哥玩的不是音箱，是异想天开（IT168，20100809）

（62）我们怀的不是旧，是寂寞《墨香》老侠客新江湖记（游戏基地，20100812）

（63）皮阿诺丈夫节，拯救的不是胃，是爱！（浙江在线，20100812）

（64）老师"网络语言"玩转文言文　哥上的不是课，是寂寞（新华网，20101218）

（65）哥穿的不是工作服，是寂寞（凤凰网，20100827）

（66）哥玩的不是股票，是寂寞（京华网，20100825）

（67）也许包包里和国库里放的不是孔方，是寂寞（多玩游戏，20100824）

（68）图文－［英超］维冈VS切尔西　踢得不是足球，是淡定（新浪，20100822）

第六章　汉语新型"V的不是A，是B"构式的语义认知

（69）鲁能：哥玩的不是足球，是刺激　接连逆转显王者霸气（体坛网，20100821）

（70）征的不是饭友，是尊重（新浪，20100621）

（71）标语"诅咒"随地大小便者　贴的不是威胁，是无奈（新华网，20100621）

（72）微博语录：富二代们飙的不是车，飙的是刺激（新浪，20101220）

（73）姐陪的不是酒，是空虚　萧蔷谈酒色变欲盖弥彰（潍坊传媒资讯网，20100830）

（74）买的不是手机，是"烦恼"（中安在线，20100903）

（75）电子科大"许愿门"许的不是愿，是寂寞！（帮考网，20100902）

（76）老剃头匠开铺　理的不是发，是怀旧（QQ，20100914）

（77）明星自爆豪宅　秀的不是面子，是寂寞（搜狐，20100914）

（78）哥买的不是车，是寂寞　8款30万SUV新车导购（汽车中国网，20100915）

（79）90后那些时尚的话：姐挣的不是钱，是脆弱（东方财富网，20100916）

（80）商业地产火爆12人抢一铺？哥买的不是商铺，是寂寞（热线房产网，20100917）

（81）中秋节福利之"最"：哥晒的不是福利，是寂寞（齐鲁网，20100922）

（82）苍天哥教你玩的不是龙之谷，是寂寞（猫扑网，20100925）

（83）百度空间有奖征文：过的不是中秋，是寂寞（百度爱好者，20100921）

（84）选的不是车，是实惠　索兰托/新胜达火热对比导购（汽车中国网，20101216）

（85）长沙栖凤路惊现"表哥"哥卖的不是表，是时尚/图（湖南在线，20100928）

（86）姐埋的不是《英雄岛》地瓜，是寂寞（人民网，20100927）

175

(87)奶粉哥为何能走红?哥吃的不是奶粉,是寂寞(潍坊传媒资讯网,20101220)

(88)东林萃坛子:哥吃的不是美食,吃的是忽悠(太湖明珠网,20101008)

(89)抠的不是钱,是时尚(新华网,20101007)

(90)哥抽的不是烟,是恐惧(网易,20101112)

(91)[亲嘴门]亲的不是嘴,是寂寞 拍的不是视频,是嫉妒(猫扑新闻中心,20101101)

第七章　汉语新型"X向左，Y向右"构式的语义认知①

汉语新型"X向左，Y向右"结构是由两个并列分句整合而成的一种新兴的修辞构式，本章讨论新型"X向左，Y向右"结构构式的结构类型、语义特点、构式义、构式整合的修辞动因及与传统构式的承继关系。

第一节　引　言

1.1　问题的提出

在现今的报刊杂志、网络媒体和小说、影视作品中，"X向左，Y向右"②结构作为标题和片名大量涌现，例如：

（335）全球货币政策：美国向左，世界向右（《中国日报》，20141115）

（336）时间轴向左，毕业照向右（《中国青年报》，20150622）

（337）心醉彩云南：艳遇向左，走婚向右（腾讯网，20110302）

（338）鲁迅向左，新月向右（书名，作者李玲伶，江苏文艺出版社，201205）

（339）《浪漫向左，爱情向右》女演员聂鑫车祸重伤昏迷（安徽电视台，20130108）

（340）繁华向左，宁静向右（光明网，20140408）

---

① 本章简写稿以同名论文发表于《新疆大学学报》（哲学·人文社会科学版）2016年第3期。

② 部分"X向左，Y向右"语料结构中间无逗号，有些例句中用空格表示。为使行文一致，作者统一为例句添加了逗号。

（341）微信广告：<u>收益向左，用户向右</u>？（《苏州日报》，20150128）

（342）<u>天才向左，疯子向右</u>（书名，凯·雷德菲尔德·杰米森著，200804版）

（343）<u>提薪向左，小费向右</u> 增加收入只为根除"弊病"（《中国青年报》，20120629）

我们将上述例句中"向左"前面的词或词组称为X，"向右"前面的词或词组称为Y，整个语言形式称之为"X向左，Y向右"结构。构式语法理论的代表Goldberg（1995）指出，"如果C是一个形式—意义的匹配体<Fi，Si>，它的形式或意义的某些方面不能从C的构成成分或其他原先已有的构式中得到完全预测，那么C就是一个构式。"从上述例（335）-（343）中可以看出"X向左，Y向右"结构有其自身独立于组成成分的整体意义，而其整体意义无法从其构成成分"X、Y"或"向左、向右"推导出来。因而"X向左，Y向右"结构就是一种构式。那么，"X向左，Y向右"构式的整体意义是什么？其形式和意义匹配的认知机制是怎样的？本文尝试从认知的角度对汉语"X向左，Y向右"构式进行研究，分析其核心语义，进而探索其语义的认知基础和形成机制。

1.2 语料来源

本章的语料来自人民网报刊检索资料库及互联网，我们从《中国日报》、《广州日报》、《中国青年报》、《苏州日报》等报纸中提取了所有含"……向左……向右"字符串的例句，并从中人工挑选出"X向左，Y向右"结构216例。

第二节 "X向左，Y向右"构式的结构类型

2.1 "X向左，Y向右"构式的来源

"X向左，Y向右"这一构式的出现可以追溯到2004年，慕容雪村的一部书名为《天堂向左，深圳向右》的小说引起了广大读者的关注。在人们的认

第七章 汉语新型"X向左，Y向右"构式的语义认知

知领域中，"天堂"是与"地狱"相对而言的一个名词，人们常用"天堂"比喻幸福美好的生活环境。当时的深圳经济快速发展，在那里人们只要有钱什么都可以享受到，就像在人间天堂，但作者却描写了与天堂对立的深圳。小说折射出深圳这个移民城市在经济快速发展的同时人的精神世界的迷失，将此比作是天堂的对立面即穷人的地狱。紧接着以"天堂向左，Y向右"为名的格式开始流行[①]，在"Y"的位置上，人们填进了各种不同的词语，代表所欲评论的事物和概念，将其隐喻为地狱，并借以宣泄出对"Y"的一种强烈的失望、不满与贬斥情绪。例如：

（344）天堂向左，车展向右（《中国贸易报》，20060808）
（345）天堂向左，单机游戏向右（《中国新闻出版报》，20080303）

例（344）和（345）把"车展"和"单机游戏"作为"天堂"的对立面，表达了作者对"车展"和"单机游戏"强烈的失望和不满情绪。后来"天堂向左，Y向右"这一格式又有了新的发展，出现了变式，格式中的"天堂"被换掉了，变成"X向左，Y向右"结构，接着"X向左，Y向右"结构开始作为标题在报刊杂志及网络论坛中流行开来。

从2004年至2015年十一年间以"X向左，Y向右"结构作为标题的使用率逐年增加。笔者统计，以此结构作为标题的文章仅《中国日报》从2003年至今就有71篇，而《广州日报》从2007年至今也有47篇。近年来，这种构式在书名、报刊杂志及网络论坛标题中更是随处可见，其内容涉及到经济、财政、金融、保险、房产、股票、税收、通讯以及婚姻、情感、现实、理想等人们生活所能涉及的各个领域，例如：

（346）调控年的尴尬：调控向左，房价向右（《建筑时报》，20041105）
（347）保险两巨头年报解读　国寿向左，平安向右（《经济观察报》，20050425）
（348）销售向左，品牌向右（《中国质量报》，20060627）

[①] 详见朱永辉（2006）"天堂向左，××向右"，《咬文嚼字》第6期。

（349）免费向左，收费向右（《科技日报》，20070926）

（350）出版向左，发行向右（《中国图书商报》，20080411）

（351）精简向左，扩张向右（《中国纺织报》，20090211）

（352）草根向左，精英向右（《中华工商时报》，20100716）

（353）经典向左，浮云向右（《浙江日报》，20110219）

（354）青春向左，现实向右（大河网，20130615）

（355）平台电商Q3财报大考：京东向左，当当唯品会向右（《中国日报》，20141127）

（356）8个月用户试卷：中移动向左，中联通向右（环球网，20150921）

近十多年来，随着经济的飞速发展、科学技术的日新月异，人们对社会生活、科学技术、政治经济等各个领域的认知，对事物相似性、相关性裁量尺度的拿捏往往各不相同。于是表达对事物或现象有特定看法的"X向左，Y向右"构式应运而生。这些句式中的"X"不再是固定的"天堂"，可以是任何一个词或词组，"Y"也可以是任何一个词或词组，并且不再具有被贬之义。

2.2 "X向左，Y向右"构式的结构类型

考察所搜集的216条例句，我们将"X向左，Y向右"结构分为三类，其结构类型见表7-2-1：

表7-2-1

结构类型	X、Y的成分	比例（216条）	例句
（一）NP_1向左，NP_2向右	X、Y均为NP	80%	（357）货币向左，财政向右（财富赢家，20110107）
（二）VP_1向左，VP_2向右	X、Y均为VP	7%	（358）通胀向左，通缩向右（东方财富网，20121205）
（三）AP_1向左，AP_2向右	X、Y均为AP	13%	（359）股市震荡调整 激进向左，保守向右（南方都市报数字报，20130301）

第七章 汉语新型"X向左，Y向右"构式的语义认知

根据表7-2-1可知，"X向左，Y向右"结构中的X、Y可以由NP充当，也可以由VP或AP充当。在搜集到的216条语料中，第一种类型所占比例为80%。可见，作为文章标题，还是以名词或名词性短语进入"X向左，Y向右"结构的居多。

第三节 "X向左，Y向右"构式的语义特征

从形式上看，"X向左，Y向右"结构是由两个并列的分句构成，但其内容整体上却表达一个独立而完整的意义。考察以上构式所指陈事件的情状以及构式所出现的上下文或现场的话语情景，我们发现"X向左，Y向右"构式具有以下语义特征：

3.1 ［+不一致］

"X向左，Y向右"构式表达X与Y在某一方面或某一领域的不一致，例如：

（360）<u>理想向左，现实向右</u>（《金陵晚报》，20121226）

（361）<u>供给向左，需求向右</u> 粮价依然主导CPI走势（《中国证券报》，20110216）

（362）<u>聪明向左，精明向右</u>（《浙江日报》，20140728）

（363）<u>美女向左，帅哥向右</u>（《都市女报（济南）》，20150227）

例（360）将两个名词并列对举，显示了"理想"与"现实"的矛盾。例（361）将两个动词并列对举，是指粮价的走势在"供给"与"需求"上的不一致。例（362）作为文章标题，将"聪明"和"精明"这两个形容词并列对举，意在揭示韩寒、郭敬明两种不同的创作风格，前者尖锐犀利不乏黑色幽默，后者故事唯美文字华丽，二人风格迥异。例（363）直接表明：美女和帅哥对事务处理的方式不一致。由此看来，当"X向左，Y向右"构式被用于表达对未来发展的观点、对事物采取的措施和处理方式以及展示事物的风格时，

该构式具有［+不一致］的语义特征，表达X与Y在某一方面或某一领域的不一致。

3.2 ［+背离］

"X向左，Y向右"构式表达X与Y的发展方向是背道而驰的，例如：

（364）<u>经济向左，股市向右</u>（雪球网，20141010）

（365）<u>减持向左，增持向右</u>　2011股东交易背道而驰（和讯网，20120120）

（366）<u>宏观经济向左走，货币政策向右走</u>（《国际金融报》，20150316）

例（364）作者运用这一构式表明经济和股市的发展趋势是相互背离的；例（365）表明上市公司的重要股东在增持股数和减持股数的交易趋势上是背道而驰的；在例（366）中，作者在句中直接添加了表达事物发展趋向的"走"，表意更加明确，凸显了"宏观经济与货币政策"发展趋势的相互背离。可见，当"X向左，Y向右"构式被用于表达事物发展趋势时，该构式具有［+背离］的语义特征，表达X与Y的发展方向是背道而驰的。

通过考察所搜集的例句，我们还发现，X、Y在进入"X向左，Y向右"结构之前，二者之间可能有并列关系或反义的关系意义，也可能无任何关系意义，但一旦进入构式之后，就一定会产生相关或对立的关系意义。例如：

（367）彩电发展方向：<u>中国向左，韩国向右</u>（新华网安徽站，20150708）

（368）<u>发行向左，退出向右</u>——艺术品信托开始接龙游戏？（凤凰网，20120401）

（369）汕尾红海湾　<u>温柔向左，激情向右</u>（中华网，20120510）

（370）2016：<u>考研向左，春晚向右</u>（考试吧，20150803）

以上四例均为报刊文章标题，例（367）将"中国"和"韩国"这两个名词对举，二者本是并列关系，但进入构式后就产生了对立关系，例句的含义

第七章 汉语新型"X向左，Y向右"构式的语义认知

揭示出中国彩电的发展趋势与韩国不同；例（368）是两个反义关系的动词"发行"和"退出"并列对举，指出二者发展趋势的矛盾对立；例（369）是两个形容词的并列对举；而例（370）"考研"和"春晚"本是毫无关联（既无类属意义又无关系意义）的两个概念，被强制性地放在"X向左，Y向右"构式中，于是"考研"和"春晚"就产生了对立关系，整个例句的含义经过整合就产生了新创意义：考研和春晚（在时间安排上）有矛盾有冲突。

综合上述分析，我们得出这样的结论：无论X、Y是名词、动词还是形容词，无论X和Y的关系意义原本是相近相反还是毫无关系，只要进入"X向左，Y向右"构式，X与Y就具有了发展态势不一致甚至互相矛盾、互相对立的语义特征。于是，我们将"X向左，Y向右"的构式义概括为：在原点上强制性地将相关的两种现象或两种事物（X和Y）放在相互对立的态势中观察它们各自的走向，以便获得它们作为一个整体的认知。这一构式的整体认知就是：X与Y在某一方面发展的不一致或背道而驰。

第四节 "X向左，Y向右"构式的语义认知基础

4.1 构式中"左"、"右"的语法化

"左"、"右"两个字都是象形字，从手，本义指人的左手和右手，这是"左"、"右"最初的具体意义。后来人们又将"左"和"右"用于表达空间方位。与其他表达具体空间方位的处所词相比，"左"和"右"作为方位词表达的是抽象的空间方位，方向明确但具体位置不明确。在"X向左，Y向右"构式中作为方位词的"左"和"右"又进一步虚化，其含义并不表示具体的方位而是经过语法化后并列出现在构式中，作为一对相反、相对的意义关系，在形式上构成对称，意义上形成互补。例：

（371）爱情向左，婚姻向右（搜狐，20150731）

"爱情"与"婚姻"本是毫无对立冲突的两个相关的概念，人们向往的是美好的爱情，其结局为美满的婚姻，发展趋势应该是朝着一个方向发展的（通常在人们的认知观念中爱情是向着婚姻方向发展的），但在例（371）中作者将"左"、"右"并列对举于标题构式中，意在凸显"爱情"与"婚姻"发展趋势的不一致。在这一构式中，"左、右"也并不表示方位，而是已虚化为表达事物发展"不一致"的两个方面。

总之，在"X向左，Y向右"构式中，"左"、"右"的意义语法化后并列对称出现，作为一种相互对立的概念，表达一对相反、相对的意义关系。因而在"X向左，Y向右"构式中才能整合出X与Y发展趋势的"不一致"和"矛盾"的含义。

4.2 构式中"左"、"右"的空间隐喻作用

隐喻是我们认识世界的最基本的方法之一（蓝纯，2005）。"左"和"右"作为空间概念，描述的是以"我"为原点的水平横轴上的方位关系，原点左边的方位为"左"，原点右边的方位为"右"，它们作为一种空间始源域映射到不同的目标域中就产生了不同的概念。"左"、"右"本无矛盾对立的含义，但当二者同时进入"X向左，Y向右"构式后，就使整个构式具有了矛盾冲突的隐喻义，强制性地使两种不相关的事物和现象（X和Y）产生了对立冲突的发展态势。造成这种现象的原因，我们认为有可能是人类在漫长的历史传承中形成了"尊左卑右"和"尊右卑左"的文化。人们习惯于把自身关于数量、地位、喜恶情绪等投射到具体的方位概念上，利用方位词的物理空间基础与心理体验之间的相似性进行取象。比如，人们在古代传统文化中极重视尊卑，当谈及座位、序次、吉凶、方位等时，以左为尊；当谈及地位、财富、职位、官位等时以右为尊。此外，在形成隐喻的过程中，人类头脑中对世界的认识还受到主观作用的干预，人们对语言的使用也受到感知作用的影响。长此以往，"左"和"右"就形成了对立面。如今人们对"左"、"右"的尊卑褒贬的象征意义随着时代的发展，世界潮流的冲击，社会的变革，政治的影响，文化观念的更新，也在不断变化着。在"X向左，Y向右"构式

中"左"和"右"虽是属于对举的情况,二者处于平等的地位,但由于空间隐喻的作用,人们在认知上仍倾向于将"左"和"右"看作为一组有矛盾冲突的对立面。

4.3 构式对词类的选择

为什么人们要用"左、右"形成构式而不用同样表达相反相对意义的方位词"前、后"或"上、下"呢？我们尝试用"前、后"和"上、下"来替换"左、右",将其变成"X向前,Y向后"和"X向上,Y向下"结构,例如：

（372a）中国向左,世界向右（《中国经济时报》,20110913）
（372b）? 中国向前,世界向后（自拟）
（372c）? 中国向上,世界向下（自拟）

为了表达"中国"和"世界"的经济发展趋势的不一致,《中国经济时报》用例（372a）表达。而例（372b）和例（372c）显然表达不了此种含义。"前、后"和"上、下"都不能轻易替换"左、右",如果替换含义就会完全不同。因为"前、后"和"上、下"的方位义、隐喻义及引申义均比"左、右"明确。"前、后"具有极强的空间方向性,表达空间义的"前、后"符合人们对时间感知的心理照应,可以描述时间的推延性,构成一种典型的隐喻,使得例（372b）含有"前进"和"后退"的历史意味；"上、下"的本体意义是与空间位置的高低相联系的,"上、下"总具有一定的垂直方向性,例（372c）就使人联想到经济和地位方面的"上、下"；而"左、右"不牵涉水平流动和垂直流动,也不标识具体方向,其隐喻的产生基于方向的模糊性倾向（张玉苹,2009）。"左、右"的方向性比较模糊,所以,"左、右"的意义泛化,使用范围最广,使用频率最高,用"左、右"表达发展趋势的"不一致"更为适合。由此可见,与"上、下""前、后"不同,当"左、右"进入"X向左,Y向右"构式后,其意义已虚化,它们成对出现在同一个构式中,不再具有具体的"方位义",而是虚化为表达构式的"不一致"

义。又如：

（373a）职场人：<u>房子向左，事业向右</u>（《苏州日报》，20110527）

（373b)？房子向前，事业向后（自拟）

（373c)？房子向上，事业向下（自拟）

例（373a）是指"买房"与"做事业"发展趋势不一致，产生了冲突，要房子还是要事业？这对事业刚刚起步的年轻人来说，往往是非左即右的两难选择。而例（373b）（373c）则因"前、后"和"上、下"的方位义和隐喻义都比较明确，故而未曾见过此种用例。

此外，"左右"表示操纵和控制（王开文、覃修桂，2007），这种意义"上下"和"前后"都没有。操纵和控制就是决定事情发展的方向。因为事情的发展方向是很多的，不是二维的；而"左右"是个水平概念，可以泛指某一物体的周围，方向上可视为该物体向其四周的辐射，其多维性与事情发展方向相一致，所以，"左右"表示操纵控制事物的不同处理方式。同样，我们认为"X向左，Y向右"构式中"表达事物发展方向的不一致"以及"对事物的选择和处理方式不同"的含义也是由"左右"的操控义引申而来。

总之，由于"左、右"在构式中的语法化和空间隐喻特征上的反向对立、并列对举，最终构成了矛盾的同一体构式"X向左，Y向右"，表达了X与Y发展方向的不一致，甚至背道而驰，这一构式正好符合人们表达并凸显"事物和现象发展趋势相矛盾"的心理，因而也是"X向左，Y向右"构式比较盛行的原因之一。从构式的整体意义来看，"X向左，Y向右"构式的语义认知基础是其构式成员"左、右"语义语用上的反向对立。

第五节 "X向左，Y向右"构式整合的修辞动因

通过考察所搜集到的216条例句，结合语境信息，可以发现"X向左，Y向右"构式在实际的语言表达中整合了以下修辞动因：

第七章　汉语新型"X向左，Y向右"构式的语义认知

5.1　表达并列关系事物发展的反向性

由于构式中"左、右"方位词的对举使用，结构上具有对称性，意义上具有互补性，因而人们用"X向左，Y向右"构式表达同一领域中具有并列关系的两个事物反向发展的趋势。例如：

（374）地产巨头的路径选择：<u>万科向左，绿城向右</u>（中国日报网，20120919）

（375）微博变形记：<u>新浪向左，腾讯向右</u>（DoNews，20120119）

例（374）可理解为中国最具影响力的两家房地产企业"万科"与"绿城"的发展方向不一致。例（375）是指"新浪"和"腾讯"在运用微博的策略上采取了不同的选择和不同的措施。

值得注意的是：任意的X和Y进入构式后，由于构式的作用，X与Y相互间都会在某一方面或某一领域中产生对立或反向发展的态势。例如：

（376）秦朔点评房产税：<u>上海向右，重庆向左</u>（新浪地产网，20110128）
（377）<u>盖茨向左，乔布斯向右</u>（IT商业新闻网，20110119）

例（376）中"上海"和"重庆"的对立是指在对待"房产税"的问题上采取的措施不一样。例（377）中"盖茨"和"乔布斯"的对立是指在IT行业中，他们分别代表了IT业商业思想发展的两端。

上述例句中的"万科和绿城"、"新浪和腾讯"、"上海和重庆"、"盖茨和乔布斯"本是并列关系的名词，这四对并列关系的名词进入构式后发生了变化，产生了对立发展的态势。可见，"X向左，Y向右"这一构式可用以表达并列关系事物发展的反向性，而反向的逻辑基础是"左"与"右"的反向关系。

5.2　凸显反义关系事物发展的逆向性

由于构式中"左、右"虚化为具有"相反相对意义"的概念，人们就用"X向左，Y向右"这一构式来凸显反义关系事物发展的逆向性。

这种反义关系有两种类型，一种是形容词的相反相对，例如：

（378）<u>快乐向左，烦恼向右</u>（《安徽青年报》，20120619）

（379）百年西餐：<u>传统向左，时尚向右</u>（天津网，20110729）

例（378）、（379）中的"快乐"和"烦恼"、"传统"和"时尚"均为具有反义关系的形容词，构式中"左"和"右"的逆向性使得形容词的逆向性得到加强，由此可以深刻理解"快乐与烦恼"、"传统与时尚"发展趋势的不一致，是完全彻底地背道而驰。

另一种是动词的相反相对，例如：

（380）图文：<u>结婚向左，离婚向右</u>（网易，20110517）

（381）寿山石<u>收藏向左，投资向右</u>（海都网，20120221）

例（380）、（381）中"结婚"和"离婚"、"收藏"和"投资"是两组意义相对的动词，构式的逆向性同样也凸显了这两组反义动词的逆向性，表达出"结婚与离婚"、"收藏和投资"的发展趋势是完全背离的。

从以上例句可以看出，不管是反义关系的形容词还是反义关系的动词，只要进入"X向左，Y向右"构式都会凸显其逆向性，凸显"X、Y"的对立及发展趋势的"不一致"。

5.3 揭示选择时的矛盾心理

由于"左""右"语义语用上的反向对立，人们也常用"X向左，Y向右"这一构式揭示面对选择时"左右为难"的矛盾心理。例如：

（382）<u>产品向左，服务向右</u> 管理软件厂商该何去何从？（和讯网，20120216）

（383）欧盟处于十字路口：<u>向左希腊，向右乌克兰</u>（和讯黄金，20150401）

第七章 汉语新型"X向左，Y向右"构式的语义认知

（384）女人三十 <u>升职向左，生子向右</u>（《中国民航报》，20050603）

例（382）揭示了"在产品和服务相悖的情况下管理软件的厂商该如何选择"的矛盾心理。例（383）表明处于十字路口的欧盟：在希腊和乌克兰的问题上真的只能二选一吗？真是左右为难。例（384）揭示在升职和生子相悖时三十岁女人的两难选择。

上例中的"产品和服务"、"希腊和乌克兰"、"升职和生子"本无矛盾，它们是没有对立关系的两组词，进入构式后就变成了彼此对立的关系，揭示了人们选择的两难心理。可见，"X向左，Y向右"这一构式可用以揭示人们选择时的矛盾心理，而矛盾的逻辑基础是"左"与"右"的反向关系。

由于"X向左，Y向右"构式可以揭示生活中的种种矛盾和不一致的现象，商家常利用此种构式做广告，以达到劝解和宣传经营业务的目的，例如：

（385）<u>求职向左，招聘向右？</u>RPO业务或成专业"解铃"人（千龙，20120416）

（386）<u>工作向左，生活向右</u> 中粮祥云乐享国际生活（新浪，20120613）

例（385）针对目前"用工荒"与"求职难"的状况，为"RPO业务"做宣传，例句的意思是"RPO业务"可以做到"求职"和"招聘"双向共生。例（386）意思是尽管工作与生活不一致、不平衡，但在中粮祥云国际生活区却可以为全球人打造国际生活乐土，达到满足生活与工作的完美平衡。

通过分析我们发现，人们常常在新闻标题和网络论坛中运用"X向左，Y向右"构式的修辞动因在于：在人们的认知倾向中，"左"和"右"之间具有相反相对的语义特征，因此X和Y进入"X向左，Y向右"构式后就可以产生语义上的逆向性，凸显相关的事物在发展趋势中的"不一致性"和"矛盾对立"特征。

第六节 "X向左，Y向右"构式的语义形成机制

6.1 概念整合与创新意义

人的思维方式离不开整合。概念整合是人类把来自不同空间的输入信息有选择地提取部分意义整合起来而成为一个新概念结构的一系列认知活动（王正元，2009）。新兴的"X向左，Y向右"结构的语义认知也离不开整合，我们认为"X向左，Y向右"结构形式和意义匹配的认知机制是人们心理空间的概念整合。其语义关系的构建是人们在特定的修辞动因的作用下，将心智空间中对"左、右"关系的认知与相关的X、Y概念的整合而构建的。下面以"天堂向左，深圳向右"和"爱情向左，婚姻向右"为例说明"X向左，Y向右"的整合与创新意义。见图7-6-1所示：

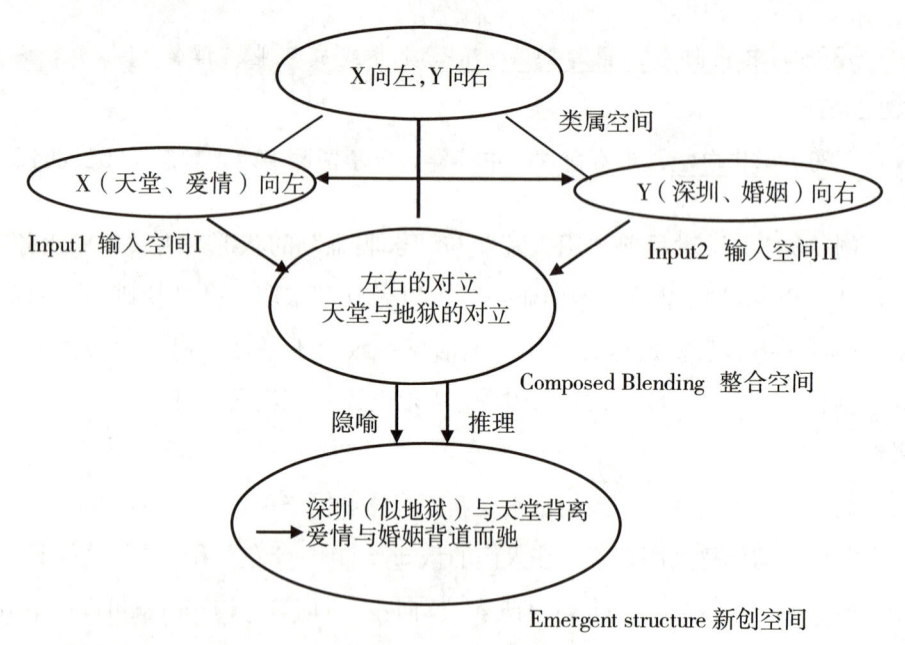

图7-6-1 "X向左，Y向右"的整合图式

图7-6-1中，"X向左"为输入空间Ⅰ，"Y向右"为输入空间Ⅱ，人们在整合空间中提取"左与右的对立意义"与"X"概念和"Y"概念进行整合，产

第七章　汉语新型"X向左,Y向右"构式的语义认知

生新创结构(浮现意义)。例如,当"天堂向左,深圳向右"进入人们的心智空间后,经人们在心理空间中对"左、右的关系是对立的"以及"天堂和地狱的含义是相反相对的"概念的认知整合,经隐喻推理出"深圳(似地狱)与天堂背离"的新创意义;同样,当"爱情向左,婚姻向右"分别进入两个输入空间后,经人们心理空间中对"左、右是反向关系"的认知整合推理出"爱情与婚姻反向发展"的概念,产生"爱情与婚姻背道而驰"的新创意义。这种新创意义(或称浮现意义)是经过人类认知心理空间的整合而得知的。总之,"X向左,Y向右"这一结构的意义是利用"左"和"右"之间的关系通过人们认知心理空间的整合隐喻推理出来的,它可以用于表达一种观点,或阐明一个事理,或揭示一个真相,或概括一个事件。

6.2　构式的变异与发展

由于受修辞动因的影响,我们认为汉语"X向左,Y向右"结构是由两个并列分句整合而成的一种新兴的修辞构式,是经传统语法结构的变异发展而来,是由一定的修辞动因加在一个基本的语法构式的基础上形成的。

语法构式的图式结构(见图7-6-2)和修辞构式的图式结构(见图7-6-3)区别如下:

图7-6-2 "向左V,向右V"
语法结构图式

图7-6-3 "X向左,Y向右"
修辞构式图式

传统的语法结构见图7-6-2所示,即"向左V,向右V"。例如:

(387)地产业　向左走　向右走(中证网,20121107)
(388)2013年互联网:向左走?向右走?(中国产业经济信息网,20130118)

上述两例分别指地产业和互联网的发展趋势,意思是"地产业或互联网

该走向何方",这种语法结构表达的含义很明确,表达的是选择关系。

而目前新兴的"X向左,Y向右"构式是一种修辞构式,见图7-6-3所示。例如:

(389)奥巴马新任期政策走向:<u>财政向左,货币向右</u>(中金在线评论,20121107)

(390)<u>调控向左,市场向右</u> 且看2013年度徐州楼市走向(搜房网,20130117)

而例(389)、(390)虽然也是指发展趋势"新政策走向"和"楼市走向",但所表达信息超出了原语法图式的接纳范围,于是发生了变异。

语法构式是以同化和顺应两种方式导致了修辞构式的形成(刘大为,2010)。通过分析我们发现"X向左,Y向右"构式正是顺应了由修辞动因造成的意义的改变,将语法构式的语义整合压制[①]而来。例如:

(391)<u>爱情向左,房子向右</u> 新旧婚姻法司法解释冲突第一案(新浪地产网,20110819)

例(391)就是为了表达"爱情"与"房子"发展趋势的逆向性及矛盾冲突而采用了"X向左,Y向右"这一修辞构式,构式中的动词已在整合时被同化了。

在新兴的"X向左,Y向右"构式中,原语法结构中的动词"走"被同化到构式中并与"向"整合压制共同表达事物的发展趋势,语言使用者为满足新的表达需要,利用人们对"左、右"关系的认知经验,使构式与进入构式的成分"X"和"Y"发生新的互动整合,最终形成了具有浓厚修辞意味的新型构式。

作为语法构式的"向左V,向右V"表达的是选择关系,而作为修辞构式的"X向左,Y向右"则表达的是一种互为矛盾对立的语义结构关系。可

---

① 关于构式压制详见施春宏(2012)从构式压制看语法和修辞的互动关系。

第七章　汉语新型"X向左，Y向右"构式的语义认知

见，当人们所要表达的信息超出了原语法图式的接纳范围，就会发生变异。在"X向左，Y向右"构式的演变发展过程中，其语义结构由"并列关系"变为"选择关系"，又由"选择关系"变为"矛盾对立关系"，最终实现了具有［+不一致］和［+背离］语义特征的表达，同时也完成了向修辞构式的转化。

第七节　本章小结

本章尝试对汉语新型"X向左，Y向右"构式来源、结构类型和语义特征进行描写，并从概念整合的角度分析这一构式形成的认知机制。我们认为，汉语"X向左，Y向右"结构是由两个并列分句整合而成的一种新兴的修辞构式，其构式义为：在原点上强制性地将相关的两种现象放在相互对立的态势中观察它们各自的走向，以便获得它们作为一个整体的认知。其语义的认知基础是"左、右"在构式中的语法化和空间隐喻作用。"X向左，Y向右"这一新兴构式的语义认知机制是整合，是人们根据"左""右"在构式中的语法化和空间隐喻作用在表达并列关系的反向性、凸显反义关系的逆向性和揭示选择时的矛盾心理的修辞动因促动下，将原有表"并列"和"选择"关系的语法结构进行整合压制而形成的。"X向左，Y向右"构式是修辞动因与语法结构的完美整合，是能够表达极具矛盾感的新鲜的语言信息编码形式。

附录　典型的"X向左，Y向右"构式用例（不包括文中已经例举的）

（一）NP_1向左，NP_2向右

（1）空中争霸：太阳能向左，空气能向右（中国家电网，20101230）

（2）晋江帮向左，宁波帮向右（新浪，20110110）

（3）同是巨债压顶　欧元向左，美元向右（财讯，20110107　）

（4）功能向左，造型向右 2010年新奇手机盘点（中关村在线，20110107）

（5）道德向左，法律向右（《解放日报》，20110915）

（6）宁小蛮：禅师向左，科比向右（《中国日报》，20110511）

（7）深度观察：深圳向左，小剧场话剧向右？（中国时刻，20110103）

（8）数字音乐向左，网络游戏向右（52PK，20110112）

（9）《神武》百变造型 型男向左，潮女向右（太平洋游戏网，20110112）

（10）天堂向左，桃源向右（凤凰网，20110121）

（11）奔驰向左，奥迪向右：豪车中国局（南方网，20110120）

（12）麦当劳向左，肯德基向右（搜狐，20120724）

（13）政策向右，市场向左，2010中国楼市回顾与2011年展望（焦点房地产，20110121）

（14）为什么微博向左，SNS向右？（美股，20110104）

（15）高端白酒：酒价向左，股价向右（中国财经信息网，20110216）

（16）东听西说：油价向左，车税向右 一周车事简述 车神榜（20110225）

（17）团购何去——美团向左，58向右，京东立正！（电脑商情在线，20110225）

（18）天堂向左，意甲向右（网易，20110225）

（19）政策向左走，策略向右走（中信证券）（和讯网，20110223）

（20）IPad向左，PC向右 同居男女无线大作战！（《解放日报》，20110301）

（21）娱乐向左，新闻向右：2011视频网站的新方向（慧聪网，20110301）

（22）家电市场观察：百思买向右，五星向左（慧聪网，20110302）

（23）城市向左，城中村向右 合肥低收入者站在路口（365地产家居网，20110322）

第七章 汉语新型"X 向左,Y 向右"构式的语义认知

(24)<u>盛大向左,芒果向右</u> 网游影视跨界开启双向植入(游久网,20110326)

(25)中国礼品中介公司:<u>产品向左,服务向右</u>(慧聪网,20110408)

(26)蜜游 <u>王子向左,公主向右</u>(华声国际传媒网,20110406)

(27)发展新能源汽车 <u>中国向左,印度向右</u>(深圳汽车大世界网,20110404)

(28)杂谈:为网游文化寻根 <u>仙剑向左,西游向右</u>(新浪,20110331)

(29)《佣兵天下》人人都是mt——<u>天堂向左,佣兵向右</u>(eNet硅谷动力,20110414)

(30)<u>篮球向左,我们向右</u>,宏远的实力决非等闲(中工网,20110415)

(31)电信设备商押注转型:<u>爱立信向左,华为向右</u>(和讯网,20110512)

(32)天龙3刺客的宿命:<u>天堂向左,天山向右</u>(中关村在线,20111227)

(33)<u>美股向左,A股向右</u> 市场开始担忧滞胀风险(腾讯网,20110508)

(34)最"全能"装修:<u>美型向左,实用向右</u>(《天府早报》,20110506)

(35)兼容论战原装:<u>利润向左,客户向右</u>?(和讯网,20110502)

(36)<u>年报向左,季报向右</u>(凤凰网,20110430)

(37)欲望《新倾城》:<u>肉丝向左,蕾丝向右</u>(多玩游戏,20110427)

(38)<u>重庆向左,成都向右</u>(搜狐,20110422)

(39)金融才女仇晓慧:如果<u>韩寒向左,郭敬明向右</u>(浙江都市网,20110517)

(40)<u>房子向左,事业向右</u>(《价值中国》,20110523)

(41)国酒茅台——<u>文化向左,物质向右</u>(新浪,20110522)

(42)<u>生活向左,大学城向右</u>(搜房网,20110526)

(43)王玉国:<u>罗斯向左,维斯向右</u> 软一点没什么不好(新民网,20110524)

(44)企业管理软件:<u>用友向左,金蝶向右</u>(新浪,20110607)

（45）谢霆锋向左，张柏芝向右 "锋芝"将双双爽约上海电影节（凤凰网，20110603）

（46）卡姿兰向左，玛丽黛佳向右（中国服装网，20110602）

（47）欧盟启动核电站压力测试：英法向左，德国向右（和讯网，20110601）

（48）男版向左，女版向右（凤凰网，20110529）

（49）银行股遭遇"社保向左，险资向右"（凤凰网，20110706）

（50）人民币基金向左，外币基金向右 外资更爱闷声发财（投资界，20110623）

（51）十年前向左，十年后向右 （网易，20110617）

（52）杨德龙：通胀向左，经济向右 政策面临两难选择（和讯网，20110711）

（53）政策向左，价格向右 解读长沙房产市场未来预期（长沙房地产联合网，20110714）

（54）友情向左，爱情向右（西小北大学生社团网，20110731）

（55）cpi向左，ppi向右 通胀扰乱美经济复苏舞步（新浪，20110616）

（56）徐宇兵：客户端向左，网页向右还要互通（中关村在线，20110728）

（57）团购向左，薇团向右 团购垂直供应与庞氏骗局剖析（搜狐，20110726）

（58）国产手机"云"起：智能向左，山寨向右（凤凰网，20110824）

（59）微博的十字路口：媒体向左，社交向右（一财网，20120723）

（60）银行股遭遇：基金向左，险资向右（和讯，20110829）

（61）你的人生：房子向左，幸福向右（银率网，20111118）

（62）7月PMI预览及数据矛盾解析：工业向左，PMI向右？（新浪，20110725）

（63）CNET评论：CEO更换，苹果向右 Google向左（和讯网，

第七章 汉语新型"X向左，Y向右"构式的语义认知

20110825）

（64）婚姻向左，爱车向右（南方网，20110810）

（65）谷歌向左，苹果向右 机顶盒有没有明天？（电子工程世界，20120827）

（66）电商向左，淘宝向右——由"暴动门"看电子商务发展新模式（慧聪网，20111018）

（67）伦敦向左，未来向右 男篮涉险进奥运却难霸亚洲（搜狐，20110926）

（68）A股半年报：业绩向左，股价向右（金融界，2011107）

（69）iPhone5向左，小米向右 要iPhone5还是要小米（慧聪网，20110909）

（70）中国向左，世界向右（《中国经济时报》，20110913）

（71）鲁西化工：航天炉向左，有机硅向右（中国财经信息网，20111123）

（72）经济向左，市场向右（赛迪网，20111205）

（73）支票向右，李娜向左（《北京晨报》，20111023）

（74）狮子座：朋友向左，恋人向右（瓯网，20111022）

（75）画面向左，内容向右 看元老级网游生存之道（eNet硅谷动力，20111123）

（76）淘宝商城向左，中小卖家向右（和讯网，20111019）

（77）西甲总结：巴萨向左，皇马向右，双雄平局霸业堪煮？（甘州在线，20110925）

（78）万科向左，中海向右：两巨头销售均价逆向拉大（经济观察网，20111212）

（80）纸币向左，黄金向右（中金在线，20120203）

（81）汇金向左，社保向右 "国家队"有分歧（搜狐，20120216）

（82）高路：高考向左，人生向右（和讯网，20120224）

（83）时光向左，幸福向右——嘉媚乐携手灵思共享精油芳香幸福时（中国化妆品网，20120104）

（84）费雪：欧盟峰会——欧盟向左，英国向右（和讯网，20111213）

（85）销售管理：刚性向左，柔性向右（慧聪网，20111231）

（86）洋房向右，高层向左，锡城热销复合楼盘（益房网，20120910）

（87）何英源：欧盟非正式会议不欢而散 法国向左，德国向右（中金在线，20120524）

（88）法国向左，希腊向右（组图）（搜狐，20120619）

（89）天信投顾：政策向右，预期向左，调整时间将至清明前后（中国证券网，20120320）

（90）限购令向左，房产税向右 涉房政策正酝酿调整（焦点房地产，20111028）

（91）回忆向左，青春向右（中国青年网，20120127）

（92）高考向左，留学向右（东阳新闻网，20120428）

（93）分类信息拉锯战：赶集向左，58同城向右（IT商业新闻网，20120914）

（94）苹果向左，微软向右：谁能窃取移动互联网真正灵魂（TechWeb，20120301）

（95）民主党向左，共和党向右（图）（搜狐，20111123）

（96）黄金向左，油价向右（现在网，20120605）

（97）上市公司"夫妻店"频现离婚大战：婚姻向左，股权向右？（中证网，20120909）

（98）2012投资展望：基金向左，券商向右 策略分歧明显（新浪，20111212）

（99）利好来临今天大涨？股民向左，分析师向右（图）（搜狐，20120514）

第七章 汉语新型"X 向左, Y 向右"构式的语义认知

（100）<u>好人向左, 坏蛋向右</u>（福州房产新闻, 20111204）

（101）微博时代：<u>文学向左, 阅读向右</u>（长城网, 20120820）

（二）AP_1 向左, AP_2 向右

（1）汕尾红海湾 <u>温柔向左, 激情向右</u>（1）（中华网, 20120510）

（2）<u>快乐向左, 烦恼向右</u>（安徽青年报, 20120619）

（3）<u>"害羞"向左, 医德向右</u>（华西都市报, 20120720）

（4）<u>向左急智, 向右虐心</u>（北京青年报, 20111020）

（6）<u>动感向左, 优雅向右</u>（凤凰网, 20111010）

（7）百年西餐：<u>向左传统, 向右时尚</u>（天津网, 20110729）

（8）<u>男向左, 女向右</u>：背道而驰的"裸婚"选择（新浪, 20110728）

（9）比基尼播报：<u>阳光向左, 媚俗向右</u>（图）（襄阳网, 20120615）

（10）<u>实用向左, 时尚向右</u> 12英寸超便携笔记本终极导购（南方网, 20110615）

（三）VP_1 向左, VP_2 向右

（1）<u>加油向左, 插电向右</u> "一升概念车"详解 （图）（中国服装网, 20110726）

（2）中国画走向：<u>崇古向左, 求新向右</u>（新浪, 20120911）

（3）团购网：<u>转型向左, 创新向右</u>（腾讯网, 20120420）

（4）<u>减持向左, 增持向右</u> 2011股东交易背道而驰（和讯网, 20120120）

（5）<u>投资向左, 融资向右</u> 酒交所现货交易纠结谋变（新浪, 20111220）

（6）<u>触摸向左, 手写向右</u>：谁将成为第二个E人E本？（慧聪网, 20111115）

（7）<u>定存向左, 投资向右</u> CPI高企如何理财（天津网, 20110719）

（8）<u>调控向左, 高端向右</u>（凤凰网, 20110526）

（9）<u>公考向左, 找工作向右</u>（人民网, 20120622）

（10）<u>买卖向左, 租赁向右</u> 深圳住宅租金创下历史新高（搜房网,

20120313）

（11）拥堵向左，治堵向右（中国交通新闻网，2011116）

（12）植发向左，织发向右，你选择什么？（新广网，20110523）

（13）图文：结婚向左，离婚向右（网易，20110517）

（14）考研向左，考公向右，她们被"考糊"了（金华新闻网，20110412）

（15）自住向左，投资向右　细分市场后超实惠楼盘推荐（爱房网，20110222）

（16）升学向左，出国向右：低龄留学你准备好了吗（滴答网，20120930）

第八章　汉语新型"且X且Y"构式的语义认知①

汉语"且X且Y"结构是当前网络论坛和新闻标题中较为流行的一种框式结构，它的流行是一种特殊的语言演变现象。新型"且X且Y"结构的解读涉及到复杂的语义认知，需要经过人们心理空间概念的整合和构式压制过程。本章讨论新型"且X且Y"构式的类型、语义特点、构式义、构式演变及语义认知机制。

第一节　引　言

1.1　问题的提出

近年来，随着语言的不断发展，在报刊杂志及网络媒体上出现了大量的以"且……且……"作为标题的结构，颇为流行，我们将这种含有"且……且……"的结构称为新型"且X且Y"结构。以下例子来自报纸杂志和网络论坛的标题：

（392）驾照自学直考，不妨"且行且完善"（《新华日报》，20151211）

（393）快递实名制　且试且规范（《中国信息报》，20151030）

（394）大学先修课　且行且思考（《新京报》，20151222）

（395）白领买房注意四大要点　买房不易且购且谨慎（新浪乐居，20150720）

---

① 本章简写稿论文以"整合和压制：汉语'且X且Y'结构的语义认知"为名发表于《语言与翻译》2016年第2期。

（396）独家点评：安倍在非常时刻释放善意 且行且观察（凤凰网，20150616）

（397）守一份宁静，且笑且安，且暖且行，执子之手（网易，20151008）

（398）乌镇：且行且留（新蓝网，20151204）

（399）下半年楼市平淡开局 且买且卖且珍惜（搜狐，20150812）

（400）且娱乐且忧患！学一招是一招！24部世界末日类型电影（游侠网，20150809）

众所周知，"且X且Y"结构的流行源于2014年3月31日马伊琍的微博"恋爱虽易，婚姻不易，且行且珍惜"一文。当时受到大量网友的关注和模仿。"且X且Y"结构在2014、2015年得到了广泛的传播，但这种广泛性并不是一时的，在原新闻热度逐渐降低后，这一结构的使用并没有呈现减少的趋势。为了调查这一结构目前的使用情况，笔者曾在2015年11月15日搜索百度当天的新闻，发现各大网络媒体（包括搜狐网、新浪网、腾讯网、人民网等）使用这一结构作标题的新闻已经达到662 000条。针对这一流行的语言格式，很多学者从不同的角度进行了研究，其中从构式的角度探讨"且……且……"构式的句法、语义、语用特征的有胡晓梅、高慧芳、祝婕（2015），为我们的研究开拓了思路。本文尝试在前人研究的基础上对新型"且X且Y"结构的语义进行合理的解读并从概念整合和构式压制的角度分析其语义结构的认知过程和形成机制。

1.2 语料来源

本文的语料来自人民网报刊检索资料库及互联网，我们从中提取了所有含"且……且……"字符串的例句（搜集资料的时间为2015年11月15日至2016年1月5日），并从中人工挑选出"且X且Y"结构205例。

第八章 汉语新型"且X且Y"构式的语义认知

第二节 "且X且Y"构式的基本结构类型

2.1 新型"且X且Y"构式的基本结构类型

根据X和Y的词性和音节形式,我们将新型"且X且Y"构式的基本结构归纳为以下几种类型(见表8-2-1):

表8-2-1

种类	类型	词性	音节	例句	比例(占205条语料)
第一种	且V$_单$且V$_双$	X、Y均为动词	X为单音节,Y为双音节	(401)辅道人行道结冰严重市民<u>且行且当心</u>(济南网络广播电视台,20151126)	82.7%
第二种	且V$_单$且V$_单$	X、Y均为动词	X、Y均为单音节	(402)今日投资热点:看涨意愿强<u>且炒且看</u>(北方新闻网,20150611)	13.2%
第三种	且V$_单$且A$_双$	X动词,Y形容词	X为单音节,Y为双音节	(403)<u>且握且舒适</u>最适合单手操作手机盘点(新浪科技,20150605)	0.9%
第四种	且A$_双$且V$_双$	X形容词,Y动词	X、Y均为双音节	(404)家是爱的港湾<u>且温馨且珍惜</u>(张家界在线,20151027)	1%
第五种	且A$_双$且A$_双$型	X、Y均为形容词	X、Y均为双音节	(405)致山河敬故人,<u>且柔软且锋利</u>(附照片)(图)(文汇报,20151027)	0.2%
第六种	且A$_单$且A$_单$	X、Y均为形容词	X、Y均为单音节	(406)花裙子携手短外套,<u>且娇且俏</u>!(中青网,20150930)	0.4%
第七种	且N$_单$且N$_单$型	X、Y均为名词	X、Y均为单音节	(407)在文字和镜头的世界里<u>且歌且舞</u>(网易新闻,20151217)	0.7%

种类	类型	词性	音节	例句	比例（占205条语料）
第八种	且V$_双$且N$_双$	X为动词、Y为名词	X、Y均为双音节	（408）且娱乐且忧患！学一招是一招！24部世界末日类型电影（游侠网，20150809）	0.3%
第九种	且V$_单$且N$_单$	X为动词、Y为名词	X、Y均为单音节	（409）青春路上　且行且歌（中国政协新闻网，20150508）	0.5%
第十种	且A$_单$且N$_双$	X为形容词，Y为名词	X为单音节，Y为双音节	（410）悠然悦湖会　且慢且生活（中原网，20151111）	0.1%

从表8-2-1中我们可以看出，与传统用法不同的是，新型的"且X且Y"结构承继了古汉语中的"且……且……"的格式，并有了新的拓展：

第一，词性的拓展。新型结构中，X和Y的词性更加多样化，大多数的X和Y由动词或动词短语充当，还可以由名词或名词性短语、形容词或动词性短语来充当。

第二，音节的拓展。新型结构中的X和Y的音节的构成也呈现多样化趋势，不再只是单音节词，而是向双音节词发展。在我们搜集的资料中，Y为双音节词（与X为双音节词相比）所占比例更大。这也符合现代汉语单音节词向双音节词发展的趋势。

第三，韵律节奏的拓展（为了说明构式的节奏，我们在此把单音节用一个*表示，双音节用**表示）。与传统格式相比，新型结构在韵律节奏上也出现了新的变化，由传统用法中单一的"且*且*"韵律节奏拓展为多种类型的韵律节奏，不仅有"且*且*"韵律节奏，更多的是"且*且**"韵律节奏，此外还增加了"且**且**"和"且*且*且**"的韵律节奏。例如：

（411）张振国：且听且看　且行且思　到一线报道齐鲁活力（浙商网，

20141027）

（412）"抢红包神器"且抢且谨慎（东北网，20151225）

（413）且治愈且摇滚（《新京报》，20130517）

（414）且咏且叹且珍爱（《宁波日报网》，20140915）

第四，句法的拓展。在传统语法中，"且……且……"格式在句中通常是连词，用以连接两个动词，充当谓语、宾语或补语成分。而从新型"且X且Y"构式充当的句法成分来看，"且X且Y"结构一般是作为一个小分句独立使用，并且具有独立的意义。

第三节 "且X且Y"构式的语义特征

3.1 传统"且……且……"的含义

我们查阅《古汉语虚词手册》和《古汉语常用字字典》可知，"且……且……"连用不是一个新造的结构，"且……且……"格式用以连接两个动词，这种格式比"且"字单用的格式更为普遍，可译为："又……又……"或"一边（方面）……一边（方面）……"。例如：

（415）居一二日，何来谒上，上且怒且喜。（司马迁《史记·淮阴侯列传》）

（416）见信死，且喜且怜之（司马迁《史记·淮阴侯列传》）

（417）……且驰且射。"（晁错《言兵事疏》）

例（415）意为：皇上又恼火又欢喜；例（416）意为：刘邦见韩信死了，一方面高兴，一方面怜悯他；例（417）意为：一边奔驰一边射箭。

由此可见，"且……且……"结构早已有之，在古汉语中是作为连词用的。"且"在《现代汉语词典》作为连词，也有"且……且……"的义项解释：分别用在两个动词前面，表示两个动作同时进行，例如"且战且退，且谈且走"。关于"且"的词性,《现代汉语八百词》表述为:(连)并且,而且。连接两个单音动词,表示两个动作同时进行或性质和状态的并存。

3.2 新型"且X且Y"构式的语义特征

新型"且X且Y"是当前网络论坛和新闻标题中较为流行的一种框式结构[①],"X、Y"是可变项,"且……且……"为不变项。从语义上来看,与古汉语中"且……且……"格式不同的是,新型"且X且Y"结构具有构式性,因为其整体意义不是简单地由"且"与"X、Y"意义的组合,而是需经过概念的整合才能够理解。因而我们将新型"且X且Y"这一框式结构作为一种构式进行分析。要深入分析新型"且X且Y"构式的语义特征及构式义,必须结合认知语境来探索。

意义是在具有创造性和想象力的心理过程中被动态地建构起来的,这是心理空间和概念整合理论的一个核心假设。我们把"且X且Y"结构放在马伊琍"且行且珍惜"微博的具体情境中探讨,查阅《百度百科》,解释有三种:第一种解释是:一边……一边……。"行"意指人生路上的过程,"珍惜"意指对于过往的态度,需要保持留恋,感激曾经的人与事。"且行且珍惜"含义是"一边漫步在人生的旅途中,一边感恩并且珍惜。"第二种解释为:"且"字表示行为或情况在不久以后发生,用在动词前面,解释为:"将","要","将要"[②]。"且行且珍惜"又可以理解为:"将要离别,应当互相珍惜。"第三种解释是:且行且珍惜,包含着"好自为之"之意。因此,对新型"且X且Y"构式的解读涉及到复杂的语义认知。这一构式的流行往往还反映了某种普遍的社会心理和社会情绪,其意义是人们对社会生活的情绪、社会意见的汇集、整合及表达。

---

① 典型的框式结构,指前后有两个不连贯的词语相互照应,相互依存,形成一个框架式结构,具有特殊的语法意义和特定的语用功能,如果去除其中一个(主要是后面一个),该结构便会散架;使用起来,只要往空缺处填装合适的词语就可以了,这比起临时组合的短语结构具有某些特殊的优势。就好比现代化的楼房建造,常常采用的框式结构一样,简便、经济、实用、安全(邵敬敏,2008)。

② 《古汉语虚词手册》第262页对"且"的解释也是"将","将要"。

第八章　汉语新型"且X且Y"构式的语义认知

结合具体的语境,我们将"且X且Y"结构所衍生的语义特征分析如下:

第一:[+劝勉]

(418)春光无限好　<u>且行且珍惜</u>(中国天气网,20150410)

(419)墨香茶蕴　<u>且品且享</u>(《安徽商报》,20151111)

(420)人生就是一场修行　<u>且走且享受</u>(《中国会计视野》,20141229)

例(418)可理解为"劝勉人们在无限美好的春光里生活要学会珍惜";例(419)可理解为"劝勉人们在品味墨香茶蕴的同时学会分享";例(420)可理解为"对人生的感慨和劝勉,行走在人生之路上要懂得享受懂得珍惜。"

第二:[+提醒]

(421)保健食品"<u>且吃且当心</u>"(《安徽商报》,20150608)

(422)网购虽易维权不易,<u>且买且谨慎</u>(长江网,20151230)

(423)漫漫春运将启程　旅客<u>且行且小心</u>(川北在线,20151225)

例(421)可理解为"提醒人们在吃保健食品时要当心";例(422)可理解为"提醒人们在网购时要谨慎";例(423)可理解为"提醒旅客在春运高峰期出行时要小心"。

第三:[+建议]

(424)京华时报:快递实名制　<u>且行且规范</u>(北京网络广播网,20151102)

(425)南方要供暖成共识,<u>且信且等待</u>(东北新闻网,20151118)

(426)科研转型,<u>且转且探索</u>(生物谷,20151223)

例(424)建议施行快递实名制时要注意规范化;例(425)建议大家要相信南方将会供暖,要耐心等待。例(426)建议在科研转型时要注意探索新模式、新方法。

第四：[+告诫]

(427)"双十一"到来　市民要<u>且购且防骗</u>（南方网，20151109）

(428)网购鞋被骗4万7　还请<u>且买且冷静</u>（东北新闻网，20151112）

(429)卫浴团购虽好人流却稀少　<u>且购且慎重</u>（中国建材第一网，20151218）

随着科技经济的发展，越来越多的人在日常生活中购买物品喜欢采取网络购物的方式，例（427）、（428）、（429）都是"告诫市民在网购时要防骗、要冷静、要慎重"。

同样，有三个"且"同时连用时，结合具体语境，读者也仍能感知到语句中[+劝勉]和[+建议]的含义。例如：

(430)<u>且看且喜且珍惜</u>（《新民晚报》，20151028）

(431)<u>且读且思且陶醉</u>（《大众日报》，20150529）

(432)<u>且行且吟且欢笑</u>（《深圳商报》，20150412）

(433)<u>且听且看且学习</u>，且行且做且成熟（豆瓣网，2013517）

可见，"且X且Y"构式的语义特征，通过与具体的语境的结合，我们从中可以体会到[+劝勉]、[+提醒]、[+建议]、[+告诫]的深层含义，感受到"且X且Y"构式在语义上的渐进和加强，从而进一步理解说话者所体会到的人生哲学和生活道理。

考察所搜集的语料，我们可以看出"且X且Y"结构都包含了两个或以上的事件或行为动作，主要是提醒或劝勉人们做X的时候，也别忘了做Y。X和Y并不是相互矛盾的，是可以同时出现的，或X先于Y而出现，且Y是伴随着X的出现才能有的。

通过上述语义特征的分析，我们将新型"且X且Y"结构的构式义概括为"在特定的语境中劝勉（提醒、建议或告诫）人们在做X动作行为时一定要同时做Y动作行为"。

第四节 "且X且Y"构式的演变：从实体到框填

4.1 实体构式"且行且珍惜"

最初的"恋爱虽易，婚姻不易，且行且珍惜"用来表达对恋爱、婚姻的感慨并劝诫的语义，这是依赖于特定的场景才能理解其语义的实体性构式。于是有了网民的模仿：内容有所不同，结合自己的亲身经历抑或是对生活所思所感，道出自己的人生体验。

（434）买车容易，护车不易，且行且珍惜！（网通社，20151209）

（435）医院拒收欠费患者　治病容易　救命不易　且行且珍惜（中国品质橱柜网，20150926）

之后，人们为了语言的简练经济，逐渐将"……容易，……不易"省略，直接用"且行且珍惜"作为标题：

（436）同学喜宴醉酒死亡　生命来之不易　且行且珍惜（川北在线，20151218）

（437）照明电器行业外贸形势分析　且行且珍惜（和讯科技，20151215）

4.2 仿拟性框填[①]构式"且［X］且珍惜"

"且行且珍惜"被人们不断用于不同的场景中，从中提取出"且［X］且珍惜"的框架结构，其中需要替换填充的空位是动词性成分，是框架的变项，剩下的语言成分是框架的常项。例如：

（438）河源街坊们：水费要调价了　且用且珍惜（南方网，20151208）

[①] 俞燕、仇立颖（2009）指出，仿拟性框填是为适应特定言语场景而临时产生的，流行性框填指的是从语录流行语中抽取的框填结构在短时期内被高频使用在新的场景中。

（439）竞争白热化，且踢且珍惜（金羊网，20150413）

（440）挑战车展最低价！昌吉庞大且买且珍惜！（网通社，20151208）

（441）赢球不容易，且赢且珍惜（光明网，20150421）

"且[X]且珍惜"结构的语义主要还是[+劝勉]，劝勉人们不管做任何行为动作"X"时，都要懂得在做这个"X"动作的基础上"珍惜"，具有强烈的"劝勉珍惜"义。

4.3 流行性框填构式"且[X]且[Y]"

从仿拟性框填构式"且[X]且珍惜"，发展到"且[X]且[Y]"，形成流行性框填构式。在"且[X]且[Y]"构式中，框架成分的常项减少，增加了空位的变项Y，而使更多的动词、形容词或名词纳入到构式中，如：

（442）法制进校园，且讲且坚持（河北新闻网，20151023）

（443）漫漫春运将启程　旅客且行且小心（川北在线，20151225）

（444）省钱游，且游且忐忑吧！（长江网，20151126）

"且X且Y"构式的语义特征，由[+劝勉]珍惜义拓展，增加了[+提醒]义、[+建议]义、[+告诫]义，语义的内涵和外延逐渐丰富，以致必须结合认知语境信息，经由人们心理空间概念的整合和构式压制才能深入理解新型"且X且Y"结构的语义认知过程和认知机制。

第五节　"且X且Y"构式的语义认知机制

5.1　心理空间概念与认知语境的整合

心理空间和概念整合是一个关于话语处理（Discourse management）的理论框架。在实际的话语理解过程中，我们会在大脑中激活关于人、事物和事件的各种语言和非语言的知识框架，并存储在工作记忆中，Fauconnier称之为

第八章 汉语新型"且X且Y"构式的语义认知

心理空间[①]。

从认知方式看,新型"且X且Y"构式的本质不是组合性的,而是来源于人们心理空间概念的整合性。我们通过对实际语料和具体语境的考察,可以得知"且X且Y"这种新型结构形成的内部动因和机制,就是整合。

就拿"且行且珍惜"来说,对其构式的深层含义的认知也是需要经过人们心理空间的概念整合。简洁明了的"且行且珍惜"结构实际上整合了语言表达者在当时语境中的各种感慨。多年的婚姻,用多少言语都无法表达,其中的快乐、忧伤、幸福、痛苦、委屈以及人生的坎坷所混合的各种滋味,也只有经历过的人才能体会到。言者仅用一句"且行且珍惜"进行概念的整合,反映了当代人对于婚姻、对于生活的态度,表现了一个知性女性的大度,正因为这个原因,也让广大网友对言者刮目相看,于是"且行且珍惜"构式开始流行。"且行且珍惜"的产生和流行,是心理空间概念整合的结果,也是社会交际的需要。

同样,汉语新型"且X且Y"构式的意义也不能简单地从其组成成分"且"和"X、Y"的词汇意义中推知出来,其"浮现意义(Emergent meaning)——在特定的语境中劝勉(提醒、建议或告诫)人们在做X动作行为时一定要同时做Y动作行为"的产生是人们经过心理空间概念合成和推理的结果。Fauconnier指出,突生(新创)结构并不是整合空间本身的结构,而是整个整合网络的动态结构。最佳的整合空间是简单的,并且能利用现存、可及的结构——概念整合的优势正是来源于这种简单的结构和整个整合网络中的所有心理空间的连接。新型"且X且Y"结构整体构式义的产生从认知角度上看实际上也是心理空间概念合成与句法整合的结果。

"且X"作为输入空间I的元素,"且Y"作为输入空间II的元素,融合空间中产生的是新创结构,新创结构与认知语境的整合就是新型"且X且Y"的构

[①] Fauconnier 和 Turner(2002)首次把概念整合理论应用于语法研究。他们认为,语法结构常可以反映概念整合对事件的整合。将事件进行整合的方式之一就是把这些事件放到已有的整合事件结构中;反之,当人们看到一个典型的整合语法结构时,也将其理解成进行整合或分解的心理提示。

式义,也即1+1>2的整合意义而非组合意义。例如:

(445)辅道人行道结冰严重 市民<u>且行且当心</u>(济南网络广播电视台,20151126)

例句中X、Y均为动词,"行"是指市民"行走"这个动作,"当心"是"小心谨慎"之意,"且行"作为输入空间I的元素,"且当心"作为输入空间II的元素,认知语境是"辅道人行道结冰严重"。"且行且当心"这一构式在融合空间与认知语境整合之后就产生了"提醒行人在行走时应当小心谨慎"的新创意义了。如图(8-5-1)所示:

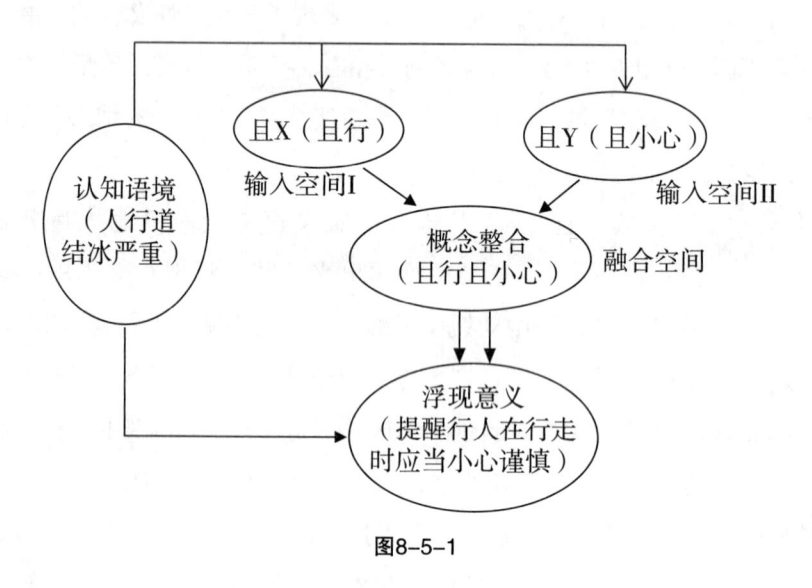

图8-5-1

(446)乌镇:<u>且行且留</u>(新蓝网·浙江网络广播电视台,20151204)

例句中的X、Y均为动词,"且行"作为输入空间I的元素,"且当心"作为输入空间II的元素,此例的认知语境是"乌镇"。"且行且留"这一构式在融合空间与认知语境整合之后就产生了"建议人们在乌镇旅行时要时时停留欣赏(中国水墨画般的白墙、黛瓦、小桥、流水,以及含有历史沧桑感的雕梁、画栋、石巷、老屋)"的新创意义了。

5.2 构式压制

在"且……且……"用法中,句法上要求X、Y都是动词或动词短语。也就是说动词和动词短语能够自由充当构式成分。而在新型"且X且Y"构式中,形容词(或形容词短语)和名词(或名词短语)也试图进入构式充当X、Y,形容词和名词与原型构式中的动词在句法意义上不相匹配,与整个构式的意义不协调。这就涉及了构式对词项的压制作用。进入新型构式的形容词、名词被压制后与构式的形义相契合,从而完成了构式压制[①]。

从统计搜集的语料来看,在"且X且Y"构式中,X为动词的比例占大多数,而且均是延续性动词,Y在大多数情况下也是动词,并以心理动词居多,如:珍惜、当心、慎重、谨慎、注意、小心、珍重等,并且大多动词表达的是"劝勉、提醒、告诫、建议或感慨"的含义。此外,在新型"且X且Y"构式中,还有相当数量的形容词和名词进入构式中,由于构式压制的作用,无论X和Y是名词还是形容词,只要进入"且X且Y"构式中,构式就会通过调整名词或形容词所能凸显的侧面来使构式和词项两相契合[②],于是X和Y都带有了动词的特性,也就是说让名词和形容词都动词化了。所以我们认为,不是X和Y的词性决定了新型"且X且Y"构式的特性,而是新型"且X且Y"的构式特性决定了X和Y的词性。我们在认知和理解新型"且X且Y"构式时还需经过构式压制的过程。例如:

(447)<u>且行且美丽</u> 夏季旅行护肤必备清单(MSN时尚频道,20130831)

例(447)X为动词,Y为形容词,对这一例句的理解和认知需经过构式压制和概念整合。由于Y(美丽)是形容词,需要受到构式压制变为动词,即"拥有美丽"。然后我们可以将X和Y的语义与整个构式的构式义融合,将此例理解为:"提醒或劝诫人们在夏季带上旅行护肤必备清单,就会在旅行的同时

[①] 构式压制是构式对词项的选择和词项对构式的适应(即词项满足构式的条件而进入构式)两者互动的结果(施春宏,2012)。

[②] 这里除了强调意义的压制外,还突出功能的压制;更重要的是将压制理解为基于凸显机制的识解过程,并以词项自身能够凸显某个侧面为前提。

拥有（变得）美丽"。

（448）且娱乐且忧患！学一招是一招！24部世界末日类型电影（游侠网，20150809）

例（448）中X（娱乐）为动词，Y（忧患）为名词，首先由于构式压制的作用，使名词Y具有动词的意味，"忧患"可理解为"具有忧患意识"。然后我们将X和Y的语义与整个构式的构式义融合，可以将此例理解为："在看世界末日类型电影时，提醒人们娱乐的同时还要具有忧患意识"。

（449）致山河敬故人，且柔软且锋利（附照片）（《文汇报》，20151027）

例（449）中X（柔软）为形容词，Y（锋利）也为形容词，"且"连接着两个形容词，对这一构式的理解认知需要构式压制和概念整合。首先由于构式压制的作用，使X和Y动词化，然后结合认知语境，我们可以将X和Y的语义与整个构式的构式义融合，可以将此例理解为："（贾樟柯执导的影片《山河故人》）致山河敬故人，提醒人们在关注柔软题材的同时还要关注其锋利的主题。"

第六节　本章小结

本章尝试对新型"且X且Y"构式的基本结构类型、语义特征和构式的演变进行描写，并从概念整合和构式压制的角度分析其构式义及语义认知过程和机制。新型"且X且Y"构式继承了传统语法"且……且……"格式并在词性、音节和韵律节奏、句法和语义方面进行了拓展，经历了从实体构式"且行且珍惜"到仿拟框填构式"且[X]且珍惜"再到流行性框填构式"且[X]且[Y]"的演变，并在具体的认知语境中，经过人们心理空间概念的整合和构式压制，衍生出[+劝勉]、[+提醒]、[+建议]、[+告诫]等一系列的语义特征，从而形成了这一构式的核心语义：在特定的语境中劝勉（提醒、建议或告诫）人们在做出X动作行为时一定要同时做出Y动作行为。

附录 典型的"且X且Y"构式用例（不包括文中已经例举的）

（1）使用外挂抢红包"<u>且抢且小心</u>"（中国广播网，20151230）

（2）<u>且晴且珍惜</u> 这两天抓紧洗晒 周日可能重新飘雨（湘湖网，20151218）

（3）发行点评：年末收官季，<u>且买且珍惜</u>（腾讯财经，20151217）

（4）<u>且美且独立</u>（天津网，20151216）

（5）"三下乡" <u>且行且珍惜</u>（中国文明网，20151214）

（6）依心而行 <u>且行且奋进</u>（光明网，20151215）

（7）<u>且行且珍惜</u>，下周变盘时间点已暴露！（搜狐，20151212）

（8）有多少墙面是被浪费的？房价这么贵，<u>且用且珍惜</u>（搜狐，20151211）

（9）姚笛，<u>且小三且恋爱且红包且挨骂</u>的不退场人生（腾讯娱乐，20151210）

（10）办完婚宴就分手，婚姻之路还需"<u>且行且珍惜</u>"（大众网，20151210）

（11）漫漫春运将启程 旅客<u>且行且小心</u>（川北在线，20151225）

（12）华鑫证券：反弹后半程<u>且行且谨慎</u>（同花顺金融网，20151119）

（13）原油当月连续低点反弹已逾10% 5股<u>且行且珍惜</u>（华讯财经，20151225）

（14）广汽本田现车抢购会 特批车源 <u>且买且珍惜</u>（网通社，20151219）

（15）科研转型，<u>且转且探索</u>（生物谷，20151223）

（16）天信投资，鱼尾行情<u>且做且谨慎</u>（新浪财经，20151223）

（17）<u>且买且注意</u> 小编支招砍价购房优惠多（合肥房地产交易网，20151125）

（18）大学先修课　且行且思考（光明网，20151222）

（18）文章"黄暴戏女主"身份曝光　被劝"且行且当心"（图）（中国青年网，20151221）

（19）大学先修课且行且思考　只适用于少数学有余力的学生（中国社会科学网，20151221）

（20）多重利空狙击　原油多头且行且珍惜！（东方财富网黄金频道，20151221）

（21）海外买学区房　且住且投资（网易，20151119）

（22）男子熬夜加班眼球爆裂　网友：且工作且珍惜（川北在线，20160102）

（23）"抢红包神器"且抢且谨慎（网易新闻，20151231）

（24）2015刚需哭晕在深圳　光明优质盘且买且珍惜（图）（百度，20151230）

（25）网购虽易维权不易，且买且谨慎（长江网，20151230）

（26）新四小花旦又出炉　且演且珍惜吧（安徽电视台，20151230）

（27）冬天锻炼不容易　要点谨记且练且珍惜（苏州都市网，20151229）

（28）重磅信号：跨年红包行情，且行且珍惜！！！（搜狐，20151228）

（29）幸福婚姻如何"且行且珍惜"（新华网，20160101）

（30）哥伦比亚女子当街与小三对峙引路人助威　网友：且爱且珍惜（华东在线，20160106）

（31）正确道路上的市场化国产操作系统　且行且坚定（比特网，20160106）

（32）法律让"文明"且行且珍惜（中国文明网，20151228）

（33）高开震荡反抽，后市且行且谨慎（搜狐，20160106）

（34）点赞营销且点且珍惜（搜狐，20160106）

（35）长春这个学位房即将售罄　刚需购房且买且珍惜（搜房网，

第八章 汉语新型"且X且Y"构式的语义认知

20160106）

（36）2015刚需哭晕在石家庄　2016优质盘且买且珍惜（百度，20160104）

（37）且行且思：给游客一个来的理由（光明网，20160104）

（38）纸媒依旧温暖　且行且珍惜（岳阳网，20160104）

（39）干部培训还需"且行且创新"（中国网河南频道，20151020）

（40）韩红当老板，且行且珍惜（东方网，20151217）

（41）男子冒充富二代行窃　网友：拜金女且信且留心（华东在线，20151214）

（42）"煤飞色舞"难持续　缩量反弹且弹且珍惜（腾讯证券，20151214）

（43）好车虽易　好价不易　现金大奖且送且珍惜（网通社，20160105）

（44）致2017考研人：考研且不易　且考且珍惜（新东方，20151216）

（45）中超韩籍主帅隔空喊话：中超生存不易　且行且珍惜（网易体育，20151218）

（46）公交车专用道且行且珍惜（网易新闻，20151215）

（47）收费公路必须"且行且法治"（光明网，20150615）

（48）糖吃多了要人命，且吃且珍惜（搜狐，20160101）

（49）植保无人机产业化且行且探索（科学网，20151216）

（50）股市从反弹季转入震荡季券商：且行且观望（网易财经，20151120）

（51）装修易疏忽十大问题　且装且珍惜（桐庐新闻网，20151211）

（52）熊黛林谈郭富城　旧爱已成往事且行且珍惜（人民网，20151210）

（53）园林垃圾回用且行且完善（《中国建设报》，20151211）

（54）照明电器行业外贸形势分析　且行且珍惜（和讯科技，20151215）

（55）实习不易，且行且思考（图）（网易新闻，20151215）

（56）创业换学分，且行且观察（人民网陕西站，20151210）

（57）斯巴鲁用实力事实说话，且行且安全（网通社，20151119）

（58）"双向核验"理当在宽容中且慢且理解（中华铁道网，20151208）

217

（59）山西：用好PPP且行且当心　谋求新的经济增长点（山西信息港，20151130）

（60）停车不易　8个停车细节　且停且注意（金陵热线，20151123）

（61）注册制刷爆朋友圈　且行且谨慎（东方财富网，20151210）

（62）值得收藏的建筑材料报价清单　且藏且珍惜！（中国房产超市网，20151205）

（63）2016春运火车票：且定且珍惜（张家界在线，20151204）

（64）在线分析：注册制刷爆朋友圈　且行且谨慎（新浪财经，20151210）

（65）重任在肩　且行且努力（《营口日报》，2010年12月27日）

（66）人民日报干部谈读书：且耕且织且珍惜（人民网，20151204）

（67）且寻且歌且修行（《杭州日报》，20120721）

（68）且行且学且思（《番禺日报》，20120416）

（69）旅行，且行且成长（新浪新闻，20120406）

（70）尚有余力　且战且退（同花顺金融网，20120327）

（71）策略周报：不推不行，且推且行（腾讯财经，20120206）

（72）在淡泊里且行且歌（网易新闻，20111228）

（73）乒乓未来且走且看且想（网易新闻，20110516）

（74）且战且退　塑造圆弧背离形态（中国财经信息网，20151225）

（75）地产中介转型一年　且行且变（新浪，20151204）

（76）且行且思的户外游戏化之旅（光明网，20151223）

（77）核心策略：且战且退防御至上（新华网，20110326）

（78）券商看市：且行且观察（新浪财经，20121217）

（79）一路向北　且行且欣赏（和讯，20121231）

（80）且行且看且温暖（《申江服务导报》，20130206）

（81）走出书本且行且思（和讯，20130808）

（82）安东：且学且藏且随缘（图）（21CN，20130923）

第八章 汉语新型"且X且Y"构式的语义认知

（83）且行且爱且珍惜（《新民晚报》，20131025）

（84）喝酒行情　且斟且看（同花顺金融网，20140316）

（85）同行容易　相惜不易　且伴且相携（网易新闻，20140404）

（86）房产圈　且在且珍惜（《济南时报》，20140404）

（87）KO大叔虽易清纯亮肌难得　且行且保养（太平洋女性网，20140408）

（88）关注公园里，且买且增值　即日报名团购独享会员优惠（中国房产，20140409）

（89）奇迹不易，且想且努力（网易体育，20140409）

（90）邓紫棋：且红且珍惜（视频）（扬子晚报网，20140417）

（91）大家来找乐　且笑且解压（凤凰娱乐，20140418）

（92）且品且珍惜（《杭州日报》，20140418）

（93）微闻天下之小涵微贫儿"女生们，且行且矜持！"（人民网，20140418）

（94）评论文艺工作者应"且走且回望"（新疆新闻网，20140421）

（95）且买且升值　5000起置业北城沂蒙路保值热盘（搜房网，20140424）

（96）徐懿：上线容易赚钱不易　且做且分析（中华网游戏频道，20140506）

（97）多点自律，且行且约束（张家口在线，20140508）

（98）且行且珍惜、且行且感恩（中国航空旅游网，20140517）

（99）且慢且慎重　且行且珍惜（凤凰网，20140522）

（100）重拾话筒，且做且珍惜（图）（网易新闻，20140523）

（101）且买且谨慎（凤凰网，20140606）

（102）午评：题材热难掩A股弱势格局　且行且观察（华股财经，20140605）

（103）河源街坊们：水费要调价了　且用且珍惜（南方网，20151208）

219

（104）期中考试：且考且分析（中国新闻网河北新闻，20151110）

（105）高校"最严学规"且行且试（图）（网易新闻，20151120）

（106）且行且思 从工作中找到依靠（大学生村官之家网，20151104）

（107）小麦且种且看 "调转"在所难免（中国网江苏频道，20151103）

第九章　对汉语新型构式形成机制的理论思考

第一节　汉语新型构式形成的共性特征

本文根据近年来在现代汉语中产生的若干形式和意义的匹配关系发生变化的句法结构，选择了六类构式进行考察，分别在第三至八章着重讨论了"最+NP"、"被+X"、"有一种X叫Y"、"V的不是A，是B"、"X向左，Y向右"、"且X且Y"的个性特征。很明显，这六类构式在形式、语义和语用上都存在共性，即句法形式的超组构性、语义表达的新奇性及语用功能的丰富性。换句话说，它们都具有句法结构的承继性、语义认知的整合性、语用功能的修辞性三大共性特征。

1.1　句法结构的承继性

单从语言结构形式看，汉语的六类新型构式都是承继传统句法结构而来。新型"最+NP"构式并不是"新造"的语法结构，而是"新兴"的语法结构。"最+NP"构式的语义特征与传统语法中"最"的语义特征和与之相匹配的"名词"的语义特征有着深远的承继关系。"最+NP"构式的形式和意义的最终成功匹配，是"最"和"NP"在语义信息上具有吻合点，并在语义特征上相互选择的结果。

新型"被+X"构式也不是"新造"的语法结构，它是从传统语法中的"被"字句发展演变而来的，是受语言交际中修辞动因的影响从而扩大了"被"字句的语法功用，表现为"被"字句的语义结构发生了变化，不仅承继了其与及物动词搭配的功能，而且还在与名词、形容词直接搭配的功能上有所创新，形成了一个新型的句法框架且被赋予了新的意义。

新型"有一种X叫Y"构式则承继了传统句法结构的表征形式，但在语言的演变过程中又突破了原有语义结构规则的限制。也就是说"有一种X叫Y"构式在句法结构的表征形式上并未改变，而在"X"与"Y"的词语选择和语义搭配关系上，扩大了其句法功能，为适应社会的需要而逐渐演变成为一种新兴的修辞构式。

新型"V的不是A，是B"构式也是承继了传统句法结构的表征形式，但在语义结构中融入了使用者的交际意图（或称修辞动因），随着社会的发展，逐渐演化成一种用一个表面"否定—肯定"的关系去表达实际上的递进意义的修辞构式。

新型"X向左，Y向右"构式也是经由传统语法构式"向左V，向右V"整合变异而来，是人们根据"左""右"在构式中的语法化和空间隐喻作用整合修辞动因而形成的表达对立关系意义的新兴的修辞构式。

新型"且X且Y"构式承继了古汉语中的"且……且……"的格式，在词性、音节、韵律节奏、语义、句法上都有拓展，经过人们心理空间概念的整合和构式压制的过程成为在特定的语境中表达劝勉（提醒、建议或告诫）意义的新兴的修辞构式。

因此，从句法结构上看，承继性特征是六类新型构式所形成的普遍共性，并且无一例外地影响着新型构式的创立。究其原因，我们认为，首先，客观世界是无限的，而语言符号是有限的，用有限的符号来表达人们不断增长的对客观世界的认知，必然会使人们突破常规的语言符号之间的搭配关系，从而形成新型构式。其次，由于使用者生理、心理资源有限性的制约，语言只能用数量有限的结构形式去应对在认知表达和人际交往中无限扩张、无穷变化的功能要求。吕叔湘（1979）认为："句子的基本格式是有限的，可是实际出现的句子不都是那么一板三眼，按谱填词。"并且指出："怎样用有限的格式去说明繁简多方、变化无穷的语句，这应该是语法分析的最终目的，也应该是对于学习的人更为有用的工作。"

1.2 语义认知的整合性

1.2.1 概念的整合和概念的组合

自然语言中一些最简单的结构都要依赖于概念整合。事实上语言的意义不是通过组合而是通过整合获得的（沈家煊，2006）。整合是指对整个结构进行重新组织，使之成为一个新的整体，而组合则是简单的叠加，并不改变原有各部分的性质和状态。因此，"概念的整合"和"概念的组合"是两个不同的概念。

我们可以用这样的一个图式来表示"概念整合"与"概念组合"的区别：

式①：

整合 C_1 + C_2 —化学变化→ C_3 = 新概念

式②：

组合 C_1 + C_2 —物理变化→ C_1 C_2 = 两个概念的组合体

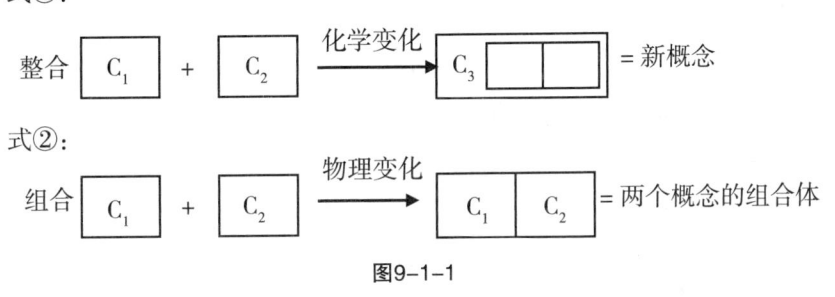

图9-1-1

在图9-1-1中，式①代表概念的整合，其中C_1表示概念一，C_2代表概念二，C_3表示由C_1、C_2经过概念整合后形成的新概念；式②代表概念的组合，C_1C_2表示将C_1和C_2加合起来得出的两个概念的组合体。我们可以看出"概念的组合"产生的是"物理变化"，不产生新概念；概念的整合产生的是"化学变化"，整合后成为新的概念。

汉语新型构式在语义认知上具有整合性，六类新型构式的各个语言成分在结合使用过程中发生的是"化学变化"，其构成部分经由"概念整合"产生了新的意义或多个新意。概念整合理论认为，语言成分的整合效应依赖于两个因素：一个是整合的"框架"，比如各类句式是一种结构框架，配价关系是一种语义框架，节律模式是一种韵律框架；另一个是输入的"元素"，即参与整合的语言成分。在"框架"的作用下"元素"产生整合效应，浮现新的意义。

"最+NP"结构框架在具体的语境中,如"本报'全媒体'报道团为读者奉献两会'最新闻'",其中"最新闻"就不是"最"和"新闻"的意义简单相加,而是经过人的心智空间概念的整合而产生的新创意义——"与众不同、出类拔萃地传递热点、提炼信息的方式"。

"被+X"结构框架在不同语境中,如"又一个'被自杀'河南官员刘云峰之死"中,"被自杀"经由概念的整合可以有两个不同的新意义——"被迫自杀"和"被认定自杀"。

"有一种X叫Y"结构框架在"有一种'春运'叫'儿童看病'"中,就不是简单地理解为指称命名关系,而是将"春运"的概念和"儿童看病"的概念与"有一种……叫……"结构框架整合理解产生的新的意义——"'儿童看病'的拥挤艰难就像'春运'一样"。

"V的不是A,是B"结构框架在具体语境中,如"哥掉的不是证件,是信心"中,就不能简单地理解为是其词语表层意义的组合相加,其含义不是单纯的否定肯定的组合关系,而是经过整合产生的递进关系意义——"哥掉的不仅是证件更是信心"。

"X向左,Y向右"结构框架在具体语境中,如"功能向左,造型向右——2010年新奇手机盘点"就不能简单地理解为"左和右"的方位关系,而是将手机的"功能"和"造型"整合在对立的态势中,观察它们的发展方向,可以理解为"在2010年新奇手机盘点中,功能和造型的发展趋势是不一致的"。

"且X且Y"结构框架在具体语境中,如"市场危机四伏请勿鲁莽,虎口拔牙且做且谨慎!"就不能简单地理解为是其词语表层意义的组合相加,而是整合了"提醒或警告"等语境意义。

由此可见,汉语六类新型构式的意义不是通过组合而是通过整合获得的,新型构式的语义认知具有高度的整合性。

1.2.2 新型构式概念整合的层级性

汉语新型构式认知的整合性特点,具体表现在理解句法结构的意义时,不是将语词意义简单组合,而是将语词的意义进行整合处理。或者是恰当地选择义项,或者是将语词进行越位组合,或者根据句法构造激活临时意义等,

第九章 对汉语新型构式形成机制的理论思考

并比较多种组合在语境中出现的可能，从而选择一种自己认为合理的理解。

张云秋、王馥芳（2003）提出概念整合中作为整合要素的成分是以义项为单位的，因而具有层级性。如果两个概念在其本义或基本义的基础上进行整合，是一种相对低级的整合；如果两个概念在其引申义（包括隐喻义或转喻义）基础上进行整合，是一种相对高级的整合。可见整合是分层次的。我们对六类新型构式的理解认知同样具有层级性，它们是不同层面不同程度的整合。对于层级性的理解有两种：一种是从宏观的角度看，六类新型构式涉及到不同层面的整合；另一种是从微观的角度看，六类新型构式内部本身也有不同层次不同程度的整合。此外，新型构式的层级性整合都是以隐喻或转喻为心理基础的，就概念整合与隐喻或转喻的关系而言，新型构式的语义在整合的过程中包含着隐喻或转喻的认知机制。

在汉语"最+NP"构式中，"最"和"NP"的整合主要是对"最"的义项和"NP"的义项的选择，也就是说被选择、提取出来参与整合的语言成分是义项，因而，这一框架的整合是形成一个复合概念结构的过程，这一复合概念具有名词性特征，可认为是在词与词层面的整合。例如：

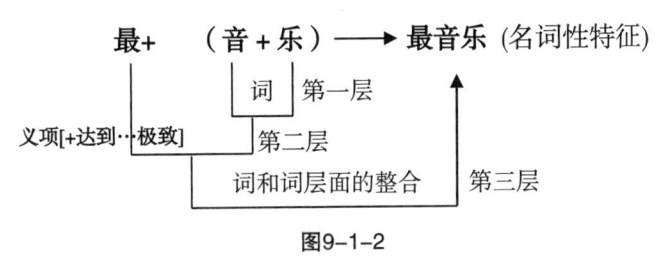

```
最+    （音＋乐）———→ 最音乐 (名词性特征)
            │词│第一层
义项[+达到…极致]    第二层
            │词和词层面的整合│第三层
```

图9-1-2

上图9-1-2显示最底层首先是NP自身的整合，然后才是"最"的义项与NP的整合。可见这一词与词层面的整合具有层级性。

在汉语"被+X"构式中，"被"的语义是"遭受、被迫、被认定"，"X"的语义可以是词或短语的含义，被选择、提取出来参与整合的语言成分是词和短语，因而，这一框架的整合是形成一个复合短语的过程，这一复合概念相当于一个述宾短语，我们可以认为"被+X"构式是在短语层面的整合，是词和词、词和短语的整合，同样具有层级性。例如：

```
被+（精神 + 病）——→被精神病（被认定有精神病）（动词性特征）
        │        │       ↑
        └─短语─┘ 第一层
    │            第二层
被认定
    └─词和短语层面的整合  第三层
```

图9-1-3

在汉语"有一种X叫Y"构式中，参与整合的语言成分是连动短语，因而，这一框架的整合是形成一个单句的过程，其整合的最大层面是单句，整合的层级多而复杂。例如：

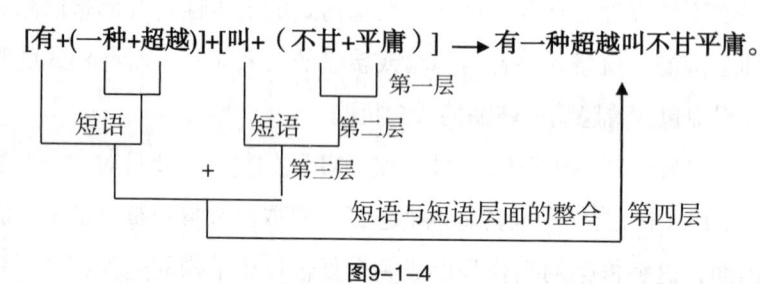

```
[有+(一种+超越)]+[叫+（不甘+平庸）]——→有一种超越叫不甘平庸。
                                第一层
   短语          短语      第二层
        +               第三层
        短语与短语层面的整合    第四层
```

图9-1-4

在汉语"V的不是A，是B"构式中，参与整合的语言成分是两个单句，因而，这一框架的整合是形成一个复句的过程，可以说其整合的最大层面是复句，整合的层级更多，更为复杂。例如：

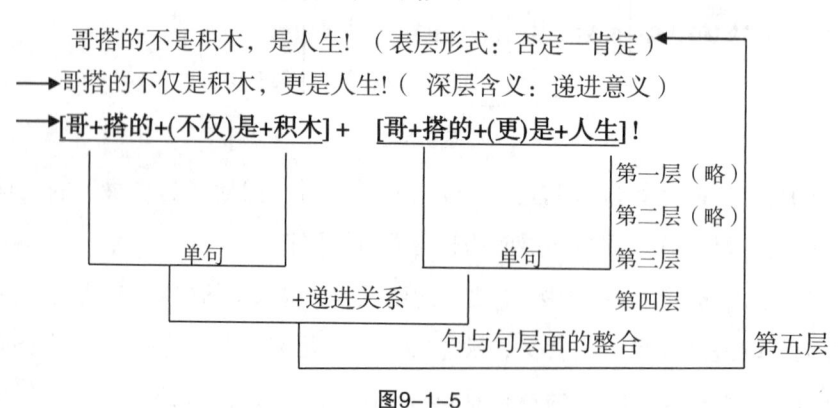

```
    哥搭的不是积木，是人生！（表层形式：否定—肯定）←─┐
——→哥搭的不仅是积木，更是人生！（深层含义：递进意义）│
——→[哥+搭的+(不仅)是+积木] + [哥+搭的+(更)是+人生]！
                                        第一层（略）
                                        第二层（略）
        单句              单句          第三层
            +递进关系                   第四层
            句与句层面的整合             第五层
```

图9-1-5

在汉语"X向左，Y向右"构式中，原本为并列的两个句子"X向左"及"Y向右"，参与整合后，形成一个新的构式，两个分句并列对举构成表达对立关系的复句，因而，这一框架的整合也是形成一个复句的过程，可以说其整

第九章　对汉语新型构式形成机制的理论思考

合的最大层面是复句，整合的层级也较为复杂。例如：

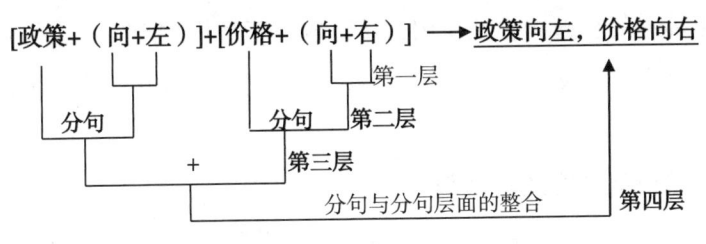

[政策+（向+左）]+[价格+（向+右）] → **政策向左，价格向右**

图9-1-6

在"且X且Y"构式中，参与整合的不仅有语言成分，还有语境信息，整合的层面就更为复杂了。例如：

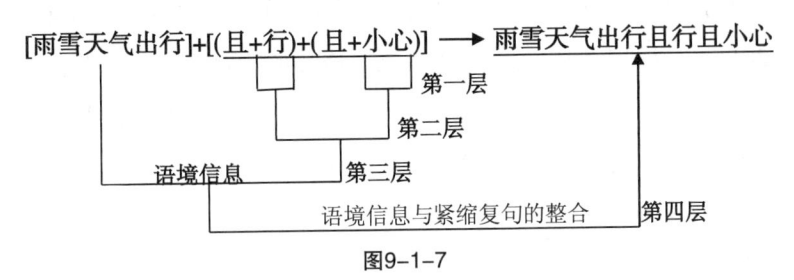

[雨雪天气出行]+[(且+行)+(且+小心)] → **雨雪天气出行且行且小心**

图9-1-7

从"最+NP"、"被+X"、"有一种X叫Y"、"V的不是A，是B"、"X向左,Y向右"和"且X且Y"六类构式的整合现象我们可以看出：第一，宏观上看，汉语句法在词和词、词和短语、短语和句子、句子和句子层面甚至与语境信息层面均有整合，其整合涉及到不同的层面、不同的层级，整合的层面越大，整合的层级就越多，越复杂；第二，微观上，看六类新型构式内部本身也有不同层次不同程度的整合；第三，从语义认知的角度看，汉语六类新型构式的层级性整合都是以隐喻或转喻为心理基础的，新型构式的语义在整合的过程中包含着隐喻或转喻的认知机制。

1.3　语用功能的修辞性

前面我们谈到汉语新型构式对传统语法结构的承继关系，期间经历了语法化的过程，语法化的根本动因是语用。1980年语言学家Givón曾提出，昨天的章法就是今天的句法，强调的是演变产生于交际过程。新型构式的盛行及其新用法的产生是交际的要求。在不同的社会交际过程中，人们一般都有着

227

各自不同的心理状态,这些潜在的语用心理因素对句法结构和词语的选择、使用和变更等一般会起关键性作用,从而成为新型构式产生、流行乃至废弃的直接影响因素。而交际中那些潜在的语用心理因素对修辞的运用也有着重要的影响。

1.3.1 汉语新型构式与修辞

修辞是运用语言文字来恰当、有效地表达思想的手法(手段和方法)。任何话语里的句子(包括口头的或书面的)都有修辞,或者是消极修辞,或者是积极修辞,只有修辞得好不好的问题,不存在修辞有没有的问题。修辞要利用语言文字的一切可能性,其中语法的句式就是修辞的重要资料、凭借(范晓,2011)。汉语新型构式就是当代汉语修辞的重要资料和凭借。

首先,汉语新型构式用"非常规"的形式表达以前用"常规"方式表达的客观世界的内容,就是这种修辞现象的本质。例如:

(450)一百个"最中国"汉字出炉(中国新闻网,20101104)
(451)专家建议:别让孩子"被疫苗"(中青在线,20100111)
(452)三亚宰的不是客,是城市未来(图)(搜狐 20120207)
(453)有一种打击报复叫"工作需要"(东北新闻网,20100825)
(454)杨阳:有一种"迁徙"叫春运(和讯网,20110119)
(455)双城之恋:爱情向左,面包向右(荆楚网,20120221)
(456)市民太子河冰上享冬趣 且玩且小心(本溪网,20151208)

例(450)用"最+NP"构式表达了言者"主观认定一百个汉字达到中国特定属性的极致";例(451)用"被+X"构式整合了"孩子被迫接种疫苗"事件;例(452)是用一个表面否定—肯定的形式"V的不是A,是B"去表达实际上的递进关系,揭示了"三亚宰的不仅是客人,更宰掉了城市的未来"的实质;例(453)用"有一种VP叫NP"构式揭示了"打击报复"和"工作需要"之间的内在联系;例(454)用一个表面是命名分类的"有一种NP叫NP"的结构形式去表达实际上的比喻关系;例(455)用"X向左,Y向右"

构式揭示了异地恋中"爱情"和"面包"无法同时兼得的矛盾；例（456）用"且X且Y"构式"劝诫提醒"人们在冰上享受冬趣时一定要小心。

其次，新型结构在具体语言的运用中还包含着修辞格的运用，比如：

（457）<u>有一种毒药叫"成功"</u>：关于"母爱"的忏悔录（《光明日报》，20110917）

（458）<u>有一种监督叫"围观"</u>（《甘肃日报》，20110509）

例（457）的含义是"一味地追求成功就会像（吸食）毒药一样有害"；例（458）的含义是"'围观'就像监督一样（让人不好受）"。这两个例句中包含有"比喻"修辞格。

（459）哥<u>找的不是变形金刚，是童年</u>（新浪，20100718）
（460）<u>化的不是妆，是生活态度</u>（《江门日报》，20100727）

这两例的后一分句中动词都是拈连前一分句而来，例（459）的含义是"哥通过找变形金刚，找的是童年"；例（460）的含义是"化的不是妆，化的是生活态度"。这两个例子说明"V的不是A，是B"构式表达中包含有"拈连"这一修辞格。

此外，汉语新型结构在语用功能上的修辞性特征不仅体现于修辞手段的使用，还体现于人们在交际过程中运用不同结构所传达出的不同效果。

1.3.2 新型构式的语用特征（修辞价值）

新型构式在语用上的最大特点是承继性与创新性。"最+NP"、"被+X"、"有一种X叫Y"、"V的不是A，是B"、"X向左，Y向右"、"且X且Y"六类构式都是在传统语法构式基础上的创新，都是承继性与创新性的完美结合，因而在语用功能上都能符合人们求新求异的心理，也更贴近人性和生活的本质，故能迅速传播。

新型构式在语用特征上具有创新性，其中也整合了语言使用者的创造性和幽默等情感，而这也正是日常话语中修辞手段的重要体现。这些新型构式潜在的语用心理因素有"否定、无奈、褒扬、讽刺、诙谐、劝诫、提醒、建议"等，具有丰富的语用修辞价值，这种修辞价值是在当代社会人们特有的语言交际目的、交际环境、交际手段和社会文化心理下产生的。

1.3.2.1 新型构式中的"否定"

汉语新型构式中的"否定"有两种，一种是没有否定词，但含有"否定义"，我们称之为"真性否定"；另一种是含有否定词但不表达否定义，我们称之为"假性否定"。

A. 真性否定

新型"被+X"构式中不含否定词，但这一构式却用于表达自己对某种事物或现象的看法或态度的否定。例如：

（461）四川内江"被死亡"案，医生间接致人死亡也该判刑（南方报网，20100114）

（462）政府机关公务员收入"旱涝保收，年年见涨"，只有普通老百姓的收入"被增长"。（中国人力资源开发网，20100111）

（463）陈亦明怒对"被失踪"谣言　开两盘口邀李承鹏PK（南方报网，20100115）

例（461）-（463）中的"被死亡"、"被增长"、"被失踪"是由"主观认定"的"死亡、增长、失踪"而产生的对客观事实或现象的否定。又比如"被幸福"可以理解成"不幸福"，"被赞成"其实是"不赞成"等。可见，"被+X"构式的语用功能之一是表达对某事物或某现象所持的否定看法或态度。

新型"X向左，Y向右"构式中也没有出现否定词，但这一构式却表达了构式成员"X"与"Y"发展方向的"不一致"甚至是"矛盾对立"。例如：

（464）死刑存废之争：少数专家向左，大多数民众向右（南方报网，20110829）

（465）微博反思：内容向左，运营向右（和讯网，20120928）

例（464）中没有一个否定词，但我们从中可以理解到"少数专家"和"大多数民众"在"死刑存废之争"上意见"不一致"。例（465）中也没有否定词，但我们也可以从中理解到微博在内容和运营两方面的"不一致"。

B. 假性否定

与"被+X"构式的真性否定相反，"V的不是A，是B"构式中虽有否定词表达的却不是否定，例如：

（466）海岸生态村变产业园 <u>拆除的不是村，是儿时记忆</u>（搜房网，20100918）

（467）大学生地摊卖菜卖水果 称"<u>我挣的不是钱，是经验</u>"（西部网，20100808）

上述两例中的否定词"不是"都是假性否定，例（466）的含义是"拆除的不仅是村庄，还有儿时的记忆"。例（467）的深层含义是"挣的是钱，更是经验"。可见"V的不是A，是B"构式用一个表面"否定—肯定"的关系去表达实际上"肯定加肯定"的递进意义，虽有否定词，但却是假性否定。

1.3.2.2 新型构式中的"无奈"

汉语新型构式还用于表达对社会生活现状的"无奈"，比如"被+X"构式、"V的不是A，是B"构式和"且X且Y"构式中都有表达无奈的例句，例如：

（468）患者为什么老是"<u>被吊针</u>"？（华商网，20100120）

（469）"<u>被高铁</u>"谁挟持了民众（《金融界》，20091227）

（470）街访：菜价上涨惊人 市民无奈"<u>被接受</u>"（新民网，20100113）

例（468）-（470）的"被吊针"、"被高铁"、"被接受"就表达了人们对社会生活现状的无奈。

（471）<u>哥拜的不是河神，是无奈</u>（华商网，20101013）

（472）"哥租的不是自己，是压力"（乌鲁木齐在线，20101111）

例（471）"哥"没办法很"无奈"不得不"拜河神"；例（472）哥为了减轻压力，不得不出租自己（陪逛街、陪娱乐等），这是语言使用者通过这种构式表达对现实生活的"无奈"。

（473）AQI指数318眼线婆娑　莱芜遇霾"且行且珍吸"（大众网莱芜频道，20151225）

（474）"限时"好空气　且吸且珍惜！（图）（网易新闻，20151227）

例（473）、（474）均为因遭遇雾霾或好空气"限时"，不得不奉劝大家"且吸且珍惜"。这种构式在某种程度上也表达了人们的"无奈"。

1.3.2.3　新型构式中的"褒扬"

汉语新型构式还用于表达对社会生活中美好思想和行为的褒扬，如"有一种X叫Y"构式：

（475）世象品评：有一种高尚师德叫坚守（《哈尔滨日报》，20100907）

（476）专访全国人大常委会委员徐显明：有一种追求叫正义（和讯，20110309）

例（475）是对"坚守"这一"高尚师德"的褒扬；（476）是对"正义的追求"的褒扬。可见"有一种X叫Y"构式的语用功能之一是"褒扬"。此外，新型"最+NP"构式也有褒扬的含义，如：

（477）最天使　最美丽"寻找三正12小天使"大赛一期上演（搜房网，20091126）

（478）这一次，西湖音乐节最国际（网易，20100506）

上述两例中的"最天使""最国际"均含褒扬义。

1.3.2.4　新型构式中的"讽刺"、"诙谐"

第九章　对汉语新型构式形成机制的理论思考

汉语新型构式还用于表达对社会生活中不合理现象的"讽刺"，如"有一种X叫Y"构式：

（479）<u>有一种收红包的理由叫"尊重新同事"</u>（华声在线，20110301）

（480）<u>有一种托辞叫"没收到民政部文件"</u>（文新传媒，20100609）

例（479）、（480）中所谓"尊重新同事"和"没收到民政部文件"的"理由"和"托辞"都是"假的"，极具讽刺意味。

"被+X"构式也具有"讽刺"的语用功能。例如：

（481）百度<u>被"摆渡"</u>——百度首页多地网友出现无法访问（电脑商情在线，20100112）

（482）感冒患者大多"<u>被输液</u>"专家呼吁打针不应被取代（中国新闻网，20100112）

例（481）、（482）中"百度"而"无法访问"，无论"患者"生了什么病都要"被输液"，可见"被摆渡"、"被输液"的讽刺诙谐意味。

"V的不是A，是B"构式也具有"讽刺"的语用功能，例如：

（481）汽车刹车徒有其表　三十几万<u>买的不是车，是人命</u>？（四川电视台，20101018）

（482）今天中石化涨停真的<u>不是他的错，是油价不到位的寂寞</u>！（郇昌鹏，20091101）

（483）李刚<u>付的不是赔偿金，是封口费</u>！（图）（网易，20101228）

例（481）是对"汽车刹车"质量的质疑和讽刺；例（482）借"寂寞"构式对中石化涨停这一事件做出委婉的讽刺和调侃；例（483）是对"李刚事件"的讽刺。

纵观目前出现的"新型构式"，幽默诙谐，无一不起到了调节紧张枯燥的日常生活的作用，增加了人们信息交流的娱乐情趣。

233

1.3.3　新型构式的语境特征

认知语言学家认为语言研究就是研究语言使用（Fauconnier，2003）。语言的变化产生于语言的使用过程当中，因此，在语言的实际使用环境当中探寻演变过程和演变的动因自然是一个有效的途径。从对汉语六类新型构式的考察中我们发现，特殊的语义和独特的语用价值是汉语新型构式产生并流行的内部动因，此外还依赖于极为重要的社会和心理认知基础。

根据所搜集的语料，我们发现，汉语六类新型构式主要出现于报纸杂志和网络媒体文章的标题语境，可以这样说，标题语境是新型构式产生并流行传播的沃土。那么，新型构式为什么主要在"标题"语境中出现并盛行呢？

首先，"新型构式"所具有的新颖性和创造性，独具一格，使得报纸杂志和网络媒体的文章标题更具吸引力。"题好一半文"，标题是文章的眼睛，"标题是否具有一定的吸引力，能否说明问题，或能否具有新颖性和创造性，事关整个新闻文本乃至专栏与网站的成功。"（张荣，2009）现代生活节奏加快、信息量大，读者更注重阅读标题快速寻找自己需要的新闻，更倾向于快餐式的信息消费。由于信息的传播在很大程度上要依靠标题的引导和提示，所以文章标题的成功与否决定了网络新闻点击率的高低和新闻的传播效果。通常标题的特点要求其语言运用要尽可能新颖别致，引起读者阅读新闻内容的欲望，尤其是网络新闻。"新型构式"所具有的新颖性和创造性，独具一格，能使报纸杂志和网络媒体的文章标题更具吸引力，能引起读者阅读新闻内容的欲望。

其次，"新型构式"经过语义整合后所具有的抽象概括性能使文章标题更加简明，也就是说，新型构式顺应了人们想用简易手段来表达复杂内容的愿望。一般情况下，人们总是期待和谋求用最短的语流表达最丰富的信息。在人类日常的传播行为中，如果在定量时间内使用最少、最经济的语词传递最多的信息，而这个信息又符合人类的社会习惯、思维习惯的话，那么这种传播形式就会快速被大众接受。出于经济原则，在语言表达中，

第九章　对汉语新型构式形成机制的理论思考

言者常常把一个较繁、较长的结构改变成一个形式简略较短的结构，"新型构式"就是经过整合的形式简明的结构。信息传递不仅要求准确，而且要求快捷、简便，新型构式的使用无疑可以满足这种要求。在保证实现语言交际功能的前提下，新型构式的语言表达无疑比繁杂、累赘的表达更能迅速准确地传递信息。

再次，文章标题采用"新型构式"，除在表达上给人以新颖创新感之外，最主要的是新型构式给人以"熟悉的陌生化"之感，使人们在满足求新求异的语言认知心理的同时加深了语义体验的深度。因为每一个新型的构式都与一个人类经验的情景相联系，既熟悉又陌生（情景熟悉表达陌生），比如有些构式（如"被+X"）可用于表现人们主体意识与权利意识的集体觉醒和对失衡的公共权力的不满情绪；有些构式（如"有一种X叫Y"）可用于褒扬新时代的先进思想和优秀品德；有些构式（如"V的不是A，是B"）可用于诉说一种寂寞的心理，可以表达一种强烈的反叛、无聊或讽刺的情感。这些都是人们最熟悉的人类经验，可以这样说，新型构式的产生是对现实世界的主观化的结果。新型构式表达的内容涉及面广，是社会语言最直接、最真实、最迅速的反映和记录。同时对新型构式的理解，人们必须借助语境，从特定的语言环境或社会背景中发现或者给它们加上那种通常从字面推导不出来的意义才能够深入理解。新型构式的语义需要临时在现实中发现或是从记忆中提取并通过想象的组织加工才能获得，其陌生的超常搭配的现象通常在阻断人们理解的同时又刺激了人们的求解欲望，把相对简单的话语接受过程变成了一个对疑难问题探究的过程。想象被激发，思维活跃起来，理解时间的延宕使语言内外的细节被充分关注到，注意力长久集中在这一过程上，大大加强了语义体验的深度。而这种语义的体验过程必须深入到具体的语境，结合隐喻和转喻等整合机制才能体会其深层含义。所以，正是新型构式的表达创新与认知体验所产生的魅力，吸引大众不断地体验和创新，从而也更加适应当代网络媒体与报刊杂志的传播。

第二节　汉语新型构式的形成机制

2.1　新型构式的认知机制：心理空间的概念整合

通过对六类新型构式的形式和语义结构的分析，我们认为新型构式的形式和意义匹配的认知机制是人们心理空间概念的整合，原因在于以下三个方面：

第一，新型结构的形成体现了人类认识现实世界、命名现实世界的思维方式，体现了人们心智中的概念整合认知的结果。世界上的事物都不是孤立的，事物的外部、内部之间都有千丝万缕的联系，这些联系会因情况的变化而发生变化，正如王正元（2009）所说：分劈（Split）与整合是人类所居的世界每天都在进行中的、不经意的现象。我们生活的概念世界是不断分裂、不断整合，不断产生新概念、新创结构、新创意义的世界。对新型构式的认知同样也离不开我们赖以生存的概念世界。汉语的新型构式是一种形式和意义的匹配机制发生了变化的客观存在体，对于客观存在体的认识往往是跨越知识系统的交叉、渗透、整合而生成新的概念，某一范畴内的知识概念与另一范畴内的知识概念的整合生成了新的概念意义，我们对六类新型构式的理解和认知都是经过了心智空间的整合。因此，汉语新型构式的形式和意义匹配的认知机制是人们心理空间概念的整合。

第二，新型构式的形成具有建构心理空间时的映射关系。Fauconnier（1997）认为，人们进行思考和交谈时，就是在建构心理空间之间的映射关系，我们可以将新型构式的映射关系从概念整合理论的映射关系中找到对应项。

"最+NP"构式属于语用功能映射。以"最音乐"为例，"最音乐"的含义不能简单地认为是"最好（或最差）的音乐"，而是将"最"和"音乐"分别作为两个输入空间进入"最+NP"框架，"最"的意义潜式"达到极点、极端、顶点"等被激活，潜藏在人们心理空间的概念"音乐"即"艺术的、令人愉快的、神圣的与人的生活情趣、审美情趣、言语、行为、人际关系等等有一定关联的能唱、奏或听的不同音阶的节奏、旋律及和声等"意义潜式也被激活，通过两个词各自激起的心理空间，对两个输入空间投射到合成空间所构成概念部分元素的组合，在新创结构中就形成了各个输入空间以前均不存在的新关系——达到了音乐制作模式或制作理念的极致。这是指局域相关的两个心理空间，通过语用函数，在两类事物间建立映射关系。

"被+X"构式属于投射映射。以"被捐款"为例，在人们的认知心理中，捐款是一种主动自愿的行为，当其进入"被+X"结构中时，"被"和"捐款"分别作为两个心理空间进行着部分映射，人们借助背景框架知识、认知和文化模式，从输入空间投射到合成空间，产生新的复合概念"被动的捐款"，再将提取结构中所激活的形式结构经过完善就成了"被强迫捐款"。这一整合是相似概念的整合，投射映射相当于相似性联想，它是根据事物之间的相似性而使一个心智空间中的概念与另一个心智空间中的概念发生联系。投射映射是两个输入空间的成分从一个输入空间到另一个输入空间的"一对一的映射"。

"有一种X叫Y"构式可以是心智空间的映射，是由X的心智空间与Y的心智空间中属性特征的相互映射。如"有一种爱叫放手"结构就是由"爱"和"放手"两个心智空间属性特征的相互映射。

"V的不是A，是B"构式就是图式映射，是"将某一常规图式、框架用于语境中某一情景的建构"。如"看的不是电影，是气氛和情调"就是用"看电影"的常规图式映射"看电影时的气氛和情调"。用"V的不是A，是B"的框架形式理解"看的是电影更是气氛和情调"的话语意义。

"X向左，Y向右"构式也是图式映射，是"用抽象的图式、框架或模式来理解话语，是认知图式的自上而下的投射"。如"高考向左，留学向右"就是用"X向左，Y向右"的框架形式来理解"高考和留学的发展方向不一致"的含义。

"且X且Y"构式也是心智空间的映射，是由X的心智空间与Y的心智空间中属性特征及语境信息的相互映射。如"此生不易，且行且珍惜"，就是由

"行"和"珍惜"以及"此生不易"的心智空间信息的相互映射。

可见,六类新型构式的形成都具有建构心理空间时的映射关系。

第三,新型构式代表了语言单位与人类经验之间相互联系的结果,反映出不同的概念对事件的整合。正如Fauconnie & Turner(2002)所说,语法结构常可以反映概念对事件的整合。整合的方式之一就是把这些事件放到已有的整合结构中;反之,当人们看到一个典型的整合语法结构时,也把它作为进行整合或分解的心理提示。汉语新型"最+NP"、"被+X"、"有一种X叫Y"、"V的不是A,是B"、"X向左,Y向右"和"且X且Y"六类构式就反映了不同的概念对事件的整合。

在人们的日常表达中,说话人需要进行概念整合以选用一定的结构形式;听话者则利用该结构形式作为心理提示来完成相应的概念整合。不同的构式可产生不同的概念整合的心理提示,组构性的构式基础是语法整合的基础(Fauconnie & Turner,2002)。在汉语新型"最+NP"、"被+X"和"且X且Y"三类构式中,句法成分分别来自整合结构中的输入空间,而其词汇成分则分别来自与事件相联系的空间。言者需要进行概念整合以选用特定的语法形式,其目的是表达更普遍的"达到……的极致"事件,"遭受、被迫、被认定"事件和"提醒、劝勉、建议、告诫"事件;听者则利用以上语法结构形式作为心理提示来完成相应的概念整合。比如"最世博"这一结构形式就是由"具有世博特色"这一事件的概念表征与"达到极点"("最"的空间属性)整合而成;"被高速"这一结构形式就是由"承受高铁的高票价"这一事件的概念表征与"不得不承受的心理"("被"字结构)整合的体现;"且行且珍惜"这一结构就是对"行"这一动作事件与"珍惜"这一心理动作事件的整合。

新型"有一种X叫Y"构式也反映了概念对事件的整合,目的是把不同关系的概念整合为有相似或相近关系的概念,比如"涨价"和"满足身份需求"是两个各不相干的事件,言者将两个不同的输入空间进行整合,并选用"有一种X叫Y"的结构形式以表达"涨价"和"满足身份需求"具有相近(因果)的意义关系,听者同样利用"有一种X叫Y"构式作为心理提示来完成相应的"相近或相似关系意义"的概念整合。新型"V的不是A,是B"构式同样也反映概念对事件的整合，目的是表达更深层次的递进关系意义，比如"女人逛的不是街，而是爱情"是言者将女人"逛街"和"获得爱情"两个事件的整合；听者同样也是利用"V的不是A，是B"构式作为心理提示来完成相应递进关系意义的概念整合。新型"X向左，Y向右"构式同样也反映概念对事件的整合，目的是表达对立的关系意义。比如"爱情向左，友情向右"是言者将"爱情"和"友情"两个概念的整合，听者同样也是利用"X向左，Y向右"构式作为心理提示来完成相应对立关系意义的概念整合。

因此，我们认为，人们思维的方式离不开整合，汉语新型构式中形式和意义匹配的认知机制是人们心理空间的概念整合。汉语新型结构中形式和意义的整合、意义和意义的整合、形式和形式的整合都是在人的心智空间进行的。各类新型构式的形成都具有建构心理空间时的映射关系，新型构式反映了不同的概念对事件的整合。

2.2 新型构式的产生：修辞动因和语法结构的完美整合

我们所研究的"新型构式"是一种句法和语义规则都含有修辞特性的特殊语法现象。每类构式都存在不同的修辞动因。通过对六类新型构式的考察分析，我们发现新型构式与其传统构式之间有着紧密的承继关系，但这种承继性主要是体现于对传统构式的形式和部分语法功能的继承，而对于新型构式所独有的一些特殊的语法功能（或特定的修辞效果），则可认为是创新性所在，我们称之为"修辞动因"。刘大为（2009）指出：并非语言交际中的任何功能要求都有可能成为语法功能，语法功能之所以不同于一般的语言功能，是因为前者得到了语法形式的表现。为了让语法能够最大范围地满足语言交往的各种功能要求，语法形式必须是数量有限的，它只能将那些最为一般、最为概括、最为常用，以至于在一定文化背景下人们最感兴趣、最为关注的功能要求选择出来加以表现，这些功能要求就成了语法功能。然而在语法功能之外的那些相对来说较为具体、较为特殊、较为少用，或者只有在一定交往情境中人们才较为关注的功能要求，依然要在语言的结构中得到表现。相对于语法功能，它们就降格成了丰富而复杂的各种修辞动因。

以"最+NP"构式为例,既然语言选择了"最"的语法功能是作为副词修饰形容词和某些心理动词,那么使用"最+NP"构式的意图——"主观认定某人或某物达到NP特定属性的极点"就成了修辞动因;而在"被+X"构式中,既然语言选择了"被动"为语法功能,那么使用"被+X"构式的意图——"主观认定X并强加X于甲"就成了修辞动因;再以"有一种X叫Y"构式为例,既然语言选择了"用Y给X命名或分类"为其语法功能,那么使用"有一种X叫Y"构式的意图——"把不同性质的关系整合成相似相近的关系"就成了修辞动因。再以"V的不是A,是B"构式为例,既然语言选择了"一般的否定A肯定B"为其语法功能,那么使用"V的不是A,是B"构式的意图——"用一个表面否定—肯定的关系去表达实际上的递进意义"就成了修辞动因。同样以"X向左,Y向右"为例,既然语言选择了"并列或选择关系"为其语法功能,那么使用"X向左,Y向右"构式的意图——"将X与Y放在相互对立的态势中观察其走向"就成了修辞动因。同样"且X且Y"的语义内涵中新添加的语义特征〔+提醒〕、〔+劝勉〕、〔+建议〕、〔+告诫〕就是其修辞动因。

以上实例均可证明:修辞动因就是加进了各种变量的语法功能,正因为这些变量的作用,把语法结构塑造成了千姿百态的修辞结构,修辞动因是通过把语法结构塑造成修辞结构而得到实现的。如图所示:

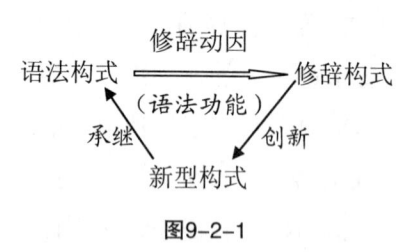

```
              修辞动因
    语法构式 ═══════════▶ 修辞构式
         ╲   (语法功能)    ╱
      承继╲              ╱创新
              新型构式
```

图9-2-1

"最+NP"、"被+X"、"有一种X叫Y"、"V的不是A,是B"、"X向左,Y向右"、"且X且Y"六类构式都是通过在承继传统构式结构形式的基础上整合各种变量的语法功能(修辞动因)而形成的。因此,我们认为汉语新型构式是把修辞动因整合进传统语法构式后形成的。新型构式概念的形成和变化是认知加工的基本产物，既是语法（学）的，也是修辞（学）的。

2.3 语法构式与修辞构式的接口：语义结构的整合

从汉语新型构式的形成过程来看，新型的"最+NP"构式、"被+X"构式和"且X且Y"构式在产生时都有新的语义结构规则的产生和扩大使用。"最+NP"构式是在承继传统"最"字句语义的基础上整合了新的语义结构，"被+X"构式是在承继传统"被"字句语义的基础上产生并扩大"被"字句法的语义结构，"且X且Y"构式在继承传统"且……且……"语法格式的基础上整合了新的语义结构，这三种结构都在形成过程中进行了语义结构的整合，从而由语法构式演变为修辞构式。如果将来在语言发展过程中这些新规则被凝固化了，那么也可能就从修辞构式演变成为语法构式了。汉语新型"有一种X叫Y"构式、"V的不是A，是B"构式和"X向左，Y向右"构式都属于传统结构的创新使用，这三种构式都突破了原有语义的限制，产生了不可推导性，由于修辞动因的影响，语义结构产生了变化。"有一种X叫Y"构式是拓展了传统构式中给事物命名或分类的语义结构，把不同性质的关系整合成相似相近的关系；"V的不是A，是B"构式也是拓展了传统构式的语义结构，形成了新的表示递进关系的语义结构；"X向左，Y向右"构式则是经过对原有语法结构的构式压制和整合而形成了表示矛盾对立关系的语义结构。这三种修辞构式的形成都在于传统结构的创新使用，其变化主要是语义结构的变化。因此，我们认为无论是从修辞构式演变为语法构式，还是从语法构式演变为修辞构式，二者的接口都是语义结构的变化。

通过本文的研究，我们发现，语法构式和修辞构式二者的演变关系在于：修辞构式演变为语法构式——新结构规则产生并扩大使用；语法构式演变为修辞构式——老结构的创新使用（突破原有语义限制，产生一定的不可推导性）。二者的演变都经历了语义结构的整合，也就是说，语义结构的整合是连接语法构式和修辞构式的桥梁。实际上，语言的继承和创新能力在语义结构的不断衍生中也得到了证明。

综上所述，我们认为从修辞构式到语法构式，其认知基础是概念的整合，整合是跨越修辞构式与语法构式的桥梁。语义结构、概念结构是语法和修辞发生互动关系的基础。从修辞构式到语法构式，二者的接口是语义结构的整合。如图所示：

语义结构的整合

修辞构式　　　　　　　　　　　　　　　语法构式

图9-2-2

2.4 新型构式与当代汉语语法系统的演变

语言是不断发展变化的，汉语新型构式在当代的发展变化对汉语语法结构的演变和表达方式的转变，都产生了巨大的影响。汉语新型构式的产生和广泛使用，在一定程度上影响了当代汉语的语法面貌，成为当代汉语句法中一个令人瞩目的现象。当代汉语中一些富有活力的新型结构一经媒体运用，往往在很短时间内就会深入到社会生活的各个角落，成为人们语言生活中的一种模板，通过人们的频繁使用，逐步发展成为合法的汉语结构进入汉语系统。

一般来说，一个语言现象发生演变是由于语言内在或外在的因素在起作用。语法化是语法系统演变的一个重要因素，它存在于汉语发展的各个阶段，也就是说，语法化不仅存在于古代汉语或近代汉语之中，同样也存在于现代汉语以至于当代汉语中（刁晏斌，2005）。吴福祥（2005）指出：语法化过程涉及的并非单个词汇或语素，而是包含特定词汇或语素的整个结构式。Givón（1979）认为，语法化实际上包括句法化和形态化两个组成部分。汉语六类新型构式的产生过程同样也可认为是句式的语法化过程，"最+NP"、"被+X"、"有一种X叫Y"、"V的不是A，是B"、"X向左，Y向右"、"且X且Y"都经历了从传统的语法构式到新兴的修辞构式的语法化。

新型构式的演变可以证明，修辞构式变为语法构式是一种句式的语法化，是一种因语义结构或语义关系的衍生而由实（表具体、实在语义的句子）到虚（表抽象概括义的句子）的过程，是由表示客观事物与逻辑关系的句子变为表达某种特定语用效果和特定语义关系的句子。因此，汉语新型构式的语法化对现代汉语语法系统的演变有着重要的影响，汉语新型构式的产生和演变不仅深化了我们对汉语语法演变事实的认识，而且有助于我们对汉语共时语法系统的深入理解。

在当代传媒高度发展的社会语境下，汉语语法演变不可避免地会受到语言传播手段的影响。但语法演变是有规约的，是有理可据的。汉语新型构式通过媒体语言的传播得以稳定后，很容易生存下来，并快速进入人们的日常生活，从陌生变为熟悉，再从熟悉变为流行。新型构式的存在和演变，既适应了表达日新月异的社会生活的需要，又大大丰富和发展了当代汉语的语法系统。

第三节　本研究带给我们的几点启示

3.1　对当代汉语语法化研究的价值

语法化（Grammaticalization）指的是语法范畴和语法成分产生和形成的过程或现象，典型的语法化现象是语言中意义实在的词语或结构式变成无实在意义、仅表语法功能的语法成分，或者一个不太虚的语法成分变成更虚的语法成分。吴福祥（2005）指出：结构式语法化的研究、语法化模式的研究、话语标记语法化的研究以及与语法化相关的语义演变研究，是当前和未来的汉语语法化研究中的四个需要着力研究的课题[①]。

汉语新型构式的研究选择了现代汉语中六类典型的构式（包括词、短语、单句、复句）进行研究，主要探讨了其中与语法化密切相关的语义结构的演变，涉及到当代汉语中的词、短语、句式的语法化，是对当代汉语中语法化主要表现的研究，因此汉语新型构式的研究是当代汉语语法化研究的一个重要课题，对当代汉语语法化的研究具有极为重要的价值。

[①] 详见吴福祥（2005）汉语语法化研究的当前课题，《语言科学》第2期。

3.2 对语言变异现象的正确识解

汉语新型构式作为一种近年来在报刊杂志及网络媒体上流传较广、应用较多的交流形式，在不同的环境信息和背景知识的影响下，交际者对合成的概念会产生不同的，甚至相反的理解。社会语言学家陈原（2000）认为，语言（任何一种有生命的语言）都是不稳定的，语言随着社会生活的变化而产生变异，语音、语法、语汇等语言因素都在变，其变化反映了社会现象的本质。语言的稳固是相对的，而发展却是绝对的；语言规范是相对的，而变异却是绝对的。通过研究，我们可以看出汉语六类新型构式只是言辞表面不合常规常理，实际上是借以引发联想和想象，在联想和想象的心理活动中，进行语码转换，或填补，或校正，从而获得如实理解，这样的语句在实质上、深层次上同常规常理是相契合的，我们可以从概念整合的空间理论上得到更好的解读。从新型构式出现的心理原因和认知原因看，它来源于客观现实的常规关系，是对客观现实的描摹，它遵守客观存在的常规。从新型构式的发展看，它一旦被社会普遍接受和采纳，就可能被社会约定俗成为新的常规搭配，有一个从异常到规范、再到异常的不断打破常规而创新的过程，完全符合自然规律。

对新型构式的研究启示我们，对一些新兴的表层变异的语言结构，我们不应该一味否认或归于特殊用法，相反，应承认它们的存在，应当持一种开放包容的态度，对它们进行详尽的分析和解释，正确地识解语言形式层面的变异所引发的一系列深层次的思维运作，并且相信汉语自身就有能力去改造和吸收变异的语言，并随着社会日新月异的发展而发展。语言的变化和创新是由于语言内部的理据和语言外部的语言使用者的认知机制所共同推动的。

随着科学的不断进步，新事物、新行为、新观念不断涌现，而人们活跃的思维更需要与之相适应的载体来承担，这就必然促使汉语发生激烈的变革，突破旧有模式并创建新颖方式。由此可以预见，新型构式的数量将日趋增多，范围将日趋扩大。从目前的流行趋势和它所具有的积极表达效果来看是很值得语言研究者给予关注的。

第九章 对汉语新型构式形成机制的理论思考

第四节 本章小结

本章在前文的基础上归纳了六类汉语新型构式的共性特征，并加以阐述。我们认为，从句法结构上看，承继性特征是六类构式的普遍共性，并且无一例外地影响着新型构式的产生。从语义认知上看，汉语六类新型构式的意义不是通过组合而是通过整合获得的，汉语句法词与词、词与短语、短语与句子、句子与句子层面的语义认知都有不同程度不同层级的整合。从语用功能上看，汉语新型构式本身就具有修辞性，它们是当代汉语修辞的重要资料和凭借。新型构式潜在的语用心理因素有"否定、褒扬、讽刺、无奈、诙谐、幽默、劝诫、提醒、建议"等，具有丰富的语用修辞价值，这种修辞价值是在当代社会人们特有的语言交际目的、交际环境、交际手段和社会文化心理下产生的。此外，标题语境是汉语新型构式产生和盛行的沃土。

此外，本章在讨论共性特征的基础上提出了我们对汉语新型构式形成机制的理论思考：汉语新型构式中形式和意义匹配的认知机制是人们心理空间的概念整合。各类新型构式的形成都具有建构心理空间时的映射关系，新型构式反映了不同的概念对事件的整合。汉语新型构式是把修辞动因整合进传统语法构式后形成的。新型构式语义概念的形成和变化是认知加工的基本产物，既是语法（学）的，也是修辞（学）的。从修辞构式到语法构式，其认知基础是概念的整合，整合是跨越修辞构式与语法构式的桥梁。语义结构、概念结构是语法和修辞发生互动关系的基础。汉语新型构式的语法化对当代汉语语法系统的演变有着重要的影响，汉语新型构式的产生和演变不仅深化了我们对汉语语法演变事实的认识，而且有助于我们对汉语共时语法系统的深入理解。

第十章 结束语

本研究主要基于当代现实生活中最新鲜的语料，采用定量和定性相结合的研究方法，详细考察了现代汉语中六类新型构式"最+NP"、"被+X"、"有一种X叫Y"、"V的不是A，是B"、"X向左，Y向右"、"且X且Y"的语义整合现象，并对这些构式的结构类型、语义特征与传统构式进行了对比分析与解释，最后对新型构式产生和形成机制的共性特征加以归纳。通过考察，本文得出了几点基本结论。

第一节 本研究的基本结论

本文认为，近年来在现代汉语中出现的"新型构式"是在形式和意义的匹配关系上发生了变化的结构体（包括新兴的词、短语、单句、复句），新型构式的产生是一种句法和语义规则都含有修辞特性的特殊语法现象。

本研究主要以概念整合理论和构式语法理论为指导，将当代现实生活语言与汉语语法研究相结合，特别注重语法与修辞互动关系的考察，在大规模网络论坛和新闻标题语料的基础上进行定量统计分析，对现代汉语六个新型构式提出了新的认识。

新型"最+NP"构式表达了言者"主观认定某人或某物达到NP特定属性的极致"。由于副词"最"是由实词语法化而来，本身具有空间属性，从而使得"最+NP"这一构式产生的语法意义具有名词性特征和名词性句法功能。

新型"被+X"构式根据不同的语境有"遭受义"、"被强迫义"和"被主观认定义"三种语义理解，这是由"被"的语义特征和"X"所包含的有关信息经过概念合成和推理的结果。

新型"有一种X叫Y"构式的核心语义是"为了强调凸显X的某种特性，

第十章 结束语

主观认定Y与X存有相关性或相似性",其语义关系是依据X概念与Y概念之间的相关性及相似性经过人们心智空间的整合而构建的。

新型"V的不是A,是B"构式的核心在于用一个表面"否定—肯定"的形式去整合深层的肯定并表达实际上的递进义,以凸显抽象的概念、事物的本质以及主观化的情感和认识。

新型"X向左,Y向右"构式的核心语义为:"在原点上强制性地将相关的两种现象X和Y放在相互对立的态势中观察它们各自的走向,以便获得它们作为一个整体的认知"。其语义的认知基础是"左、右"在构式中的语法化和空间隐喻作用。

新型"且X且Y"构式在继承传统"且……且……"语法格式的基础上经由人们心理空间概念的整合,衍生出〔+劝勉〕、〔+提醒〕、〔+建议〕、〔+告诫〕等一系列的语义特征,从而形成"在特定的语境中劝勉(提醒、建议或告诫)人们在做出X动作行为时一定要同时做出Y动作行为"的构式义。

我们分别将六类新型结构作为构式整体,从形式、语义、语用特征等方面进行了系统地研究。研究发现:

1. 汉语新型构式中形式和意义匹配的认知机制是人们心理空间的概念整合。各类新型构式的形成都具有建构心理空间时的映射关系,新型构式反映了不同的概念对事件的整合。

2. 在句法结构上,汉语新型构式与传统语法结构具有承继性关系,经历了从语法构式到修辞构式再到语法构式的演变,因此新型构式的产生,从一个侧面体现出语法演变的内在运作机制。"最+NP"、"被+X"、"有一种X叫Y"、"V的不是A,是B"、"X向左,Y向右"、"且X且Y"六类构式都是通过在承继传统构式结构形式的基础上整合各种变量的语法功能(修辞动因)而形成的。也就是说,汉语新型构式是修辞动因与传统语法构式的完美整合。

3. 在语义认知上,汉语新型构式的意义不是通过组合而是通过整合获得的,新型构式的语义认知具有整合性。我们对六类新型构式的整合理解具有层级性。从"最+NP"、"被+X"、"有一种X叫Y"、"V的不是A,是B"、"X向左,Y向右"和"且X且Y"六类构式的整合现象我们可以看出汉语句法中词与词、词与短语、短语与句子、句子与句子层面的语义认知都有不同程度、不同层级的整合。语义结构的整合是连接修辞构式与语法构式的桥梁，文中的六类构式在语义上都反映了这一特点。

4. 在语用功能上，汉语新型构式本身就具有修辞性，它们是当代汉语修辞的重要资料和凭借。新型构式在语用功能上所具有的修辞特性，均可通过隐喻和转喻等方式表达不同程度的讽刺、幽默、褒扬、否定、批判、提醒和劝诫的态度和情感，既具有新颖性和时代性，也具有丰富的修辞价值，这种修辞价值是在当代社会人们特有的语言交际目的、交际环境、交际手段和社会文化心理下产生的。从考察的语料来看，六类新型构式主要都在文章的标题中出现，具有对特殊语境的强依赖性。

5. 汉语新型构式语义概念的形成和变化是认知加工的基本产物，既是语法（学）的，也是修辞（学）的。语义结构、概念结构是语法和修辞发生互动关系的基础。从修辞构式到语法构式，其认知基础是概念的整合，语义结构的整合是二者的接口。因此，语言的继承和创新能力可以在语义结构的不断衍生中得到证明，同时语义结构的不断引申和演化也反映了人类的认知思维与类推逻辑。

6. 汉语新型构式的语法化对当代汉语语法系统的演变有着重要的影响，不仅深化了我们对汉语语法演变事实的认识，而且有助于我们对汉语共时语法系统的深入理解。

第二节　本研究的创新之处

本文的创新之处体现在这样几个方面：

第一，在研究对象和研究视角方面，本文选择在句法规则和语义结构上具有修辞特性的新型构式从概念整合的视角进行研究，此前学界主要是针对单个的新型结构进行考察，且尚未对它们的整合特征进行充分深入的描写。本文把汉语共时平面上的"最+NP"、"被+X"、"有一种X叫Y"、"V的不是A，是B"、"X向左，Y向右"和"且X且Y"六类新型构式分别作为词、短语、单

第十章 结束语

句、复句四个层级的典型代表放在一起加以考察,把四个层次的六类构式作为语法研究对象,详细描写了它们各自的结构类型和语义特征,并从概念整合的视角分析了新型构式的整合过程,增强了句法研究的典型性和系统性,我们认为,这种研究有助于深化人们对新型构式产生机制和认知功能的认识。因而具有创新性。

第二,在研究方法方面,本文的研究有两点创新:

一是将语法研究和修辞研究相结合,从"语法—修辞—语法"的角度揭示了句法与修辞的互动关系,通过对汉语新型构式的句法功能和修辞动因的分析和探讨,证明了以下结论:修辞构式演变为语法构式——新结构规则产生并扩大使用,如"最+NP"构式、"被+X"构式和"且X且Y"构式;语法构式演变为修辞构式——老结构的创新使用(突破原有语义限制,产生一定的不可推导性),如"有一种X叫Y"构式、"V的不是A是B"构式和"X向左,Y向右"构式。二者的接口问题均在于语义结构的变化。从修辞构式到语法构式,语义结构的整合是连接二者的桥梁。

二是将"新"、"旧(传统)"构式的承继与创新关系相结合进行研究。突出表现在对当代汉语新兴语法修辞现象的关注及对旧有语法结构的承继性的观照,加深人们对当代汉语语法系统的了解,也使人们对新的语法变异现象产生一种认同感。另外,由于把新形式的研究纳入"传统"形式的研究中,使二者结合在一起,就多了一个思考问题的角度,并可能产生某些单一研究很难产生的新的认识。这样也有助于为探求语言结构系统演变的内在规律寻找途径。

第三,在语料的来源方面,本文关注的是当代现实生活中最为鲜活最为流行的语言,自建小型语料库(人工鉴别出上千条语料)进行研究,因此,对语料来源的处理与选择也是本文的一个创新之处。

本文的研究对象是现代汉语中的新型构式,由于目前尚无现成的语料库为我们提供语料来源,于是在本文的研究过程中我们搜集了大量的与当代现实生活结合紧密的报纸杂志和网络媒体的语言作为语料(各新型构式的典型用例详见各章附录),通过细致的考察和分析,采用定量和定性研究相结合的方法进行了相关研究。

我们认为,当代生活中的语言已经有了日新月异的变化,报纸杂志和网络媒体中的语料能够真实地反映当前语言形式的最新面貌,并且能够为相关的问题提供频率方面的数据支持。此外,具体例句的来源也可在一定程度上反映出该类语料的语境特征。从这个角度来看,对语料来源的处理与选择也是本文的一个创新之处。

第四,在研究结论方面,本文的创新体现于两个方面:

一是,我们分析了六类新型构式的个性特征,并且从句法、语义、语用三个方面进行归纳总结。通过深入研究,我们发现,句法结构的承继性、语义认知的整合性、语用功能的修辞性是六类新型构式的共性特征,语义结构、概念结构是语法和修辞发生互动关系的基础。从修辞构式到语法构式,其认知基础是概念的整合,语义结构的整合是二者的接口。以上得出的这些结论是前人研究所未曾关注到的,因而具有创新性。

二是,通过对六类新型构式的研究,我们认为,这些新型构式的发展变化对当代汉语的语法结构及表达方式产生了巨大的影响,汉语新型构式的语法化对当代汉语语法系统的演变有着重要的影响。这一研究结论比此前对单个新型构式的研究也更加深入了一步,因而也具有一定的创新价值。

第三节 本文不足之处及今后工作的展望

本文存在着一些不足,体现在这样几个方面:

首先,本文的初衷是想通过新型构式的系统研究进一步探讨对汉语语法系统内部演变规律的认识,但限于篇幅与本人的能力,目前只选择了六类新型构式作为研究对象,而这难免会使新型构式研究的系统性受到一定程度的影响。

其次,在语料的选用方面,限于语料出现时间的限制,我们只搜集并统计到近几年来某一时段的部分语料数据,而对某一新型构式出现的历时情况的数据则无法统计,因而对新型构式的研究不能不说有一定的局限性。

第十章 结束语

再次，前面我们已论及"新型构式"常见于报纸杂志及网络媒体的文章标题，多用于语用层面，它们的出现有利于反映幽默诙谐等情感的表达。而在对外汉语教学中，语用层面上的知识是属于高级阶段的学习内容，换言之，对留学生来说，语用知识牵涉到语言表达的得体性、完备性及深刻的社会文化背景等诸多方面，因而相对较难。那么，在对外汉语课堂中如何实施涉及新型构式的教学，也是非常值得研究的问题。但是限于篇幅，本文对这方面的内容没有作进一步深入的探讨，不得不说是一大缺憾。

上述不足之处正是日后研究所要努力的方向。在今后的研究工作中，我们还将进一步扩展对新型构式语义特征及其语义演变过程的个案考察，尽可能网罗更多的新型构式，以便增强新型构式研究的系统性与完整性，使相关的研究结论更为可信。

我们也将继续通过对新型构式的系统研究深化对汉语语法系统内部演变规律的认识，并结合已有的成果和更多的语料来验证已有的研究结论。

最后，我们希望日后能够通过更为细致的考察以及更为严谨的论证来得出更为成熟的结论，并将这些研究成果运用于课堂教学语法，为现代汉语教学及对外汉语教学提供更多、更有益的借鉴。

参考文献

中文参考文献：

［1］Adele E.Goldberg（1995）《构式：论元结构的构式语法研究》，吴海波（2007）译，北京：北京大学出版社。

［2］曹大为（2009）"被"字新用法解读，《现代语文》第11期。

［3］柴世森（1979）谈程度副词"最"的语法特点，《河北师范学院学报》第2期。

［4］柴世森（1980）"最"只能修饰形容词吗？《语文教学通讯》第8期。

［5］车录彬（2010）汉语"糅合构式"初论，《汉语学习》第6期。

［6］陈建民（1986）《现代汉语句型论》，北京：语文出版社。

［7］陈昌来（2002）《现代汉语句子》，上海：华东师范大学出版社。

［8］陈　蕾（2010）认知视野下构式"有+VP"的解读，《长春师范学院学报》第1期。

［9］陈满华（2008）关于构式的范围和类型，《解放军外国语学院学报》第6期。

［10］陈　平（1988）论现代汉语时间系统的三元结构，《中国语文》第6期。

［11］陈　原（1983）《社会语言学》，上海：学林出版社出版。

［12］陈　颖（2008）述宾两字组的整合度高低及其层级分布，上海师范大学硕士学位论文。

［13］陈玉英（2009）构式语法理论与现代汉语研究，《语文学刊》第6期。

［14］程豪杰、宋杉珊（2009）小议新兴"被X"格式，《语文建设》第11期。

［15］储泽祥（1997a）名词的空间义及其对句法功能的影响，《语言研究》第2期。

［16］储泽祥（1997b）汉语存在句的历时性考察，《古汉语研究》第4期。

［17］崔希亮（2001）《语言理解与认知》，北京：北京语言大学出版社。

［18］邓根芹（2008）副词"最"的句法、语义、语用分析，《常熟理工学院学报（哲学社会科学）》第9期。

［19］邓云华、石毓智（2007）论构式语法理论的进步与局限，《外语教学与研究》第5期。

［20］刁晏斌（1998）旧有辞格在当代的发展变化——以引用为例，《修辞学习》第1期。

［21］刁晏斌（2003）新时期语法变异现象研究述评，《语言文字应用》第2期。

［22］刁晏斌（2005）当代汉语语法化论略，《通化师范学院学报》第1期。

［23］刁晏斌（2006）《现代汉语史概论》，北京：北京大学出版社。

［24］刁晏斌（2007）现代汉语修辞史研究的意义和价值，《修辞学习》第5期。

［25］刁晏斌（2011）对当代汉语词汇状况及其研究的思考，《南京师范大学文学院学报》第3期。

［26］丁崇明（2002）语言变异与规范，《北京师范大学学报（人文社会科学版）》第6期。

［27］董秀芳（2002）《词汇化：汉语双音词的衍生和发展》，成都：四川民族出版社。

［28］范方莲（1963）存在句，《中国语文》第5期。

［29］范开泰（1997）对外汉语教学与汉语语法的经济性原则，《第五届国际汉语教学讨论会论文选》，北京：北京大学出版社。

［30］范　晓（1987）《汉语动词概述》，上海：上海教育出版社。

［31］范　晓（1998）《三个平面的语法观》，北京：北京语言大学出版社。

［32］范　晓（2006）被字句谓语动词的语义特征，《长江学术》第2期。

［33］范　晓（2000）《汉语的句子类型》，太原：书海出版社。

［34］方经民（1987）汉语"左""右"方位参照中的主视和客视——兼与游

顺钊先生讨论,《语言教学与研究》第3期。

［35］方　梅（2005）篇章语法与汉语篇章语法研究,《中国社会科学》第6期。

［36］付开平、彭吉军（2009）"被XX"考察,《郧阳师范高等专科学校学报》第5期。

［37］高慎贵（1990）用"有"的存在句试析,《思维与智慧》第2期。

［38］高再兰（2007）一种新的暗喻格式"有一种A叫B",《修辞学习》第4期。

［39］高慧芳（2015）基于BC模型的"且X且Y"构式研究,《海外英语》第3期。

［40］郭焰坤（1996）《说文》的"左"与"右",《黄冈师专学报》（社会科学版）第4期。

［41］韩　蕾（2009）"寂寞"之后　格式风行,《语文建设》第12期。

［42］韩峥嵘（1984）《古汉语虚词手册》,吉林：吉林人民出版社。

［43］何斌、莫国辉、赖洁、张爱玲（2010）2000—2009十年中国学者应用概念整合理论对隐喻研究的综述——以中国学术期刊网刊载的核心期刊论文为视角,《牡丹江教育学院学报》第6期。

［44］何兆熊主编（2000）《新编语用学概要》,上海：上海外语教育出版社。

［45］何自然（1988）《语用学概论》,长沙：湖南教育出版社。

［46］胡爱东（2003）《类同比较性让步句式"不是p，也是q"的句法语义分析》,华中师范大学硕士学位论文。

［47］胡晓梅（2015）基于语料库的"且……且……"格式的构式语法探讨,《现代语文》第3期。

［48］黄伯荣、廖序东（2002）《现代汉语》（下）（增订版）北京：高等教育出版社。

［49］吉益民（2011）"有一种X叫Y"构式的多维考察,《语言教学与研究》第2期。

［50］蒋　静（2009）《小句补语句的概念整合研究》,北京语言大学博士学位论文。

［51］康志峰、邱东林（2009）"一W一W"修辞构式探析,《修辞学习》第2期。

［52］匡　艳（2007）《"最"的极量表达分析》，广西师范大学硕士学位论文。

［53］蓝　纯（2005）《认知语言学与隐喻研究》，北京：外语研究与教学出版社。

［54］雷冬平（2011）极度构式"最/再+X+不过"的构成及语法化研究，《湘潭大学学报（哲学社会科学版）》第1期。

［55］黎锦熙（1924）《新著国语文法》，北京：商务印书馆。

［56］黎锦熙、刘世儒（1957）《汉语语法教材》（第一编），北京：商务印书馆。

［57］李国庆（2002）现代汉语的"不是P，也是Q"复句，《安徽教育学院学报》第5期。

［58］李福印（2006）《我们思考的方式》述评，《当代语言学》第2期。

［59］李慧媛（2007）《"有"的标记功能及其语法化》，山西大学硕士学位论文。

［60］李军征（2008）概念整合及其层级性分析，《周口师范学院学报》第4期。

［61］李雪、邵平和（2009）从"被自杀"看网络"被XX"格式，《语文学刊》第10期。

［62］李　霞（2010）"有"字词性释读，《绥化学院学报》第4期。

［63］李月彬（1997）"不是……就是……"的逻辑含义，《渤海学刊》第1期。

［64］李勇忠（2004）构式义、转喻与句式压制，《江西师范大学外语学院》第2期。

［65］李勇忠（2005）祈使句语法构式转喻阐释，《外语教学》第2期。

［66］李宇明（2000）《汉语量范畴研究》，武汉：华中师范大学出版社。

［67］廖秋忠（1989）空间方位词和方位参考点，《中国语文》第1期。

［68］廖秋忠（1992）《廖秋忠文集》，北京：北京语言大学出版社。

［69］林泰安（1981）"有"字连动式初探，《河南师大学报》第4期。

［70］林泰安（1986）这个"有"字可以看作介词，《汉语学习》第5期。

［71］林 艳（2001）句义结构中"最"的指向，《淮阴师范学院学报哲学社会科学版》第6期。

［72］刘大为（2008a）自然语言中的链接结构及其修辞动因，《首届望道修辞学论坛论文集》，上海：复旦大学出版社。

［73］刘大为（2008b）修辞性疑问的研究框架，《首届望道修辞学论坛论文集》，上海：复旦大学出版社

［74］刘大为（2009）修辞性疑问：动因与类型——修辞性疑问的分析框架之二，《修辞学习》第1期

［75］刘大为（2010）从语法构式到修辞构式，《当代修辞学》第3、4期。

［76］刘 顺（2003）《现代汉语名词的多视角研究》，上海：学林出版社。

［77］刘杰、邵敬敏（2010）析一种新兴的主观强加性贬义格式——"被XX"，《语言与翻译》第1期。

［78］刘斐、赵国军（2009）"被时代"的"被组合"，《修辞学习》第5期。

［79］刘宁生（1993）话语链·蕴含·歧指——再论"最"字句和相关问题，《南京师范大学学报》第1期。

［80］刘宁生、钱玉莲（1987）"最"的语义指向与"最"字句的蕴含，《汉语学习》第5期。

［81］刘颂浩（1996）也谈"不是A，就是B"格式，《世界汉语教学》第1期。

［82］刘乃仲（1998）"不是A就是B"的又一种并列句，《吉林大学社会科学学报》第5期。

［83］刘正光（2002）Fauconnier的概念合成理论：阐释与质疑，《外语与外语教学》第10期。

［84］柳传瑾（1996）试析"不是……而是"类句式结构，《青海师范大学学报（哲社版）》第4期。

［85］卢英顺（2010）一种新的"不是A 是B"构式，《当代修辞学》第2期。

［86］陆俭明、马真（1995）《现代汉语虚词散论》，北京：北京大学出版社。

［87］陆俭明、沈阳（2003）《汉语和汉语研究十五讲》，北京：北京大学出版社。

［88］陆俭明（2004a）句式语法理论与汉语语法研究，《中国语文》第5期。

［89］陆俭明（2004b）词语句法、语义的多功能性：对"构式语法"理论的解释，《外国语》第2期。

［90］陆俭明（2008）构式语法理论的价值与局限，《南京师范大学文学院学报》第1期。

［91］陆俭明（2009）构式与意象图式，《北京大学学报（哲学社会科学版）》第3期。

［92］陆志韦（1961）试谈汉语语法学上的"形式和意义相结合"，《中国语文》第6期。

［93］吕叔湘（1979）《汉语语法分析问题》，北京：商务印书馆。

［94］吕叔湘、朱德熙（1952）《语法修辞讲话》，北京：中国青年出版社。

［95］吕叔湘等著（1999）《语法研究入门》，北京：商务印书馆。

［96］吕叔湘（1942）《中国文法要略》，北京：商务印书馆。

［97］吕叔湘主编（1980）《现代汉语八百词》（增订本），北京：商务印书馆。

［98］吕吉宁（2004）《"有"字句语法化考察》，北京语言大学硕士学位论文。

［99］马建忠（1898）《马氏文通》，北京：商务印书馆。

［100］马春华（2008）"最"的语义类型及其语用分析，《洛阳师范学院学报》第1期。

［101］马荣（2011）概念整合理论的基本原理探讨，《广西社会科学》第1期。

［102］马瑞香（2008）概念整合理论的科学价值,《社会科学辑刊》第2期。

［103］马喆、邵敬敏（2009）论反义方位复合词的约量表达,《学术研究》第5期。

［104］毛元晶（2003）汉字"左""右"的文化变迁,《茂名学院学报》第2期。

［105］孟艳丽（2009）"有"的语法意义及其成因,《解放军外国语学院学报》第1期。

［106］孟霞（2004）概念整合理论评介,《西安外国语学院学报》第4期。

［107］牛保义（2009）修辞问句言语行为实施的认知机制研究,《外语学刊》第6期。

［108］牛顺心（2004）对举的方位复合词,《郧阳师范高等专科学校学报》第1期。

［109］潘文（2006）《现代汉语存现句的多维研究》,南京：南京师范大学出版社。

［110］彭咏梅、甘于恩（2010）"被$V_{双}$"：一种新兴的被动格式,《中国语文》第1期。

［111］彭玉海（2001）论语义主体和语用主体《外语学刊》第1期。

［112］蒲容（2009）"最"的语义与说话人的情感、比较范围的关系分析,《考试周刊》第35期。

［113］齐沪扬（1998）《现代汉语空间问题研究》,上海：学林出版社。

［114］屈承熹（2008）合则双赢：语法让修辞更扎实,修辞让语法更精彩,《修辞学习》第2期。

［115］邱斌（2008）《汉语方位类词相关问题研究》,上海：学林出版社。

［116］任鹰（2009）"领属"与"存现"：从概念的关联到构式的关联——也从"王冕死了父亲"的生成方式说起,《世界汉语教学》第3期。

［117］邵敬敏（2008）"连A也/都B"框式结构及其框式化特点,《语言科学》第4期。

［118］邵敬敏（2011）汉语框式结构说略,《中国语文》第3期。

［119］邵敬敏、王宜广（2010）"不是A,而是B"句式假性否定的功能价值,《世界汉语教学》第3期。

［120］沈家煊（2001）语言的"主观性"和"主观化"《外语教学与研究》第4期。

［121］沈家煊（2003）从"分析"和"综合"看《马氏文通》以来的汉语语法研究,《现代汉语语法的功能、语用、认知研究》（沈家煊主编）,北京：商务印书馆。

［122］沈家煊（2004）语法研究的目标——预测还是解释,《中国语文》第6期。

［123］沈家煊（2005）"分析"和"综合",《语言文字应用》第3期。

［124］沈家煊（2006a）关于词法类型和句法类型,《民族语文》第6期。

［125］沈家煊（2006b）概念整合与浮现意义——在复旦大学"望道论坛"报告述要,《修辞学习》第5期。

［126］沈家煊（2006c）"糅合"和"截搭",《世界汉语教学》第4期。

［127］沈家煊（2006d）"王冕死了父亲"的生成方式——兼说汉语"糅合"造句,《中国语文》第4期。

［128］沈家煊（2007）语法与认知：概念整合与浮现意义,2007年北大语言学暑期讲习班讲稿。

［129］沈莉娜（2007）现代汉语构式语法研究综述,《牡丹江教育学院学报》第5期。

［130］沈彤、刘俊（2006）从概念整合理论来解读网络语言,《山东外语教学》第5期。

［131］沈阳、冯胜利主编（2008）《当代语言学理论和汉语研究》,北京：商务印书馆。

［132］施其生（1996）论"有"字句,《语言研究》第1期。

［133］施春宏（2001）名词的描述性语义特征与副名组合的可能性,《中国语文》第3期。

［134］施春宏（2012）从构式压制看语法和修辞的互动关系,《当代修辞学》第1期。

［135］施春宏（2010）网络语言的语言价值和语言学价值,《语言文字应用》第3期。

［136］石毓智（1995）时间的一维性对介词衍生的影响,《中国语文》第1期。

［137］石毓智（2000）《语法的认知语义基础》,南昌：江西教育出版社。

［138］石毓智（2002）《现代汉语语法系统的建立》,北京：北京语言大学出版社。

［139］石毓智（2008）《认知能力与语言学理论》,上海：学林出版社。

［140］时雯雯（2007）《"前后"、"左右"、"上下"的语义考察》,广西师范大学硕士学位论文。

［141］束定芳主编（2004）《语言的认知研究》,上海：上海外语教育出版社。

［142］宋红梅（2009）对称式方位复合词"前后/上下/左右"的认知分析,《长春大学学报》第11期。

［143］宋玉柱（1987）介词"有"应该肯定,《汉语学习》第2期。

［144］宋玉柱（1982）定心谓语存在句,《语言教学与研究》第3期。

［145］苏丹洁、陆俭明（2010）"构式—语块"句法分析法和教学法,《世界汉语教学》第4期。

［146］孙德金（2009）语法规范、修辞张力与对外汉语语法教学,《修辞学习》第1期。

［147］覃胜勇、戴愫（2004）《我们思考的方式——概念整合和人类心智的隐匿复杂性》述介,《国外社会科学》第1期。

［148］谭学纯（1994）"左、右/东、西"：尊卑意识及其文化蕴含,《社会科学战线》第5期。

［149］汤玫英（2009）"被XX"格式流行原因探析,《新闻爱好者》第23期。

［150］唐海萍（2001）左右词汇意义的"左、右"——崇右文化对汉英词汇色彩的影响，《广西梧州师范高等专科学校学报》第2期。

［151］万一（1986）"不是…而是…"新探，《汉语学习》第6期。

［152］汪少华（2002）概念合成与隐喻的实时意义建构，《当代语言学》第2期。

［153］汪立荣（2005）概念整合理论对移就的阐释，《现代外语》第3期。

［154］王　安（2011）《汉语中"左""右"的认知解释》，东北师范大学硕士论文

［155］王　寅（2002）认知语义学，《四川外语学院学报》第2期。

［156］王　寅（2005）《认知语言学探索》，重庆：重庆出版社。

［157］王　寅（2007）《认知语言学》，上海：上海外语教育出版社。

［158］王　寅（2011）《构式语法研究》（上卷：理论思索），上海：上海外语教育出版社。

［159］王灿龙（2009）"被"字的另类用法——从"被自杀"谈起，《语文建设》第4期。

［160］王灿龙（2009）"被就业"并不等于"被迫假就业"，《语文建设》第10期。

［161］王德春、张辉（2001）认知语言学研究现状，《外语研究》第3期。

［162］王德亮（2009）"很NP"的构式分析，《西华师范大学学报》（哲学社会科学版）第3期。

［163］王建军（2003）中古汉语的描写型存在句，《南京师范大学文学院学报》第1期。

［164］王珏、谭静、陈丽丽（2008）构式等级降低与辞格生成，《修辞学习》第1期。

［165］王红孝（2004）空间映射论与概念整合的认知过程，《外语学刊》第6期。

［166］王红厂（2008）"数词+量词+左右"和"数词+左右+量词"的区别，《语言应用研究》第1期。

［167］王　华（2007）《现代汉语小句宾语句整合特征研究》，北京语言大学博士学位论文。

［168］王　晖（2008）《"最"的多角度比较研究》，华中师范大学硕士学位论文。

［169］王开文、覃修桂（2007）从认知角度看"上下"和"左右"在语义上的相同和相悖《乐山师范学院学报》第6期。

［170］王希杰（2004）就"左"和"右"说语言和文化关系的复杂性，《新疆大学学报（社会科学版）》第2期。

［171］王　力（1957）《汉语语法纲要》，上海：新知识出版社。

［172］王　力（1989）《汉语语法史》，北京：商务印书馆。

［173］王　力（1985）《中国现代语法》，北京：商务印书馆。

［174］王　力（1980）《汉语史稿》，北京：中华书局。

［175］王文斌（2004）概念合成理论研究与应用的回顾与思考，《外语研究》第1期。

［176］王文彬（2007）《隐喻的认知构建与解读》，上海：上海外语教育出版社。

［177］王韦皓（2009）"被"字式的语义变化，《西北成人教育学报》第6期。

［178］王正元（2006）概念整合理论的发展与理论前沿，《四川外语学院学报》第6期。

［179］王正元（2007）词语意义成因的整合机理分析，《四川外语学院学报》第5期。

［180］王正元（2009）《概念整合理论及其应用研究》，北京：高等教育出版社。

［181］王弘宇（1995）数量因素对"不是A，就是B"格式意义的制约作用，《世界汉语教学》第2期。

［182］王宗联（1993）程度副词"很"与"最"，《四川师范大学学报（社会科学版）》第2期。

［183］魏在江（2007）概念整合、语用推理与转喻认知，《四川外语学院学报》第1期。

［184］温锁林（2010）汉语中的极性义对举构式，《汉语学习》第4期。

［185］吴为善、陈颖（2007）述宾两字组的整合度高低及其层级分布，《汉语学习》第5期。

［186］吴为善（2011）递进性差比义构式及其变异——"一M比一M+VP"的构式成因探讨，《语言教学与研究》第2期。

［187］吴福祥（2005）汉语语法化研究的当前课题《语言科学》第2期。

［188］武荣强、赵军（2006）"最"的语法化和主观化，《湖南科技学院学报》第6期。

［189］武艳超（2011）流行语"V的不是A，是B"微探，《长春理工大学学报（社会科学版）》第8期

［190］席　嘉（2006）选择关联"不是X就是Y"的语法化研究，《古汉语研究》第2期。

［191］肖元珍（2006）《限选式"不是A，就是B"分析》，广州：暨南大学硕士学位论文。

［192］邢福义（2000）"最"义级层的多个体涵量，《中国语文》第1期。

［193］邢福义（2002）《汉语语法学》长春：东北师范大学出版社。

［194］徐盛桓（2005）句法研究的认知语言学视野，《外语与外语教学》第4期。

［195］薛宏武（2006）《现代汉语"有"、"有"字结构与"有"字句》，武汉大学博十学位论文。

［196］郇昌鹏（2009）"寂寞"构式的流行原因探微，《现代语文》第11期。

［197］杨伯俊、何乐士（1992）《古汉语语法及其发展》，北京：语文出版社。

［198］姚　岚（2005）《我们的思维方式》述评，《当代语言学》第1期。

［199］易正中（1994）"有"字句研究，《天津师范大学学报》第3期。

［200］游汝杰（2002）现代汉语兼语句的句法语义特征,《汉语学习》第6期。

［201］于根元（1991）副+名,《语文建设》第1期。

［202］余渭深（2004）复合空间模式在语言理解研究中的应用, 见束定芳主编《语言的认知研究——认知语言学论文精选》, 上海：上海外语教育出版社。

［203］余晓环（2004）"不是……而是……"格式新论,《南京邮电学院学报（社会科学版）》第1期。

［204］俞燕、仇立颖（2009）框填式流行语何以如此流行？《修辞学习》第6期。

［205］袁毓林（2004）《汉语语法研究的认知视野》, 北京：商务印书馆。

［206］詹开第（1981）"有"字句,《中国语文》第1期。

［207］张　荣（2009）网络新闻标题的语言特点研究,《安徽文学》第6期。

［208］张　斌（1998）《汉语语法学》, 上海：上海教育出版社。

［209］张　斌（2003）《新编现代汉语》, 上海：复旦大学出版社。

［210］张伯江（2009）《从施受关系到句式语义》, 北京：商务印书馆。

［211］张　辉（2003）语法整合与英汉致使移动的对比研究,《天津外国语学院学报》第1期。

［212］张辉、杨波（2008）心理空间与概念整合：理论发展及其应用,《解放军外国语学院学报》第1期。

［213］张　辉（2008）《心理空间：自然语言意义建构面面观》导读, 北京：世界图书出版公司。

［214］张　静（1977）"连动式"和"兼语式"应该取消,《郑州大学学报》第4期。

［215］张建理、朱俊伟（2010）"被XX"句的构式语法探讨,《杭州师范大学学报（社会科学版）》第5期。

［216］张　敏（1998）《认知语言学与汉语名词短语》, 北京：中国社会科学出版社。

[217] 张明辉（2010）谈新兴"被XX"的构式义,《石家庄学院学报》第5期。

[218] 张旺熹（1999）《汉语特殊句法的语义研究》, 北京：北京语言大学出版社。

[219] 张旺熹（2006）《汉语句法的认知结构研究》, 北京：北京大学出版社。

[220] 张文国、张文强（1996）论先秦汉语的"有（无）+VP"结构,《广西大学学报（哲社版）》第3期。

[221] 张谊生（2004）《现代汉语副词探索》, 上海：学林出版社。

[222] 张谊生（1996）名词的语义基础及功能转化与副词修饰名词,《语言教学与研究》第2期。

[223] 张云秋、王馥芳（2003）概念整合的层级性与动宾结构的熟语化,《世界汉语教学》第3期。

[224] 张豫峰（2002）《"得"字句和"有"字句》, 延边：延边大学出版社。

[225] 张豫峰、范晓（1996）"有"字句的后续成分,《语言教学与研究》第4期。

[226] 张豫峰（2004）"X+前后/左右/上下"的分析《语言教学与研究》第3期。

[227] 张玉苹（2009）"上下"、"左右"、"前后"的空间隐喻研究, 西南大学硕士学位论文。

[228] 张志公（1959）《汉语语法常识》, 上海：上海教育出版社。

[229] 赵 军（2004）论程度副词"最+X"与"顶+X"的差异,《云南师范大学学报》第4期。

[230] 赵 军（2009）"最"类极性程度副词的形成和发展,《宁夏大学学报（人文社会科学版）》第4期。

[231] 赵艳芳（2001）《认知语言学概论》, 上海：上海外语教育出版社。

[232] 赵元任（2001）《汉语口语语法》, 北京：商务印书馆。

［233］郑懿德（1985）福州方言的"有"字句,《方言》第4期。

［234］钟　莹（2007）《"不是A，就是B"格式及相关问题研究》,广州：暨南大学硕士论文。

［235］周建民、刘善群（1994）拈连的结构、范围与分类,《武汉教育学院学报（哲社版）》第1期。

［236］周锦国（2007）也谈"左""右"和"左右"——兼与王希杰先生商榷,《新疆大学学报》(哲学·人文社会科学版）第2期。

［237］周静、钟莹（2008）"不是A，就是B"的语义类型与语用辖域,《暨南学报（哲社版）》第3期。

［238］周　丽（2011）"V的不是A是B"句式的认知解释,《牡丹江大学学报》第10期。

［239］周卫华、蔡忠玲（2009）热议"被+XX"结构,《现代语文》第10期。

［240］周有斌（2002）"不是A，就是B"句表述对象的数量及作用,《安徽教育学院学报》第1期。

［241］朱安义（2003）"左""右"考释,《昭通师范高等专科学校学报》第1期。

［242］朱德熙（1982）《语法讲义》,北京：商务印书馆。

［243］朱家平（1995）释"左之"、"右之",《武汉教育学院学报》第2期。

［244］朱林清、吴晓露（1982）谈"不是……就是……",《汉语学习》第6期。

［245］朱　霞（2010）《"（NP1）+有+NP2+VP"句式考察和探源》,上海师范大学硕士学位论文。

［246］朱　霞（2008）"有"字的虚化历程,《语文学刊》第10期。

［247］朱永辉（2006）天堂向左，××向右,《咬文嚼字》第6期。

［248］祝　婕（2015）汉语新构式"且A且B"的构式压制探究,《兰州教育学院学报》第4期。

中文工具书：

［1］韩峥嵘（1984）《古汉语虚词手册》，吉林：吉林人民出版社。

［2］（汉）许慎撰、（宋）徐铉校定（2004）《说文解字》，北京：中华书局。

［3］王力等主编，蒋绍愚等增订（2013）《古汉语常用字字典》（第10版），北京：商务印书馆。

［4］周绪全、王澄愚（1988）《古汉语常用词通释》，重庆：重庆出版社。

［5］中国社会科学院语言研究所词典编辑室编（2005）《现代汉语词典》（第5版），北京：商务印书馆。

外文参考文献：

［1］Fauconnier, Gilles（1997）*Mappings in Thought and Language*. Cambridge：Cambridge University Press.

［2］Fauconnier, Gilles & Mark, Turner（1998）*Conceptual Integration Networks*. Cognitive Science. 22. 2.

［3］Fauconnier, Gilles & Turner, Mark（2002）*The Way We Think——Conceptual Blending and the Mind's Hidden Complexities*. New York：Basic Books.

［4］Fauconnier, Gilles（1994）*Mental Spaces*. New York：Cambridge University Press.

［5］Goldberg, Adele E.（1995）*Construction：A Construction Grammar Approach to Argument Structure*. Chicago：The University of Chicago Press.

［6］Goldberg, Adele E.（2003）*Constructions：A New Theoretical Approach to Language*, *Foreign Language*,（3）.

［7］Goldberg, Adele E.（2006）*Constructions：at Work：The Nature of Generalizations in Language*. Oxford：Oxford University Press.

［8］George Lakoff（1987）*Women, Fire, and Dangerous Things：What*

Categories Reveal about the Mind. Chicago and London: The University of Chicago Press.

[9] Givón, T. (1979) *On Understanding Grammar.* Academic Press. New York.

[10] Langacker, R (2001) Discourse in cognitive grammar. *Cognitive Linguistics.*

[11] Lakoff, G. & M.Johnson. (1980). *Metaphors We Live By.* Chicago: University of Chicago Press.

[12] Rosch, E. (1975) Cognitive Representations of Semantic Categories. *Journal of Experimental Psychology*, *General.*

[13] Rosch, E. (1978) Principles of Categorization. In Rosch, E.&B.Lloyd (eds). *Cognition and Categorization.* Hillsdale, NJ: Erlbaum

后 记

这本书是笔者在博士论文的基础上修改并进行延续性研究完成的。

在书稿即将出版之际，曾经由汗水和泪水、思索和困顿所交织的一切都化作了满满的幸福和深深的感谢！此时此刻我心里充满了对在我语言研究之路上引领、指导、支持和帮助我的师长、朋友的感激之情。

2009年夏天，我考入北京语言大学攻读博士学位，从西北边城乌鲁木齐来到首都北京，作为学生重新坐进教室时，已经做教学工作21年了。对于北京语言大学所赐予的这个学习机会，我倍加珍惜，求学路上常常满怀感激与欣喜，更多的是对学术的敬畏。

我的博士论文和书稿能够顺利完成，以及教育部社科项目成功申报，首先要深深地感谢我的导师张旺熹教授。能师从张老师，我深感幸运。张老师对语法研究有着敏锐而独特的眼光，对博士生和硕士生的培养也都有自己一套独特的教学方法。张老师善于结合学生的不同特点采取不同的方法进行指导和培养。他的睿智和细致令人惊叹，他面带笑容的讲课风格常使我们深受感染，感到原本枯燥的语法研究原来也是那么的有趣，他指导我将修辞研究和语法研究相结合的思想也使我的思路豁然开朗，正是导师一次次的点拨，使我看到了语法研究的广阔空间，感受到了语法研究的乐趣。还记得入学之初我心怀忐忑交给导师的第一篇小论文，在导师的指导下历时五个月五易其稿，这种学术训练使我获益匪浅，稿子投到杂志社即刻被刊发。先生严谨的治学态度并不局限于对论文内容、方法和创新性的要求，对其中的语句、字体、格式甚至标点都有着严格的标准。张老师鼓励我们参加学术研讨会，他率先垂范，从论文写作到PPT的制作，从会上演讲到会后探讨，都有一定的要求。我们都感到张老师对学术研究要严谨和完美的追求已潜移默化到指导论文和教学的日常工作中。他随意之中的认真常常让我们不敢懈怠,也不断提高对自己的要求。

北京语言大学的语言学研究和语言教学有着深厚的底蕴和优良的传统,能在这块"沃土"里学习语言学是幸运的。感谢北京语言大学的老师们,在我求学的过程中传授给我丰富的专业知识和教学经验,在我论文撰写的过程中也给予了我悉心的指导与教诲。感谢博士论文开题和答辩委员会的崔健教授、丁崇明教授、李泉教授、任鹰教授、杨德峰教授、孙德金教授等诸位先生,他们在我开题和答辩过程中所给我的肯定使我备受鼓舞,所提出的宝贵意见为我修改书稿提供了重要的参考。

在我撰写论文和书稿期间,我有幸参加了第六届和第八届现代汉语语法国际研讨会、第四届现代汉语虚词研究与对外汉语教学学术研讨会以及第二届语言学与汉语教学国际论坛,会上得到了邵敬敏教授、张黎教授、董秀芳教授、张谊生教授及其他与会老师们的鼓励和宝贵的建议。在此深表感谢!

我还要特别感谢尊敬的刘大为教授,刘教授在上海复旦大学,与我素不相识,却能对我这个远在西北边疆的普通求学者倾注心血,通过邮件往来,给我提出论文修改的思路和建议,谢谢刘教授对我无私的帮助!

感谢我博士三年中互相支持鼓励的同窗学友们,同门间的相互关爱、同级博士的相互探讨使我的生活变得无比的快乐与充实,备感温馨。

这本论著得以出版,我还要感谢新疆农业大学中国语言学院的领导和同事们,感谢学院的同事们在我攻读博士学位和撰写书稿期间给予我的支持和关心!

最后,我要深深地感谢我的家人,是他们为我撑起了一片蓝天,让我有时间和精力完成学业论文和书稿。爱人章立新给予我极大的支持和鼓励,带病的婆婆公公承担了很多家务,帮我照料女儿。年迈的父亲常常给我打电话让我安心、给我加油。女儿章佳文,我生命中的小天使,常常快乐地帮我搜

后　记

集语料，她是我精神的动力、快乐的源泉。感谢母亲，是她教给我吃苦的精神和坚韧的毅力，让我走到今天。如果她还活着，这本小小的论著也许能够让她开心一笑。

　　我深知，我身边的人所惠赠于我的，这本书无法承载。为了这些帮助过我和爱我的人，我将心存感激，继续努力，不断前行！

陈文博

2016年9月26日

图书在版编目（CIP）数据

现代汉语新型构式的语义认知研究 / 陈文博著. —
北京：中国书籍出版社，2016.12
ISBN 978-7-5068-5956-1

Ⅰ.①现… Ⅱ.①陈… Ⅲ.①汉语—语法结构—研究
Ⅳ.①H14

中国版本图书馆CIP数据核字（2016）273123号

现代汉语新型构式的语义认知研究

陈文博　著

策划编辑	安玉霞
责任编辑	安玉霞
责任印制	孙马飞　马　芝
封面设计	中尚图
出版发行	中国书籍出版社
地　　址	北京市丰台区三路居路97号（邮编：100073）
电　　话	（010）52257143（总编室）（010）52257140（发行部）
电子邮箱	chinabp@vip.sina.com
经　　销	全国新华书店
印　　刷	北京天宇万达印刷有限公司
开　　本	710毫米×1000毫米　1/16
字　　数	282千字
印　　张	18
版　　次	2016年12月第1版　2016年12月第1次印刷
书　　号	ISBN 978-7-5068-5956-1
定　　价	49.80元

版权所有　翻印必究